Hans-Georg Link / Josef Wohlmuth (Hg.)

In alle Ewigkeit verdammt?

Zum Konflikt zwischen Luther und Papst nach 500 Jahren

Eine Stellungnahme des Altenberger Ökumenischen Gesprächskreises

Matthias Grünewald Verlag
Vandenhoeck & Ruprecht

Die preisgünstige Gestaltung des Buchs haben unterstützt:
Bistum Eichstätt
Erzbistum München und Freising
Bistum Münster
Bistum Osnabrück
Bistum Speyer
Bremische Evangelische Kirche
Ev.-lutherische Kirche in Bayern
Ev.-lutherische Kirche Hannovers
Ev. Kirche in Mitteldeutschland
Ev.-lutherische Kirche in Norddeutschland
Ev. Kirche der Pfalz
Ev. Kirche im Rheinland
Ev.-lutherische Landeskirche Schaumburg-Lippe
Ev. Kirche von Westfalen
Ev. Landeskirche in Württemberg

Bibliografische Information der Deutschen Nationalbibliothek:
Die Deutsche Nationalbibliothek verzeichnet diese Publikation in der Deutschen Nationalbibliografie; detaillierte bibliografische Daten sind im Internet über https://dnb.de abrufbar.

Umschlagabbildung: Lukas Cranach d. Ä., Martin Luther als Augustinermönch, 1523;
KNA-Foto von Papst Franziskus, 2013.

Umschlaggestaltung: SchwabScantechnik, Göttingen
Satz: SchwabScantechnik, Göttingen
Druck und Bindung: ⊕ Hubert & Co. BuchPartner, Göttingen
Printed in the EU

Matthias Grünewald Verlag | www.gruenewaldverlag.de
Vandenhoeck & Ruprecht Verlage | www.vandenhoeck-ruprecht-verlage.com

ISBN 978-3-7867-3265-5 (Grünewald)
ISBN 978-3-525-51700-0 (V&R)

Dr. Heinrich Bedford-Strohm
dem Münchener Bischof und Ratsvorsitzenden der Evangelischen Kirche in Deutschland

und

Dr. Gerhard Feige
dem Magdeburger Bischof und Vorsitzenden der Ökumenekommission der Deutschen Bischofskonferenz

Den unermüdlichen Wegbereitern
für die Gemeinschaft der evangelischen und katholischen Kirchen
in Deutschland
in Dankbarkeit und Hoffnung

In der Wüste bereitet dem HERRN den Weg,
macht in der Steppe eine ebene Bahn unserem Gott!
Denn die Herrlichkeit des HERRN soll offenbart werden,
und alles Fleisch miteinander wird es sehen.
Jesaja 40, 3.5

Inhalt

I. Geleitworte

Der Catholica-Beauftragte der Vereinigten Evangelisch-Lutherischen Kirche Deutschlands 12

Sekretariat der Deutschen Bischofskonferenz Kirchenamt der Evangelischen Kirche in Deutschland 15

Der Vorsitzende der Ökumenekommission der Deutschen Bischofskonferenz 17

Wort der Herausgeber 18

II. Einführung

Statt Ketzer und Antichrist »Zeuge Jesu Christi« und »lieber Bruder in Christus«
Zur Aufarbeitung der Exkommunikation Martin Luthers und seiner Anhänger sowie des Antichrist-Verdikts gegen das Papsttum 22

III. Altenberger Erklärung

Altenberger Erklärung: Versöhnung nach 500 Jahren
Plädoyer für die Außerkraftsetzung der Bannbulle Papst Leos X. gegen Martin Luther samt all seinen Anhängern und für die Rücknahme des reformatorischen Verdikts gegen den Papst als »Antichrist« 30

IV. Beiträge

Der Prozess Martin Luthers von 1518 bis 1520
Eine summarische Übersicht 36
Hans-Georg Link

Anathema?
Anmerkungen zum »Petrusdienst« des Paulus in Galatien 49
Gottfried Peters

Jan Hus und die Versöhnung unserer Erinnerungen 66
Manfred Richter

Die Bannandrohungsbulle »Exsurge Domine«
vom 15. Juni 1520 gegen Martin Luther 94
Christian Link

Luther im Urteil der gegenwärtigen katholischen Theologie ... 108
Johannes Brosseder

Vom Antichrist zum Zeichen der Einheit
Wandlungen im Verständnis des Petrusdienstes
in ökumenischen Kontexten 116
Dorothea Sattler

Vom »Antichrist« zum »Bruder in Christus«
Zur Aufarbeitung des reformatorischen Antichrist-Verdikts
gegen das Papsttum 127
Hans-Georg Link

Der Zusammenprall Martin Luthers und Kaiser Karls V.
auf dem Reichstag zu Worms (1521) und die Folgen bis in
die Gegenwart 148
Josef Wohlmuth

V. Entwurf der Liturgie

Versöhnung nach 500 Jahren
Ökumenischer Gottesdienst zur Erinnerung und Aufarbeitung der Exkommunikation Martin Luthers und der reformatorischen Antichrist-Verwerfung des Papsttums 168

VI. Erste Reaktionen

Offener Brief zur Altenberger Erklärung an evangelische Verantwortungsträger 184
Jürgen Ebach

Theologin über Luther-Bannbulle: Aufhebung wäre »ökumenisches Zeichen«
Johanna Rahner im Gespräch 186
Roland Müller

VII. Die Autoren

Die Autoren 190

Veröffentlichungen des Altenberger Ökumenischen Gesprächskreises 192

I. Geleitworte

Der Catholica-Beauftragte der Vereinigten Evangelisch-Lutherischen Kirche Deutschlands

Es ist erfreulich, dass es neben den offiziellen ökumenischen Dialogen auf nationaler und internationaler Ebene viele schöne ökumenische Aktivitäten und Initiativen gibt. Das unterstreicht, wie wichtig es vielen Christenmenschen ist, auf dem Wege zur Einheit der Kirche und zur Gemeinschaftlichkeit ihres Wirkens voranzuschreiten und dazu selbst aktiv etwas beizutragen.

Seit dem Zweiten Vatikanischen Konzil sind neben den offiziellen Dialogen großartige ökumenische Aktivitäten entstanden, die bis zum heutigen Tag bestehen und die unterstreichen, dass der Wunsch nach einem engen Zusammengehen der seit dem 16. Jahrhundert getrennten Kirchen des Westens bei vielen Christenmenschen nach wie vor fest verankert ist.

In meiner Eigenschaft als Catholica-Beauftragter halte ich selbstverständlich Kontakte zu diesen ökumenischen Initiativen innerhalb der katholischen und auch der evangelischen Kirche. Zu diesen großartigen Initiativen gehört beispielsweise die Fokolarbewegung und die Gemeinschaft Sant' Egidio, die zu jährlichen Friedenstreffen in Nachfolge der Initiativen von Papst *Johannes Paul II.* einlädt und die christlichen Kirchen zusammenruft, damit durch die Klarheit des christlichen Zeugnisses in der Welt die Trennungen überwunden werden.

Bei dem Bild der ersehnten Einheit der Kirche zur Glaubwürdigkeit ihres Wirkens ist nie die Uniformität, sondern das Modell der Einheit in gestalteter Vielfalt im Blick.

Der *Altenberger Ökumenische Gesprächskreis,* 1999 gegründet, gehört zu diesen erfreulichen ökumenischen Impulsgebern in Deutschland. Aus gegebenem Anlass beschäftigt er sich in diesem Band unter dem Titel »In alle Ewigkeit verdammt? Zum Konflikt zwischen Luther und Papst nach 500 Jahren. Eine Stellungnahme des Altenberger Ökumenischen Gesprächskreises« mit den Ereignissen der Jahre 1520/21, die wesentlich zur dann eingetretenen Spaltung der westlichen Christenheit geführt haben.

Zu nennen sind u.a. die Bannandrohungsbulle »Exsurge Domine« vom Juni 1520 und die Reaktion Martin Luthers bis hin zu der Verbrennung der Bannandrohungsbulle und des Codex Iuris Canonici, des Gesetzbuches der katholischen Kirche, in Wittenberg im Dezember 1520.

Die Analyse der Texte aus den Jahren 1520/21 führt den Altenberger Kreis zu der Forderung:

> »Es ist Zeit für ein selbstkritisches öffentliches Wort der katholischen Kirche zur Bannandrohung und Exkommunikation Martin Luthers und aller seiner Anhänger. Es ist Zeit für ein selbstkritisches öffentliches Wort der evangelischen Kirche zur Verurteilung des Papsttums als Antichrist in vier reformatorischen Bekenntnisschriften«.

Wer diese Forderung aufmerksam liest, der hat sofort die wichtigen Schritte im ökumenischen Dialog vor Augen, die in den letzten Jahrzehnten seit dem Zweiten Vatikanischen Konzil zu dieser Frage schon beschritten worden sind. Da ist zunächst das großartige Bemühen des ökumenischen Arbeitskreises katholischer und evangelischer Theologen aus den Achtzigerjahren des 20. Jahrhunderts, die Verwerfungssätze des 16. Jahrhunderts gründlich zu überprüfen. Unter der Leitung von *Karl Lehmann* und *Wolfhart Pannenberg* haben evangelische und katholische Theologen aus Deutschland gezeigt, dass die Verwerfungssätze des 16. Jahrhunderts den damaligen Partner nicht wirklich trafen und den heutigen Partner schon gar nicht. Dieses großartige Unterfangen, die Verwerfungssätze auf ihren Gehalt abzuklopfen, die ja einst im Sinne der Trennung der Kirchen formuliert worden sind – von der Confessio Augustana bis zum Tridentinischen Konzil –, hat weitere Schritte ermöglicht.

In der Gemeinsamen Erklärung zur Rechtfertigungslehre von 1999 haben der Lutherische Weltbund und der Einheitsrat in Rom festgestellt, dass es einen Konsens in den Grundwahrheiten der Rechtfertigungslehre gibt. Damals wurde festgehalten, dass »zwischen Lutheranern und Katholiken ein Konsens in Grundwahrheiten der Rechtfertigungslehre besteht«. Die großartige Schrift »Vom Konflikt zur Gemeinschaft« im Vorfeld des Reformationsjubiläums von 2017 ist ein weiterer wichtiger Schritt. In dieser Schrift werden die Bedeutung der Lutherischen Theologie und der reformatorischen Bewegung für die Geschichte der Kirche aus katholischer Sicht gewürdigt und umgekehrt aus lutherischer Sicht festgehalten, dass die römisch-katholische Frömmigkeit und Theologie für die Geschichte der sich evangelisch nennenden Christenheit ein wichtiger Maßstab ist und spirituell und theologisch unverzichtbar ist für die Entwicklung auch der evangelischen Kirche.

Im Jahre 2000 hat bei der Öffnung der Porta Santa an der Peterskirche der damalige Papst *Johannes Paul II.* in einer berühmt gewordenen Rede um Vergebung gebeten für die Fehler der katholischen Kirche in den Jahrhunderten und dort auch die Fehler angesichts der Trennung der westlichen Christenheit, die durch die katholische Kirche begangen worden sind, benannt. Und nicht zuletzt wird man die Worte von Papst *Franziskus* am 31. Oktober 2016 in einer gemeinsamen gottesdienstlichen Feier mit dem Lutherischen Weltbund in Lund/Schweden erwähnen dürfen, wo Papst *Franziskus* die für ihn auch persönlich wichtige Zusammenarbeit mit lutherischen Theologinnen und Theologen hervorgehoben hat.

Bückeburg, 24. Juli 2020

Dr. Karl-Hinrich Manzke
Landesbischof

Sekretariat der Deutschen Bischofskonferenz
Kirchenamt der Evangelischen Kirche in Deutschland

Bonn/Hannover, den 18. Juni 2020

Sehr geehrter Herr Pfarrer (Link),

herzlich danken wir Ihnen für die Übermittlung der Altenberger Erklärung »Versöhnung nach 500 Jahren« aus Anlass des 500. Gedenkjahres der Bannbulle gegen Martin Luther und des Wormser Reichstages. Die Überlegungen und Vorschläge des Altenberger Gesprächskreises zu ökumenischen Initiativen im Jahr 2021 haben wir mit Interesse aufgenommen. Wir sind dem Altenberger Ökumenischen Gesprächskreis dankbar, dass er sich des Themas angenommen hat und so zur Auseinandersetzung damit beiträgt.

Wie Sie selbst schreiben, ist das Anliegen des Gesprächskreises in erster Linie an den Heiligen Stuhl und den Lutherischen Weltbund gerichtet. Wir hören, dass auf dieser Ebene intensiv an der Fragestellung gearbeitet wird. Die Perspektive ist dabei gegenwarts- und zukunftsbezogen eine Neubewertung der damaligen Ereignisse im Licht des katholisch-evangelischen Dialogs der letzten Jahrzehnte und insbesondere im Horizont der Gemeinsamen Erklärung zur Rechtfertigungslehre von 1999. Für die katholische Seite kann in diesem Zusammenhang auch auf das Zweite Vatikanische Konzil verwiesen werden. Es hat festgestellt, dass die heutigen evangelischen Mitchristinnen und Mitchristen an der Trennung keine Schuld tragen, und spricht von ihnen mit großer Wertschätzung als Brüder und Schwestern (Unitatis Redintegratio, 3). Für die evangelische Seite sei auf das Dokument »Vom Konflikt zur Gemeinschaft« hingewiesen, in dem Luthers Gleichsetzung des Papstes mit dem Antichristen für heutige Lutheraner als nicht mehr zutreffend zurückgewiesen wird (Abs. 229).

Die Deutsche Bischofskonferenz und die Evangelische Kirche in Deutschland haben zum Reformationsjahr 2017 einen geistlichen Versöhnungsprozess durchlaufen. Dessen Brennpunkte sind das Gemeinsame Wort zum Jahr 2017 »Erinnerung heilen – Jesus Christus bezeugen« sowie der Buss- und Versöhnungsgottesdienst am 11. März 2017 in Hildesheim. Die Heilung der Erinnerungen schließt die Bitte an Gott und die wechselseitige Bitte ein, das Unrecht der Vergangenheit und die bis heute wirksamen Folgen zu verzeihen, um so Versöhnung möglich zu machen. Ausdrücklich sind in dem Gemeinsamen Wort die Ereignisse von 1521 und die Antichrist-Rede als Erinnerungsorte genannt, die bis heute das kollektive Gedächtnis prägen und Teil des Versöhnungsgeschehens sind. Mit 2017 wurde der Prozess der Heilung der Erinnerungen freilich nicht beendet. So werden wir uns in ökumenischen Gremien weiterhin mit der Frage befassen, wie mit den kommenden 500. Jahrestagen im Geist Versöhnung angemessen umzugehen ist.

Nochmals danken wir Ihnen und den Mitgliedern des Altenberger Gesprächskreises für ihr ökumenisches Engagement.

Gezeichnet:

P. Dr. Hans Langendörfer SJ	*Dr. Thies Gundlach*
Sekretär der	Vizepräsident des
Deutschen Bischofskonferenz	Kirchenamts der EKD

Der Vorsitzende der Ökumenekommission der Deutschen Bischofskonferenz

Auszug aus einem Brief vom 14. Juli 2020:

»Sehr geehrter Herr Professor Wohlmuth!

Die Altenberger Erklärung fügt sich mit ihrem Titel ›Versöhnung nach 500 Jahren‹ gut in den Prozess der *Healing of memories,* den die Deutsche Bischofskonferenz und die Evangelische Kirche in Deutschland im Blick auf den 500. Jahrestag des Beginns der Reformation beschritten haben, ein. Als Vorsitzender der Ökumenekommission der Deutschen Bischofskonferenz kann ich Ihnen versichern, dass wir uns in der Kommission fortlaufend auch mit den nachfolgenden Ereignissen der Reformationsgeschichte und so gewiss mit den Ereignissen des Jahres 2021 eingehend befassen werden.

Verbunden im Dienst an der Einheit der Kirche grüßt Sie mit den besten Segenswünschen«

Gezeichnet:
Dr. Gerhard Feige
Bischof

Wort der Herausgeber

Das Jahr 2017 hat mit festlichen Veranstaltungen, Ausstellungen, Gottesdiensten und Begegnungen zu einer ganz erheblichen atmosphärischen Klimaverbesserung zwischen evangelischer und katholischer Kirche geführt, über die wir uns alle nur von Herzen freuen können. Allerdings wird im Rückblick deutlich, dass das Jubiläumsjahr entscheidend von der Eventkultur geprägt worden ist, während greifbare und zitierfähige Annäherungen auf theologischer, gottesdienstlicher oder gemeindlicher Ebene zu wenig Beachtung erfuhren. Hier bietet nun der nächste reformationsgeschichtliche Kristallisationspunkt des Jahres 1521 eine hochwillkommene Gelegenheit, im Gedenkjahr 2021 bisher Versäumtes nachzuholen. Ein nach wie vor brennender Konfliktpunkt bedarf dringender Aufarbeitung, damit Kirchengemeinschaft in hoffentlich nicht zu ferner Zukunft Wirklichkeit werden kann. Dazu gehört die Bannbulle Papst Leos X., die am 3. Januar 2021 500 Jahre alt wird.

Gibt es aber an diesem Gedenktag überhaupt etwas zu feiern? Müssten nicht alle damals Beteiligten und alle seit damals Betroffenen in Sack und Asche Buße tun? Wir sind nach mehrjähriger Befassung mit diesem Termin und Thema zu der Einsicht gelangt, dass es in der Tat nichts zu feiern gäbe, wenn die Wirkung des 3. Januar 1521 auf römischer Seite zu einem erneuten Siegesgeschrei führen würde, während alle, die bis heute Luther anhangen, meinen, sich neu formieren zu müssen, um den Verrat an Jesu Erbe erneut allein der römischen Kirche anzulasten. Der Altenberger Ökumenische Gesprächskreis hat sich dazu entschlossen, den Tag des Gedenkens in ganz anderer Weise zu begehen.

Deshalb stehen im theologischen Zentrum des hier vorgelegten Buches die Altenberger Erklärung und eine Gottesdienstvorlage für den 3. Januar 2021. Wir hoffen, dass diese Erklärung einen so breiten Widerhall in der Ökumene findet, dass die damit verbundene Sehnsucht nach noch größerer Gemeinschaft der Kirchen die Mauern des Vatikans durchdringt und das Ohr von *Papst Franziskus* erreicht. Wir hoffen auch, dass durch dieses Buch viele Impulse in die Öffentlichkeit gelangen und zu ökumenischen Gottesdiensten am 3. Januar 2021 oder während der Gebetswoche für die Einheit der Christen (18.–25. Januar) anregen, die auf das ganze Jahr ausstrahlen.

Wir als Herausgeber meinen nicht, die damaligen Ereignisse seien schon so lange her, dass sie nicht mehr relevant sind. Auch wenn ein Kirchenbann nach katholischem Verständnis bis heute den einzigen Zweck verfolgt, ein exkommuniziertes Kirchenmitglied wieder zurückzugewinnen, heißt es in der Bannbulle Leos X. immerhin *auch,* dass der Gebannte der ewigen Verdammnis anheimfalle. Darüber hinaus sollte der Bann nicht nur Luther als Einzelperson, sondern auch *alle* seine Anhänger treffen. Deshalb bietet der 3. Januar 2021 nach 500 Jahren die einmalige Chance, dass die Kirche Roms nach allem, was einschließlich des Lutherjahres 2017 ökumenisch schon erreicht worden ist, baldmöglichst eine Bannauflösung vornimmt. Entsprechend sind der Lutherische Weltbund und die Evangelischen Kirchen im Gegenzug aufgerufen, die scharfen Angriffe Luthers auf das damalige Papsttum, die in dem Verdikt »Antichrist« gipfelten, zurückzunehmen. Der vorliegende Band versucht, für beide Seiten des damaligen Konflikts Gründe zu seiner Lösung vorzulegen. Beide Konfliktpartner sollen die unheilvollen und letztlich die Kirche spaltenden Vorgänge von einst der Heilung des Gedächtnisses anheimgeben und Versöhnung feiern.

Die Einzelbeiträge dieses Buches sind von Mitgliedern des Altenberger Ökumenischen Gesprächskreises größtenteils bei unseren Zusammenkünften vorgetragen, besprochen und anlässlich des bevorstehenden Gedenkjahres für den Druck überarbeitet worden. Nur der Beitrag des leider viel zu früh verstorbenen katholischen Lutherforschers, *Johannes Brosseder,* der lange Jahre Mitglied unseres Altenberger Kreises war, ist ein Wiederabdruck.

Die von Papst Leo X. verhängte »Strafe des Bannes, der Exkommunikation [und] der ewigen Verdammnis« hat uns zu dem provozierenden Haupttitel unseres Buches veranlasst, der an die deutsche Übersetzung des amerikanischen Romans »Verdammt in alle Ewigkeit« von James Jones aus dem Jahr 1951 erinnert. Wir setzen hinter unseren Titel jedoch ein großes Fragezeichen, weil wir mit unserem Buch die Frage öffentlich stellen, ob es nach 500 Jahren nicht höchste Zeit ist, unter das skandalöse Kapitel der gegenseitigen Verurteilungen einen öffentlichen Schlussstrich zu setzen, damit Kirchengemeinschaft über das bisher Erreichte hinaus eine weitere Chance erhält.

Wir danken dem Catholica-Beauftragten der Vereinigten Evangelisch-Lutherischen Kirche Deutschlands (VELKD), Herrn Bischof Dr. *Karl-Hinrich Manzke,* für sein unterstützendes Geleitwort. Auch von katholischer Seite ist uns geschrieben worden, dass unsere Initiative begrüßt wird. Das belegen wir mit einem Schreiben von Jesuitenpater Dr. *Hans Langendörfer* und Oberkirchenrat Dr. *Thies Gundlach* im Namen von Deutscher Bischofskonferenz und Evangelischer Kirche in Deutschland sowie mit Auszügen aus einem Brief des Vorsitzenden der Ökumenekommission der Deutschen Bischofskonferenz, des Magdeburger Bischofs Dr. *Gerhard Feige.* Allen im Impressum genannten Kirchen, die die preisgünstige Gestaltung dieses Buches direkt oder indirekt ermöglicht haben, danken wir herzlich.

Als Herausgeber verfolgen wir mit diesem Buch das Ziel, die innerchristliche Ökumene nicht eher zur Ruhe kommen zu lassen, als bis die letzten Hindernisse für die Einheit in neu zu findender Gemeinschaft der Christenheit aus dem Weg geräumt sind.

Altenberg – Bonn – Köln, am Pfingstfest, 31. Mai 2020
Hans-Georg Link & Josef Wohlmuth

II. Einführung

Statt Ketzer und Antichrist »Zeuge Jesu Christi« und »lieber Bruder in Christus«

Zur Aufarbeitung der Exkommunikation Martin Luthers und seiner Anhänger sowie des Antichrist-Verdikts gegen das Papsttum

I. Hindernisse auf dem Weg zur Kirchengemeinschaft

Einer der Höhepunkte im Jahr 2017 war der ökumenische Gottesdienst am 11. März in der Hildesheimer St. Michaeliskirche zum Thema: »*Erinnerung heilen – Jesus Christus bezeugen.*« Dort wurde erstmals eine gegenseitige Danksagung von evangelischer und katholischer Seite öffentlich ausgesprochen: »Wir danken Gott, dass es Sie gibt und dass Sie den Namen Jesu Christi tragen.«[1] Gleichzeitig sind die evangelische und katholische Kirche in diesem Gottesdienst die Verpflichtung eingegangen, »weitere Schritte auf dem Weg zur sichtbaren Einheit der Kirchen zu gehen«.[2] So ist in Hildesheim das Ziel der »sichtbaren Einheit in versöhnter Verschiedenheit« ins Blickfeld gerückt, die der Ratsvorsitzende der EKD, Bischof *Heinrich Bedford-Strohm*, für das Jahr 2030 erhofft, wie er in seiner Predigt bei der Feier der Lima-Liturgie in der Wittenberger Stadtkirche am 27. August 2017 ausgeführt hat.[3]

Damit es im Jahr 2030 überhaupt möglich wird, in offizielle Kirchengemeinschaft miteinander einzutreten, ist es jedoch unerlässlich, vorher Hindernisse aus dem Weg zu räumen, die diesem Ziel noch entgegenstehen. Dazu zählen sowohl die Exkommunikation Martin Luthers und seiner Anhänger durch Papst *Leo X.* als auch das Verdikt *Martin Luthers* und evangelisch-lutherischer Bekenntnisschriften gegen den Papst als Antichrist. Am *3. Januar 1521* erklärte Papst *Leo X.* in seiner Bannbulle gegen Luther:

1 In: Gemeinsame Texte 24, 16.09.2016, S. 80.

2 A. a. O. S. 84.

3 In: *H.-G. Link/I. Keidel/R. Weth* (Hgg.), Dokumentation der Wittenberger Ökumenischen Versammlung, Köln 2018, S. 137 f.

> »Wir entscheiden, dass Martinus und alle die anderen unseren Strafen verfallen sind, die diesem Martinus nachfolgen, der verstockt an seinem verkehrten und verdammten Vorhaben festhält […] Demnach entscheiden wir, dass sie alle der Strafe der Exkommunikation, dazu des Bannes, der ewigen Verdammnis, des Interdikts, des Verlustes ihrer und ihrer Nachkommen Würden, Ehren und Güter und der Untauglichkeit zu solchen, dazu der Einziehung ihrer Güter und der Majestätsbeleidigung verfallen sind.«[4]

Martin Luther hatte seinerseits in seiner Entgegnung auf die päpstliche Bannandrohungsbulle vom 15. Juni 1520 Ende Oktober 1520 den Papst erstmals öffentlich als *»End (Anti) Christ«* bezeichnet, der »Gottes Feind, Christusverfolger, der Christenheit Verstörer und der rechte End (Anti) Christ« ist.[5] Dieses Urteil hat *Luther* in seiner Bekenntnisschrift der Schmalkaldischen Artikel vom 24. Februar 1537 wiederholt:

> »Dieses Lehrstück (Vom Papsttum) zeigt gewaltig, dass (der Papst) der rechte Endchrist oder Widerchrist (Antichrist) ist, der sich über und gegen Christus gesetzt und erhöht hat.«[6]

Solche Papst-Verurteilungen als »Antichrist« finden sich auch in der Apologie des Augsburger Bekenntnisses von 1530,[7] Melanchthons Traktat über die Gewalt und den Primat des Papstes von 1537[8] sowie in der Konkordienformel von 1577,[9] die allesamt ebenfalls zu den evangelisch-lutherischen Bekenntnisschriften zählen.

Die gegenseitigen Verurteilungen von Papst *Leo X.* und *Martin Luther* sind *vor* nunmehr 500 Jahren im Herbst 1520 und Winter 1521 verbindlich ausgesprochen worden. Wir sind der Meinung, dass *nach* 500 Jahren der Zeitpunkt gekommen ist, diese Verurteilungen offiziell außer Kraft

---

4 In: *U. Köpf* (Hg.), Deutsche Geschichte in Quellen und Darstellung, Bd. 3, Reclam 17003, Stuttgart 2001, S. 165.

5 In: Weimarer Ausgabe, Bd. 5, S. 613, 629.

6 In: *H. G. Pöhlmann* (Hg.), Unser Glaube (UG). Die Bekenntnisschriften der evangelisch-lutherischen Kirche, Gütersloh 1991, 3. Aufl., S. 466.

7 UG, Z. 188, S. 252 f; Z. 249, S. 326 f.

8 UG, Z. 475, S. 516 mit Verweis auf 2. Thessalonicher 2, 3 f.

9 *Solida Declaratio X.* Von den Kirchenbräuchen, in: Die Bekenntnisschriften der evangelisch-lutherischen Kirche (BSEK), Göttingen (1930) 1963, 5. Aufl., S. 1060 f.

zu setzen, damit es zu neuer Gemeinschaft zwischen unseren Kirchen kommen kann.

II. Vorschlag mit Begründung für das Jahr 2021

Im Jahr 2021 sollen nach 500 Jahren die Exkommunikation Martin Luthers und seiner Anhänger durch Papst Leo X. sowie das Verdikt Martin Luthers, anderer Reformatoren und evangelisch-lutherischer Bekenntnisschriften gegen den Papst als Antichrist in angemessener Weise offiziell außer Kraft und Geltung gesetzt werden.

Wir begründen diesen Vorschlag in historischer, theologischer, ökumenischer, kirchenrechtlicher und konfessionspsychologischer Hinsicht:

1. Historisch

Vor 80 Jahren hat *Josef Lortz* 1939/40 mit seinem Buch »Reformation in Deutschland« eine bahnbrechende Revision des katholischen Lutherbildes in die Wege geleitet. Das Ökumenismus-Dekret des Zweiten Vatikanischen Konzils formuliert: »Wir freuen uns, wenn wir sehen, wie die getrennten Brüder zu Christus als Quelle und Mittelpunkt der kirchlichen Gemeinschaft streben«.[10] In der Zeit vom Konzil bis heute haben der Vatikan und der Lutherische Weltbund mit insgesamt 11 gemeinsamen Veröffentlichungen fast alle Konflikte zwischen der evangelisch-lutherischen und römisch-katholischen Kirche aufgearbeitet. Daher ist eine verbindliche Außerkraftsetzung von Luthers Exkommunikation überfällig. 500 Jahre nach den unglücklichen gegenseitigen Verurteilungen ist der richtige Zeitpunkt da, unter dieses Kapitel einen offiziellen Schlussstrich zu ziehen, damit die weitere Annäherung unserer Kirchen in Zukunft nicht noch einmal behindert wird.

10 Ziffer 20, in: *K. Rahner/H. Vorgrimler* (Hgg.), Kleines Konzilskompendium, Freiburg 1966, S. 247.

2. Theologisch

Im Jahr 1983 hat die internationale gemeinsame römisch-katholische/evangelisch-lutherische Kommission anlässlich des 500. Geburtstages *Martin Luthers* ein »Wort« veröffentlicht, das den Titel trägt: »*Martin Luther – Zeuge Jesu Christi*«.[11] Damit ist Luther nicht mehr der Ketzer, sondern als Zeuge Jesu Christi anerkannt. Der Ökumenische Arbeitskreis (ÖAK) evangelischer und katholischer Theologen hat 1986 seine Ergebnisse zu »Lehrverurteilungen – kirchentrennend?« vorgelegt und darin zum Papsttum festgestellt: »Der Papst ist nicht der Antichrist«.[12] Es ist Zeit für eine offizielle kirchliche Rezeption dieser theologischen Erkenntnisse und Ergebnisse.

3. Ökumenisch

Im Jahr 2013 ist von der lutherisch/römisch-katholischen Kommission für die Einheit ein zusammenfassender Grundlagentext publiziert worden: »Vom Konflikt zur Gemeinschaft. Gemeinsames lutherisch-katholisches Reformationsgedenken im Jahr 2017«,[13] der erstmals eine historische Skizze der lutherischen Reformation und der katholischen Antwort gibt, die Hauptthemen Rechtfertigung, Eucharistie, Amt, Schrift und Tradition, das Evangelium und die Kirche zusammenfasst und in 5 ökumenische Imperative mündet. Zum Antichrist-Verdikt wird festgestellt: ›Auch wenn sie (lutherische Theologen) teilweise der Kritik Luthers am Papsttum zustimmen, so lehnen Lutheraner heute dennoch Luthers Gleichsetzung des Papstes mit dem Antichrist ab.‹[14] Auf diesem Hintergrund wurde der gemeinsame Gottesdienst zu Beginn des Reformationsgedenkens *am 31. Oktober 2016 in Lund/Schweden* möglich, in dem sowohl Papst *Franziskus* als auch der lutherische Generalsekretär *Martin Junge* gepredigt und Spitzenvertreter des Vatikans wie des Lutherischen Weltbundes gemeinsam die Liturgie gestaltet haben. Diese beiden

---

11 In: *H. Meyer/D. Papandreou/H. J. Urban/L. Vischer* (Hgg.), Dokumente wachsender Übereinstimmung (DWÜ), Bd. 2, Paderborn/Frankfurt am Main 1992, S. 444 ff.

12 In: *K. Lehmann/W. Pannenberg* (Hgg.), Lehrverurteilungen – kirchentrennend?, I. Rechtfertigung, Sakramente und Amt im Zeitalter der Reformation und heute, Freiburg/Göttingen 1986, S. 167.

13 Leipzig/Paderborn 2013, bes. S. 36 ff, 45 ff, 95 ff.

14 A. a. O. Z. 229, S. 91.

Ereignisse ermöglichen nun als weiteren Schritt, zur Exkommunikation *Luthers* und seiner Anhänger und zum Antichrist-Verdikt etwas Lösendes und in Zukunft Bindendes zu erklären.

4. Kirchenrechtlich

Damit es nicht mehr möglich ist, unter anderen Gegebenheiten nichtkatholischen Kirchen erneut das Kirchesein »im eigentlichen Sinn« abzusprechen,[15] muss ein kirchenrechtlich bindender Weg gefunden werden, der verhindert, dass die päpstlichen Bullen gegen *Luther* und seine Anhänger sowie das Antichrist-Verdikt der Schmalkaldischen Artikel und anderer evangelisch-lutherischer Bekenntnisschriften gegen den *Papst* künftige Kirchengemeinschaft blockieren. MaW: Beide Äußerungen müssen außer Kraft gesetzt werden. Es ist bislang eine offene Frage, wie das kirchenrechtlich bindend geschehen kann.

5. Konfessionspsychologisch

Mit einem *»Ketzer«* und einem *»Antichrist«* will niemand in Gemeinschaft eintreten. Daher müssen diese gegenseitigen Verurteilungen offiziell beseitigt werden.

15 So die Erklärung Dominus Iesus. Über die Einzigkeit und die Heilsuniversalität Jesu Christi und der Kirche, VAS 148, Bonn 6. August 2000, Z. 17, S. 23.

III. Vorschläge für mögliche Initiativen zu 500. Gedenktagen 2020/21

12. November:

1520	2020
Erste Verbrennung von Luthers Schriften auf deutschem Boden in Köln	*Eine öffentliche Veranstaltung am Ort des Geschehens,* dem Roncalliplatz neben dem Kölner Dom, mit Vertretern der Stadt, der Universität, des Evangelischen Kirchenverbandes Köln und Region und des Stadtdekanats Köln

10. Dezember:

1520	2020
Verbrennung des Kanonischen Rechtes und der Bannandrohungsbulle in Wittenberg	*Gedenkveranstaltung* am ehemaligen Elstertor bei der Luthereiche in Wittenberg

3. Januar:

1521	2021
Veröffentlichung der *Bannbulle* von Papst Leo X. gegen Martin Luther	**2. Sonntag nach Weihnachten: Feier von ökumenischen Gottesdiensten »Versöhnung nach 500 Jahren«** *Wort der Deutschen Bischofskonferenz und der EKD* zur Exkommunikation von Martin Luther und seinen Anhängern sowie zum Antichrist-Verdikt der Reformatoren gegen den Papst

17./18. April:

1521	2021
Luthers Auftreten vor dem Reichstag in Worms	*Festveranstaltung* der Evangelischen Kirche in Worms

4. Mai:

1521	2021
Geplanter Überfall auf Martin Luthers Reisegesellschaft bei Burg Altenstein im Thüringer Wald durch Beauftragte von Kurfürst Friedrich dem Weisen und Luthers Verbringung auf die Wartburg bei Eisenach	*Ökumenische Wanderung von Burg Altenstein zur Wartburg mit dortigem Empfang*

25. Juni:

1530	2021
Verlesung des Bekenntnisses der Protestanten auf dem Augsburger Reichstag und Überreichung eines deutschen und lateinischen Exemplars an Kaiser Karl V.	*Gedenktag* des Augsburgischen Bekenntnisses: ***Angekündigte gemeinsameVeranstaltung*** des Lutherischen Weltbundes und des Vatikans in Rom zur Exkommunikation Martin Luthers und seiner Anhänger

17. November 2021: Buß- und Bettag:

Beginn eines *ökumenischen synodalen Weges*

III. Altenberger Erklärung

Altenberger Erklärung: Versöhnung nach 500 Jahren

Plädoyer für die Außerkraftsetzung der Bannbulle Papst Leos X. gegen Martin Luther samt all seinen Anhängern und für die Rücknahme des reformatorischen Verdikts gegen den Papst als »Antichrist«

I. Die Ereignisse von 1520/21

Die tragische Geschichte, die *Martin Luther* und Papst *Leo X.* zu unversöhnlichen Kontrahenten werden ließ, erregt noch 500 Jahre nach den Ereignissen unsere Aufmerksamkeit. Der Bannandrohungsbulle des Papstes gegen Luther und seine Anhänger vom 15. Juni 1520 folgte die Bannbulle vom 3. Januar 1521. Der Wormser Reichstag, dem die Bannbulle am 13. Februar vom päpstlichen Nuntius *Hieronymus Aleander* überbracht wurde, und der Auftritt *Luthers* vor Kaiser *Karl V.* und dem Reichstag zu Worms am 18. April 1521 führten zum Wormser Edikt, das Luther und seine Anhänger sämtlicher Rechte beraubte. Ein scheinbar unentwirrbarer Konflikt nahm den allseits bekannten weiteren Verlauf.

II. Neues Licht nach dem Zweiten Vatikanischen Konzil auf das Geschehen von einst

Wir danken Gott, dass die ökumenischen Bemühungen in der Zeit nach dem Zweiten Vatikanischen Konzil in den Gesprächen zwischen Katholiken und Lutheranern maßgeblich dazu beigetragen haben, die damaligen Ereignisse in neuem Licht zu sehen. Viele Bemühungen im Projekt ›*Lehrverurteilungen – kirchentrennend?*‹ haben in dem wichtigen Konsens über die Rechtfertigungslehre von Augsburg (1999) einen Höhepunkt gefunden. Deshalb scheint uns anlässlich der Erinnerung an die Veröffentlichung der Bannbulle vor 500 Jahren am 3. Januar 1521 die Zeit dafür reif zu sein, dass der damals verhängte Kirchenbann, der nicht nur dem Reformator *Martin Luther,* sondern auch all seinen Gefolgsleuten galt, eine neue Beurteilung erfährt. Diese muss sowohl die Verurteilung Luthers durch Leo X. als auch Luthers Verdikt gegen den Papst als »Antichrist« einbeziehen.

Wir lassen uns bei unserem Vorschlag zum 500. Gedenktag von jenem bedeutenden Ereignis am 7. Dezember 1965 inspirieren, an dem – am vorletzten Tag des Zweiten Vatikanischen Konzils – in der Konzilsaula zu Rom in Anwesenheit von Papst *Paul VI.* und gleichzeitig im Phanar zu Konstantinopel in Anwesenheit des Patriarchen *Athenagoras I.* eine Erklärung verlesen wurde. Darin heißt es, man dürfe nicht so tun, als seien die längst vergangenen Ereignisse mit der Folge einer Jahrhunderte dauernden Trennung beider Kirchen, nicht das gewesen, was sie zu ihrer Zeit als einer »wirren Periode der Geschichte gewesen sind«. Man müsse aber auch zugeben, dass es die Möglichkeit gibt, die Dinge anders zu sehen und zu beurteilen. Papst *Paul VI.* und Patriarch *Athenagoras I.* erklärten deshalb, dass sie die im Jahr 1054 gegenseitig verhängten »Exkommunikationssentenzen« bedauern. Man werde diese »aus dem Gedächtnis und der Mitte der Kirche tilgen und dem Vergessen anheimfallen lassen.«

Wir sind uns bewusst, dass sich die beiden kirchlichen Vertreter, Papst *Paul VI.* und Patriarch *Athenagoras I.* auf Augenhöhe begegneten, während 1521 der römische Papst mit höchster kirchlicher Autorität und der Mönch *Martin Luther* und seine Gefolgschaft allein mit theologischer Argumentation zum Mittel gegenseitiger Ausschlüsse schritten. Aus den 41 Artikeln der Bannandrohungsbulle ist ersichtlich, dass in jenen Jahren die Differenzen des anhebenden Konflikts zwischen Rom und Wittenberg immer folgenreicher wurden. Schließlich hat Luther in seinen »Schmalkaldischen Artikeln« von 1537 den schon 1520 erhobenen Vorwurf erhärtet, auf dem Papststuhl sitze der Antichrist, ja die römische Kirche sei sogar dem Götzendienst verfallen.

Im ökumenischen Gespräch nach dem Zweiten Vatikanischen Konzil hat sich jedoch immer klarer erwiesen, dass diese Vorwürfe von Seiten des Luthertums nicht mehr aufrecht erhalten werden. Aus dem Dialog ist auch hervorgegangen, dass der einst als Ketzer gebrandmarkte *Martin Luther* zusehends tiefer als *»Zeuge Jesu Christi«* verstanden werden darf, wie es das Gemeinsame Wort 1983 formuliert hat. Ferner hat die *Gemeinsame Erklärung zur Rechtfertigungslehre* von 1999 die Botschaft von der Erlösung durch Jesus Christus als Glaubensfundament herausgearbeitet, das Lutheraner und Katholiken sowie die Weltgemeinschaften der Methodisten, Reformierten und Anglikaner in diesem Fundament zutiefst miteinander verbindet. Zu den entsprechenden Lehrverurteilungen des 16. Jahrhunderts wurde damals (Z. 41) festgestellt:

»Die in dieser Erklärung vorgelegte Lehre der lutherischen Kirchen wird nicht von den Verurteilungen des Trienter Konzils getroffen. Die Verwerfungen der lutherischen Bekenntnisschriften treffen nicht die in dieser Erklärung vorgelegte Lehre der römisch-katholischen Kirche.«

III. Konsequenzen für die ökumenische Gegenwart und Zukunft

Der Altenberger Ökumenische Gesprächskreis leitet daraus folgende *drei Schritte* ab:

1. Angesichts dieser hoffnungsvollen Entwicklungen und im Blick auf den 500-jährigen Gedenktag am *3. Januar 2021* ersuchen wir den gegenwärtigen Bischof von Rom, *Papst Franziskus,* in Absprache mit dem Päpstlichen Rat zur Förderung der christlichen Einheit zu erklären, dass die Verurteilungen der Bannbulle von 1521 die heutigen Angehörigen evangelisch-lutherischer Kirchen nicht treffen. Mit diesem Ersuchen knüpfen wir an *»Das Wormser Memorandum«* vom 6. März 1971 an, das den Papst darum bat, »ein klärendes Wort zur Person und Lehre Martin Luthers aus heutiger katholischer Sicht im Interesse der Vertiefung ökumenischer Arbeit« zu verlautbaren. Was vor rund 50 Jahren noch nicht möglich war, sollte im »Jahr der Ökumene 2021« gelingen.

   Ebenso ersuchen wir den Präsidenten des Lutherischen Weltbundes, *Erzbischof Dr. Panti Filibus Musa* aus Nigeria, zusammen mit dem Exekutivkomitee des Lutherischen Weltbundes zu erklären, dass die Verwerfungen der Päpste als »Antichrist« durch Martin Luther und evangelisch-lutherische Bekenntnisschriften (Apologie des Augsburger Bekenntnisses, Schmalkaldische Artikel, Traktat über die Gewalt und den Primat des Papstes, Konkordienformel) das heutige Papsttum und seine Amtsinhaber nicht treffen.

   In einem gemeinsamen oder gleichzeitig an verschiedenen Orten stattfindenden Akt könnten beide Seiten die damaligen Worte und Taten, die zur Exkommunikation Luthers und zum Antichrist-Verdikt gegen den Papst geführt haben, aus dem Gedächtnis der Kirche tilgen und dem Vergessen anheimfallen lassen.

2. Die Auseinandersetzungen zwischen Luther und Papst haben sich zu Beginn der Reformation größtenteils auf deutschem Boden abgespielt und beeinflussen das ökumenische Klima in Deutschland bis zum heutigen Tag. Deshalb bitten wir die *Deutsche Bischofskonferenz* im Einvernehmen mit dem *Zentralkomitee der deutschen Katholiken* sowie den *Rat* und die *Synode der Evangelischen Kirche in Deutschland* (EKD) um ein gemeinsames öffentliches Wort des Bedauerns über die damaligen Vorgänge und der Hoffnung auf Überwindung der gegenseitigen Verurteilungen, die zur Kirchenspaltung geführt haben. Auf diese Weise würden sie das Anliegen unterstützen, frühere Verwerfungen außer Kraft zu setzen und einen Rückfall in gegenseitige Abgrenzungen oder gar Verurteilungen zu verhindern.

3. Wir laden alle *Gemeinden* ein, in einem ökumenischen Gottesdienst am oder um den 2. Sonntag nach Weihnachten, den *3. Januar 2021,* die Freude über das Kommen Gottes in unsere Welt mit dem Vollzug des Versöhnens miteinander nach 500 Jahren zu verbinden. (Ein Entwurf dazu liegt vor.) Wir sind dankbar, wenn die örtlichen *Arbeitsgemeinschaften Christlicher Kirchen* (ACK) diese Einladung aufgreifen und sich für ihre Verwirklichung, etwa während der Gebetswoche für die Einheit der Christen (18.–25. Januar), zur Verfügung stellen, damit wir gemeinsam in versöhnter Verschiedenheit den Pilgerweg der Gerechtigkeit und des Friedens miteinander gehen können.

   Am Fest des Heiligen Geistes erinnern wir an das Wort des Apostels Paulus, das die Herrnhuter Tageslosung des Pfingstsonntags für uns alle ist:

   > »Wir sind durch einen Geist alle zu einem Leib getauft, wir seien Juden oder Griechen, Sklaven oder Freie, und sind alle mit einem Geist getränkt.« *(1. Korinther 12,13)*

Altenberg bei Köln, am 31. Mai 2020, dem Fest des Heiligen Geistes
Für den Altenberger Ökumenischen Gesprächskreis:

Pfarrer Dr. Hans-Georg Link, Köln
(hglink@web.de)

Prof. Dr. Josef Wohlmuth, Bonn
(J.Wohlmuth@uni-bonn.de)

IV. Beiträge

Der Prozess Martin Luthers von 1518 bis 1520

Eine summarische Übersicht

Hans-Georg Link

I. Luthers Exkommunikation am 3. Januar 1521

> »Wir entscheiden, dass Martinus und alle die anderen unseren Strafen verfallen sind, die diesem Martinus nachfolgen, der verstockt an seinem verkehrten und verdammten Vorhaben festhält … Demnach entscheiden wir, dass sie alle der Strafe der Exkommunikation, dazu des Bannes, der ewigen Verdammnis, des Interdikts, des Verlustes ihrer und ihrer Nachkommen Würden, Ehren und Güter und der Untauglichkeit zu solchen, dazu der Einziehung ihrer Güter und der Majestätsbeleidigung verfallen sind …«[1]

1. Drei Jahre und zwei Monate nach seinen 95 Thesen ist der Reformator Martin Luther aus seiner römisch-katholischen Kirche von Papst Leo X. persönlich *exkommuniziert* worden.
2. Der *Vatikan* hat dazu bis zum heutigen Tage offiziell noch nie Stellung bezogen.
3. Wenn Kirchengemeinschaft zwischen der evangelischen und der katholischen Kirche – in welcher Form auch immer – je zustande kommen sollte, kann es dabei nicht bleiben: die römisch-katholische und auch die evangelische Kirche müssen *ein verbindliches offizielles versöhnliches Wort* dazu finden.
4. Der *3. Januar 2021* ist nach 500 Jahren der richtige Zeitpunkt, um dieses Hindernis der Kirchengemeinschaft aus dem Weg zu räumen; er ist ein Kairos.

1 In: Deutsche Geschichte in Quellen und Darstellung (DGQD), Bd. 3: Reformationszeit 1495–1555, Hg. U. Köpf, Reclam 17003, Stuttgart 2001, S. 165.

II. Der Prozess Martin Luthers

Wie ist es zum 3. Januar 1521 gekommen? Der Prozess Martin Luthers gliedert sich in 3 Teile und 7 Schritte.

Erster Teil: November 1517 bis November 1518 Vorladung nach Rom und Begegnung mit Kardinal Cajetan in Augsburg

1. Reaktionen auf die 95 Thesen

1.1 Albrecht von Mainz

Am 31. Oktober 1517 hat Martin Luther seine 95 Thesen[2] mit einem Begleitschreiben[3] an seinen Vorgesetzten Erzbischof *Albrecht von Mainz und Magdeburg* geschickt. Fest steht, dass Albrecht auf Empfehlung der Mainzer Hochschule noch im Jahr 1517 diese Thesen an *Papst Leo X. in Rom* weitergeleitet hat. Seinen Magdeburger Räten empfahl er am 13. Dezember 1517, einen *processus inhibitorius* gegen Luther zu eröffnen, der ihm die weitere Behinderung des Ablasses verbieten sollte, was jedoch nicht geschehen ist.[4]

1.2 Die Dominikaner

Im Januar 1518 fand in *Frankfurt/Oder eine erste Disputation* der Dominikaner statt, die vom Rektor der dortigen Universität *Konrad Wimpina* mit 106 Thesen und *Johannes Tetzels* wortmächtiger Unterstützung gegen Luther gerichtet war. Im März 1518 beschloss das Kapitel der Dominikaner, in Rom Anklage gegen Martin Luther wegen Ketzerei zu erheben.

---

2 In: Martin Luther. Ausgewählte Werke (MLAW), Hg. H. H. Borcherdt/G. Merz, Bd. 1: Aus der Frühzeit der Reformation, 3. Aufl., München 1963, S. 31 ff.

3 In: H. Fausel, D. Martin Luther (FML). Leben und Werk. 1483 bis 1521, Calwer Luther-Ausgabe 11, Siebenstern Nr. 63, München/Hamburg 1966, S. 86 ff.

4 Dazu: M. Brecht, Martin Luther, Bd. 1: Sein Weg zur Reformation 1483–1521 (BMLR), Stuttgart 1981, S. 201 ff.

Der Ingolstädter Theologe *Johannes Eck* hatte ebenfalls bereits Anfang 1518 Anmerkungen *(Obelisci)* zu Luthers Ablassthesen zu Papier gebracht, die im März in Luthers Hände kamen. *Luther* sah sich durch diese und andere gegen ihn gerichteten Initiativen veranlasst, seine 95 Thesen durch *Resolutionen* zu erläutern, die er im Februar begann und im Mai abgeschlossen hatte.[5] Am 30. Mai ließ er seine Erläuterungen über seinen Vorgesetzten in der Augustiner Eremitenkongregation, *Johannes Staupitz*, an *Papst Leo X.* weiterleiten. In seinem Begleitschreiben setzte er sich einerseits gegen die bereits erfolgten Denunziationen zur Wehr und bekundete andererseits seine Bereitschaft zur Unterwerfung unter das Urteil des Papstes.[6]

Ergebnis:
Luthers 95 Thesen fanden eine unerwartet schnelle Verbreitung und gelangten noch im Jahr 1517 nach Rom. Die Dominikaner waren die treibende Kraft, Anklage gegen Luther zu erheben und ihn in Rom zu denunzieren. Luther war von dieser schnellen öffentlichen Entwicklung außerordentlich überrascht, nahm aber die Auseinandersetzung sofort aktiv auf, indem er seine Resolutionen Papst *Leo X.* widmete und sich seinem Urteil unterwarf.

2. Vorladung nach Rom

Im Mai 1518 tagte das Generalkapitel der Dominikaner in Rom. In diesem Zusammenhang schrieb *Sylvester Prierias*, der Hoftheologe des Papstes, eine Entgegnung: »*De potestate papae dialogus*«. In dieser äußerst scharf gehaltenen Auseinandersetzung steht die Autorität von Kirche und Papst im Mittelpunkt bzw. auf dem Spiel. Auf der Grundlage dieses undialogischen Dokumentes wurde *Martin Luther* Anfang Juli zum Verhör nach Rom zitiert. Die Vorladung erreichte ihn am 7. August. Luther beeilte sich außerordentlich – er will es in zwei Tagen geschafft haben –, eine *Responsio* auf den Dialogus von Prierias zu formulieren, die ebenfalls an Schärfe nichts zu wünschen übrig ließ: Sie zitiert den Kirchenrechtler

5 In: MLAW 1, S. 142ff.
6 A. a. O. S. 53ff.

Panormitanus mit dem Satz, dass »*Papst und Konzilien irren können*«.[7] Lediglich die Heilige Schrift ist »irrtumslos«.

Ergebnis:
Anstelle des von Luther erwarteten Antwortschreibens des Papstes auf seinen Brief vom 30. Mai erhielt er von einem Auditor der Apostolischen Kammer eine Zitation zu einem Verhör nach Rom. Diese von ihm nicht erwartete Reaktion aus Rom löste bei ihm einen Schock aus und veranlasste ihn zu einer sofortigen scharfen Replik gegenüber dem römischen Hoftheologen *Prierias.*

3. Begegnung mit Kardinal Cajetan in Augsburg

Sie fand vom 12. bis 14. Oktober 2018 in Augsburg statt, wo der Reichstag seit dem Sommer tagte. Dass diese Unterredung nicht in Rom, sondern in Augsburg stattfinden konnte, beruht auf einem Verhandlungserfolg von Luthers politischem Beschützer *Kurfürst Friedrich dem Weisen* in Wittenberg.

3.1 Verlauf

Der Empfang gestaltete sich ausgesprochen freundlich. Weisungsgemäß verhielt sich der Kardinal wie ein gütiger Vater gegenüber seinem etwas missratenen Sohn. Allerdings hatten beide Gesprächspartner unterschiedliche Erwartungen an die Begegnung: Luther hoffte auf eine inhaltliche Auseinandersetzung über seine Thesen, während Cajetan wiederum weisungsgemäß eine Auseinandersetzung zu vermeiden suchte und lediglich die Frage nach dem Widerruf seiner Schriften und Thesen von Luther beantwortet wissen wollte. Da sich der Augustinermönch darauf nicht einließ, kam es zum Missfallen beider zu einem hitzigen Disput, in dem einige von Luthers Themen angesprochen wurden, es aber in keinem Punkt zu einer Verständigung reichte.

---

7 BMLR, S. 236.

3.2 Themen

Drei *Themenbereiche* kamen vor allem zur Sprache:

1. Der *Ablass:* Luther betont den Schatz der Gnade, Cajetan den Schatz der Kirche.
2. Der Empfang der *Sakramente:* Luther besteht auf der Glaubensgewissheit des Empfängers für einen wirksamen Empfang des Sakraments – »reflexiver Glaube« statt ex opere operato. Cajetan vertritt die Ansicht: »Das heißt eine neue Kirche bauen«.[8]
3. Zur Frage der *Kirche:* Cajetan verteidigt die Autorität des Papstes, während Luther die Wahrheit der Schrift behauptet, die über Papst und Konzil steht.

3.3 Folgen

Cajetan beschied Martin Luther zum Abschluss des Gesprächs am dritten Tag (14. Oktober), er solle nur wiederkommen, wenn er seine Meinung geändert habe. Luther schrieb seinerseits am 17. Oktober einen Brief an Cajetan, in dem er sich für seine hitzige Gesprächsweise entschuldigte, in der Sache jedoch seine bisherigen Positionen verteidigte.[9]

Bereits am 16. Oktober formulierte Luther eine *Appellation* von »dem nicht gut unterrichteten … an den besser zu unterrichtenden Allerheiligsten Vater«,[10] die er bei einem Notar hinterlegte. Am Abend des 20. Oktober ergriff Luther durch eine kleine Pforte in der Stadtmauer die Flucht aus Augsburg, um einer drohenden Verhaftung zu entgehen.

Wenig später traf *Karl von Miltitz* in Augsburg ein mit einer in Rom bereits angefertigten Bannbulle gegen Luther, die er bei den Fuggern deponierte.[11]

Nach Wittenberg zurückgekehrt bot Luther seinem Kurfürsten die Auswanderung nach Frankreich an, um ihn nicht in weitere Schwierigkeiten zu bringen. Das Angebot wurde von *Georg Spalatin* energisch zurückgewiesen. Da Luther auf seine Appellation vom 16. Oktober vom

8 *Hoc enim est novam ecclesiam construere;* dazu Luthers Brief an Spalatin vom 14.10.1518, in: K.-P. Schmidt (Hg.), Luthers Acta Augustana (LAA), 1518 Deutsch, Augsburg 1982, S. 73ff.

9 LAA, S. 81f.

10 A. a. O. S. 86ff.

11 FML, S. 123.

Papst keine Antwort erhalten hatte, richtete er am 28. November eine ebenfalls protokollarisch beglaubigte offizielle Appellation an ein so bald wie möglich einzuberufendes Konzil, das nach seinem Dafürhalten über dem Papst steht.[12]

Ergebnis:
Im Oktober und November 1518 kam es zu einer gravierenden Eskalation des Konfliktes: Luther wandte sich, nachdem das Gespräch mit Kardinal *Cajetan* ergebnislos verlaufen war, vom Kardinal an den Papst und, nachdem dieser nicht geantwortet hatte, an ein allgemeines freies Konzil. Ein gutes Jahr, nachdem der bis dahin völlig unbekannte Augustinermönch Martin Luther seine 95 Thesen veröffentlicht hatte, fand er sich in einer offiziellen Konfliktlage mit Kardinal, Papst und der gesamten Kirche vor. Das hatte niemand erwartet, am wenigsten Luther selbst.

Zweiter Teil: Dezember 1518 bis Januar 1520 Kirchenpolitische Entlastung und theologische Fortsetzung

4. Die Leipziger Disputation

Sie fand vom 27. Juni bis 16. Juli 1519 auf der Pleißenburg in Leipzig statt.[13]

4.1 Vorgeschichte

Am 12. Januar 1519 starb Kaiser *Maximilian.* Sein Tod veränderte schlagartig die kirchenpolitische Gesamtlage: das politische Tauziehen um die Nachfolge des Kaisers bestimmte fortan die Tagesordnung und ließ Luthers Sache in den Hintergrund treten. Um die Wahl des Spaniers *Carlos* zum neuen Kaiser zu verhindern und stattdessen den französischen König *Franz I.* auf den Kaiserthron zu heben, benötigte Papst *Leo X.* die Stimme und den Einfluss von Kurfürst *Friedrich dem Weisen,* der für Franz I. eintrat. Entsprechend intensiv fiel das Werben des Papstes um die Gunst des Kurfürsten aus, dem er für den Fall der Aufgabe seiner französischen Interessen selber die Kaiserkrone anbot und für Martin

12 LAA, S. 164 ff.
13 MLAW 1, S. 95 ff.

Luther sogar einen Kardinalshut! Dennoch wurde am 28. Juni Carlos von Spanien zum *Kaiser Karl V.* gewählt und am 23. Oktober in Aachen gekrönt.

Faktisch ruhte Luthers Prozess im gesamten Jahr 1519 und wurde erst wieder im Februar 1520 ernsthaft aufgenommen. Aber der theologische Streit setzte sich fort: Bereits im Dezember 1518 hatte *Johannes Eck* 12 Thesen gegen *Karlstadt* verfasst, die faktisch gegen Martin Luther gerichtet waren. Deshalb formulierte Luther im Februar 1519 dazu entsprechende Gegenthesen. Am 13. März äußerte er zu *Georg Spalatin* die Vermutung: »Ich weiß nicht, ob der Papst der Antichrist selbst oder sein Apostel ist«.[14] Die Disputation zwischen *Eck, Karlstadt und Luther,* die die schriftliche Konfrontation durch den mündlichen Dialog ablösen sollte, wurde von *Karl von Miltitz* eingefädelt: *Miltitziade,* während *Johannes Tetzel* am 11. August 1519 sang- und klanglos durch seinen Tod von der kirchenpolitischen Bühne verschwand.

4.2 Disputation

Die erste Runde wurde zwischen *Eck und Karlstadt* ausgetragen; dabei ging es um das Thema: Gnade. Die entscheidende Auseinandersetzung vollzog sich jedoch zwischen *Eck und Luther* um den Primat des Papstes und die Autorität von Konzilen, insbesondere um das Konzil von Konstanz und die Verurteilung und Verbrennung von *Jan Hus* am 6. Juli 1415. Eck vertrat die päpstlichen Positionen, während Luther auf dem *sola scriptura*-Prinzip beharrte. »Auch Konzile können irren«: zu dieser Folgerung hatte Eck Luther gegen seinen Willen genötigt. Nachdem er einige Thesen von *Jan Hus* über die Kirche verteidigt hatte, wurde er von Eck zu dem Eingeständnis der Irrtumsfähigkeit von Konzilen gezwungen.[15] Wenige Monate später bekannte sich Luther offiziell zu Jan Hus: »Wir sind alle Hussiten, ohne es gewusst zu haben«.[16]

---

14 BMLR, S. 292; zum Ganzen S. 288 ff.

15 MLAW 1, S. 102; BMLR, S. 305 f.

16 In: Martin Luther. Ausgewählte Schriften (MLAS), VI. Briefe, Hg. K. Bornkamm/G. Ebeling, Frankfurt/Main 1983, 2. Aufl., S. 25.

4.3 Folgen

Im Anschluss an die Leipziger Disputation fertigten die Universitäten von *Köln* (30. August) und *Löwen* (7. November) offizielle Gutachten an, die sich gegen Martin Luthers Schriften und Theologie richteten.[17]

Ergebnis:
Johannes Eck verließ als Punktsieger die Leipziger Disputation, während *Martin Luther* mit seinem Einspruch gegen die Autorität von Konzilen Positionen, wie hundert Jahre zuvor *Jan Hus,* verteidigt und übernommen hatte. Dadurch geriet er ebenso wie Hus in tödliche Gefahr.

Dritter Teil: Februar 1520 bis Januar 1521 Bannandrohungsbulle und Exkommunikation

5. Bannandrohungsbulle vom 15. Juni 1520

5.1 Vorgeschichte

Nachdem die politischen Turbulenzen wieder in etwas ruhigeres Fahrwasser gekommen waren und *Leo X.* keine Rücksicht mehr auf Kurfürst *Friedrich den Weisen* zu nehmen brauchte, wurde der Prozess gegen Martin Luther im Februar 1520 wieder aufgenommen. Es wurden nacheinander drei römische Kommissionen gebildet, an denen unter anderen *Eck* und *Cajetan,* die hervorragendsten Theologen ihrer Zeit, teilnahmen, um erstmals die Lehre Martin Luthers zu untersuchen. Die dritte Kommission tagte vom 21. Mai bis 1. Juni 1520 und erstellte eine Vorlage, die dann am 15. Juni als Bannandrohungsbulle veröffentlicht wurde.[18]

5.2 Die Bannandrohungsbulle

Sie beginnt mit einem Bericht über aufgekommene Irrtümer in Deutschland, wie es hundert Jahre zuvor im Böhmen des 15. Jahrhunderts der Fall gewesen war. Daran anschließend werden *41 Lehrsätze Luthers* zu

17 BMLR, S. 323.
18 A. a. O. S. 372.

den Themenbereichen: Sakramente, Kirche und Heilsstand des einzelnen Christen aus seinen Schriften zusammengestellt, nicht jedoch zu Luthers Kernthemen Rechtfertigung und Glaube. Am Ende der Aufzählung steht ohne weitere Begründung und Erläuterung der Satz: »Die vorstehenden Artikel oder Irrtümer verurteilen und verwerfen wir insgesamt und einzeln.«[19] Zum Schluss wendet sich die Bulle der Person Martin Luther zu: Er soll innerhalb von 60 Tagen schriftlich oder am besten persönlich in Rom widerrufen; für diesen Fall wird ihm freies Geleit zugesichert. Im anderen Fall wird ihm angedroht, als Häretiker und Ketzer ausgelöscht zu werden.[20]

5.3 Die Folgen

Johannes Eck und *Hieronymus Aleander* wurden beauftragt, diese Bulle im Osten (Eck) und im Westen (Aleander) des Reiches zu verbreiten. Am 10. Oktober wurde die Bulle auch in Wittenberg angeschlagen und spätestens zu diesem Zeitpunkt Luther bekannt. Luther hatte bereits im Juni seine berühmte Adelsschrift verfasst mit 26 Tagesordnungspunkten für ein künftiges Konzil.[21] Nach dem offiziellen Eintreffen der Bulle in Wittenberg wurde Luther von *Karl von Miltitz* dazu gebracht, an Papst *Leo X.* eine ausgewogene Erörterung seiner neuen Lehre zu schicken. Er tat es mit seiner berühmtesten Schrift *»Von der Freiheit eines Christenmenschen«*[22] und versah sie mit einem auf den 6. September rückdatierten Sendbrief,[23] in dem er den Papst als frommen und allerheiligsten Vater anspricht, eine Form von *captatio benevolentiae.* Gleichzeitig verfasste Luther im Oktober 1520 eine Gegenschrift, sozusagen eine Gegenbulle: »Wider die Bulle des Endchrists«.[24] Lateinisch lautet der Titel: Adversus execrabilem antichristi bullam![25] In dieser Schrift nimmt Luther nun kein Blatt mehr vor den Mund; er bezichtigt die Bulle der Blasphemie gegen Christus und bezeichnet den Papst nun öffentlich als Antichrist!

---

19 DGQD, S. 159.

20 A. a. O. S. 160.

21 An den christlichen Adel deutscher Nation: Von des christlichen Standes Besserung, in: MLAS I, S. 151 ff.

22 A. a. O. S. 239 ff.

23 MLAW 2, S. 255 ff.

24 In: D. Martin Luthers Werke, Weimar 1883 ff (WA), Bd. 6, S. 613 ff.

25 A. a. O. S. 597 ff.

Sollte der Papst seinerseits diese Bulle nicht widerrufen, droht Luther ihm ebenfalls mit Bann, dem Jüngsten Gericht und der Überantwortung an den Teufel.[26] Das ist das Äußerste, was man gegen einen Papst überhaupt unternehmen konnte. Luther sieht sich dabei in der Rolle des Propheten, der die Wahrheit des Evangeliums verkündet, ohne Rücksicht auf Freund und Feind oder die eigene Person zu nehmen.

Schließlich wiederholte Luther im November seine Appellation von 1518 und legte Berufung ein an ein »christliches freies Konzil«, das nach seiner festen Überzeugung in der Rangordnung über dem Papst steht.[27] Außerdem begann er auf Bitten *Friedrichs des Weisen* mit einer ausführlichen Erläuterung seiner von der Bannandrohungsbulle ins Feld geführten 41 Sätze, die er im Frühjahr 1521 fortsetzte: »Grund und Ursach aller Artikel, so durch die Römische Bulle unrechtlich verdammt sind.«[28]

Ergebnis:
Die Bannandrohungsbulle zitiert 41 Sätze aus Luthers Schriften, fällt aber pauschale Urteile gegen Martin Luthers Lehre ohne nähere Erläuterungen und Differenzierungen. Luther reagiert darauf mit drei Schriften innerhalb von zwei Monaten; er verhält sich wie ein gereizter Löwe.

6. Wittenberger Bücherverbrennung

Sie fand am 10. Dezember 1520, morgens um 9 Uhr, am Wittenberger Elstertor statt.

6.1 Vorgeschichte

Aleander hatte es in Belgien und Deutschland geschafft, die Bannandrohungsbulle gegen Luther zu verbreiten und teilweise mit Verbrennungen von Luthers Büchern auch gleich in die Tat umzusetzen. So geschah es am 8. Oktober in Löwen, am 15. Oktober in Lüttich, *am 12. November in Köln*, am 28./29. November in Mainz und Anfang Dezember in Halberstadt.[29]

26 A. a. O. S. 620ff, 629.
27 MLAS III, S. 70ff.
28 MLAW 2, S. 301ff.
29 BMLR, S. 396, 400, 403.

6.2 Bücherverbrennung in Wittenberg

Zur allgemeinen Überraschung las man in der Leucorea-Universität am frühen Morgen des 10. Dezember 1520 eine von *Philipp Melanchthon* verfasste Einladung zur Teilnahme an der Verbrennung päpstlicher und scholastischer Bücher morgens um 9:00 Uhr am Schindanger.[30] Die Durchführung der Aktion lag in den Händen von *Johann Agricola.* Der Verbrennungsaktion fielen glücklicherweise keinerlei scholastische Bücher zum Opfer, wohl aber das Kanonische Recht der römischen Kirche und die Bannandrohungsbulle, die *Luther* persönlich ins Feuer warf.[31]

6.3 Folgen

Luther erläuterte in seiner Vorlesung am folgenden Tag die Aktion vor seinen Studenten und veröffentlichte wenige Tage später seine Schrift: »*Warum des Papstes und seiner Jünger Bücher verbrannt sind*«,[32] um öffentlich Rechenschaft über die Aktion abzulegen. In dieser Schrift führt Luther in 30 Artikeln die Irrtümer des Kanonischen Rechts an, nach seiner Meinung eine falsche Lehre, gegen die man sich habe wenden müssen. Die Bibel stehe im Gegensatz zum geltenden römischen Kanonischen Recht, das deshalb habe eliminiert werden müssen: »Der Papst ist ein Gott auf Erden«, er hat sich an die Stelle Jesu Christi gesetzt und selbst zum Gott erhoben, so der Vorwurf aus Luthers Feder.[33] Offenbar gab es Jubel über die Befreiung vom päpstlichen Recht.

Ergebnis:
Nachdem Luthers Gegner seine Schriften ins Feuer geworfen hatten, tat Luther in Wittenberg dasselbe mit der Geschäftsgrundlage ihres Handelns: dem Kanonischen Recht. Er gab damit öffentlich zu erkennen, dass er die bisherige Grundlage der römischen Kirche im Kanonischen Recht nicht mehr anzuerkennen bereit war.

---

30 DGQD, S. 162.
31 BMLR, S. 404.
32 MLAW 2, S. 289 ff.
33 A. a. O. S. 298.

7. Die päpstliche Bannbulle vom 3. Januar 1521

7.1 Inhalt

Die Bannbulle berichtet erstens, dass Martin Luther nicht, wie gefordert, widerrufen hat. Daher verhängt sie zweitens gegen ihn und alle seine Anhänger die Strafe der Exkommunikation und weitere schwere Sanktionen. Drittens soll diese Bulle in den Kirchen verkündet werden.[34]

7.2 Folgen

Am 6. März 1521 wurde Luther zum Reichstag nach Worms vorgeladen, um sich dort öffentlich zu verantworten. Ihm wurde freies Geleit zugesichert und die Forderung nach Widerruf zumindest in der Einladung nicht wiederholt. Luther befand sich in einer gewissen Hochstimmung, weil er nun endlich die Gelegenheit kommen sah, seine Sache öffentlich vorzutragen und zu verteidigen.[35]

Ergebnis:
Martin Luther war seit dem 3. Januar 1521 exkommuniziert, befand sich aber in guter Verfassung. Er hatte zwar den Prozess gegen sich verloren, aber seine Sache der Reform der Kirche an Haupt und Gliedern ging unvermindert weiter.

III. Fragen und Vorschläge

1. *Was war Martin Luthers Kernanliegen?*
Es ging ihm um das Evangelium von der Rechtfertigung des Sünders durch Gottes schenkende Gerechtigkeit in Christus. Auf dieser Grundlage strebte er eine Re-Formation der gesamten Kirche an Haupt und Gliedern an.

---

34 DGQD, S. 162 ff.
35 BMLR, S. 424 ff.

2. *Was wollten die Gegner?*

In Rom stand die Frage nach der Autorität von Papst und Kirche sowie nach Geld für den Bau der Peterskirche im Vordergrund.

3. *Welche Tragweite hat die Exkommunikation Martin Luthers und aller seiner Anhänger heute?*

Nach römisch-katholischer Auffassung endet die Geltung der Exkommunikation mit dem Tod des Exkommunizierten. Ist jedoch Kirchengemeinschaft zwischen der römisch-katholischen und der evangelisch-lutherischen Kirche denkbar, solange deren Initiator offiziell als Ketzer gilt? Außerdem sind alle Anhänger Luthers ebenfalls exkommuniziert, was – wörtlich genommen – noch alle heutigen Glieder evangelisch-lutherischer Kirchen betrifft.

4. *Vorschläge zum Verfahren im Blick auf das Jahr 2021*
   - 4.1 Eine offizielle *Stellungnahme* zu den damaligen Ereignissen aus *katholischer* Sicht (Vatikan, Deutsche Bischofskonferenz),
   - 4.2 Eine offizielle *Stellungnahme* zu den damaligen Ereignissen aus *evangelischer* Perspektive (Lutherischer Weltbund, Evangelische Kirche in Deutschland),
   - 4.3 Eine *ökumenische Erklärung* zur Exkommunikation Martin Luthers und seiner Anhänger und ihrer Überwindung (Vatikan, Lutherischer Weltbund),
   - 4.4 Eine *öffentliche ökumenische Kundgebung* zur Exkommunikation Martin Luthers und der Überwindung ihres kirchentrennenden Charakters (DB/EKD/ACK, möglichst am 3. Januar 2021).

Anathema?

Anmerkungen zum »Petrusdienst« des Paulus in Galatien[1]

Gottfried Peters

1. Tonlagen des Anathema

»Anathema« – »Verflucht!« Jahrhunderte lang stand dieser Begriff für die Grenze kirchlicher Lehr-Wahrheit.

Wie kann aber heute von »Verwerfungen« und »Verfluchungen« so die Rede sein, dass sie bewegen? Wie können Kirchen, die zunehmend als nicht systemrelevant identifiziert werden, sich so positionieren, dass die »Gegenstände«, die zwischenkirchlich verhandelt werden, nicht aufgrund des Grades ihrer Abstraktion, sondern ihrer Abbildung menschlicher Beziehung überzeugend wirken und berühren?

1.1 ... wenn das Anathema niemanden berührt?

Heutige Religions-Systeme »inkludieren« das Exklusive. Aber ihnen fehlt weitgehend der »heiße« Atem der »Beteuerung« oder der »Verurteilung«. Ihre »Bekenntnisse« bieten zwar wichtige Orientierungshilfen. Aber das Pathos scharfer Positionierungen gehört erkennbar früheren Zeiten an. Heutzutage werden Markierungen vorgenommen, Schutzmaßnahmen organisiert, um das Eigene zu sichern, um allzu Fremdes zu beseitigen. Was nicht systemkonform ist, wird eingehegt, oder es wird beharrlich den immanenten Trends angepasst. Was nicht werteorientiert funktioniert, entfällt. Was nicht regelbasiert abläuft, erhält keinen Zuspruch. Üppiger Ressourcenverbrauch, diffuse Steuerungen, ineffektive Vorgehensweisen sind nicht vorgesehen – auch in religiösen Systemen nicht. Wenn die Kräfte zur »Inklusion« nicht ausreichen, wird »transformiert«. Neue Themen und neue Aufstellungen sorgen dafür, dass man sich arrangiert.

1 Überarbeiteter Text einer biblisch-theologischen Meditation zum Umgang des Apostels Paulus mit dem Stichwort »Anathema« im Galaterbrief. Altenberg, Markuskapelle, 18. Februar 2020.

So lautet die gängige Argumentation: statt »Verwerfungen« und gegenseitiger »Verurteilung« seien Kooperationen auf zahlreichen Ebenen gefragt. Dies gelte für das interreligiöse Gespräch ebenso wie für das interkonfessionelle Miteinander.

1.2 Wahrheit suchend fragen?

Das göttliche Geheimnis, das Wahre, wird demnach nicht im starren Gegeneinander, eher im Disput, im Prozess suchender Entwicklung entdeckt, – proklamiert die Vertreterin der Constructive Theology, Cathrine Keller[2]. Den eigenen Weg *bewegende* Wahrheiten unterscheiden sich diametral von den vorgeblich richtigen, den »peinigenden« Wahrheiten, sagt Keller. Peinigend seien Wahrheiten, die lediglich innere Kälte bzw. teilnahmslose Ambivalenzen hervorrufen. Sie finden sich etwa bei *Pilatus*, der bekanntlich angesichts des schwierigen Gefangenen Jesus sagt: »Was ist Wahrheit?«[3]. Hätte Pilatus diese Frage *gefragt*, hätte nicht nur sein Schicksal einen anderen Weg »genommen«.[4] *Fragende* Wahrheit überführt das Wahre in einen Weg; sie vermeidet, dass Vorgänge gegen die Wand der Gleichgültigkeit geraten. Pilatus aber bleibt *fraglos*. Und weil er der »Wahrheit« um den »gefangenen« Messias nicht nach-geht, kann er die Perspektive, die auf diesem liegt,[5] und sein Leiden als Menschensohn nicht teilen.

Die glühende Hoffnung auf eine alle Gerechtigkeit herstellende Herrschaft zu teilen, das Leid des Nahestehenden nicht in der Sorge um die eigene innere Ausgewogenheit zu ersticken, das wäre die Chance des Pilatus gewesen, – das Momentum, selbst zu begreifen, dass auch ihn, den Spitzenbeamten, die »Wahrheit frei macht«. So aber, ohne jede Compassion, wird er selbst Teil einer halbwahren Kampagne, Werkzeug einer »Verwerfung«. So, ohne die eigene Bereitschaft zur Empathie, wird er Akteur der »Verfluchung« Jesu. So, ohne Gespür für das, was um Jesus geschah, was sich zwischen Jesus und ihm an Wahrem hätte entfalten können, verfällt Pilatus ins Gewöhnliche. Er sucht insgeheim den Schmerz dieses einzigartigen Arztes der Seelen, Jesus. Er foltert, lässt auspeitschen, um eine Information, ein Geständnis zu erhalten. So prä-

2 Cathrine Keller, Über das Geheimnis, Freiburg, 2013.

3 Joh 18,38.

4 Keller, aaO., 56.

5 Joh 18, 37, Jesus: »Ich bin ein König«.

figurieren sich in Pilatus alle die Gestalten, die – ihrer Gotteswahrheiten verlustig – Menschen unter Schmerzen Informationen entlocken. Es waren in allen »Anathema«-Prozessen Informationen und Geständnisse, die erpresst wurden. Als ließe sich das Geheimnis der Wahrheit Christi in Daten-Sätze fassen!

1.3 Sprache, die Anteil nimmt?

Die Gestalt des *Pilatus* muss im Zusammenhang mit der Erörterung des »Anathema« in der Kirche genannt werden. Denn wie nirgends sonst zeigt sein, des Pilatus, Vor-Gehen, was passiert, wenn theologische, wenn kirchenrechtlich gesicherte Beschlüsse »aus gutem Grund« und vor allem ohne Blick auf den leidenden Christus, an vermeintlichen oder tatsächlichen Gegnern vollzogen werden. Dann entsteht die Sprache, die Haltung der Ambivalenz, der Anteilnahme *ohne* eigenes Risiko. Dann verwandelt sich oft genug das Gegenüber – wie bei Jesus und Pilatus – in einen »Fall«. Dann entschwindet das Gespür für den, der um des Volkes willen verflucht war, Christus. Dann mag die Lage sich zusehends dahingehend verschlechtern, dass nichts von dem Guten, was zu Verwerfung und deren Aufhebung zu sagen wäre, irgendwem wirklich unter die Haut geht. Dann verkäme auch das beste Vorhaben zum Vorgang.

Um genau dieser Fluch-Lage heute zu entgehen, soll der Blick auf das Corpus Paulinum gelenkt werden. Denn bei Paulus selbst sind die Bestimmungen und Linien zu finden, aus denen hervorgehen könnte, wie die Identifizierung des Evangeliums und die notwendigen Grenzziehungen zusammengehören. Im Blick auf das Anathema ist erkennbar, was Mitte *und* Grenze des Zusammenhaltes von Kirchen, was Klarheit des Kerygmas und Tiefe der Koinonia ausmacht, was vor allem der »Dienst an der Einheit« beinhaltet.

1.4 Anathema – Korrelation

Wie kaum eine andere Formel hat das paulinische »Anathema« gegenüber Gegnern, Gemeinden und Kirchen eine *Schlüssel*funktion. Das biblische »Anathema« des Paulus gegen seine Gegner in Galatien[6] ist zum »Pass-

---

6 Vgl. Anton Grabner-Haider (Hrsg.) Kulturgeschichte der Bibel, Göttingen, 2007, 374: Gemeint ist die Region Galatien im Zentrum Kleinasiens, die 279 v. Chr. durch kelti-

word« scharfer kirchlicher[7] Auseinandersetzungen geworden und hat in der Lehrentwicklung der Kirchengeschichte Wucht und Wirkung entfaltet. Die Exkommunikationspraxis des katholischen Kirchenrechts spricht ihr »Anathema« in Anlehnung an Gal 1,9 aus. Sie bezieht sich dabei auf eine Neuinterpretation der Bannpraxis im Ersten Testament (Tempelweihe – Fluch) sowie auf eine Auslegung der Aussagen zu Matth. 18,17; 1. Kor 5,1 ff; Tit 3,10 f. Kirchenzuchtmaßnahme, Spruch heiligen Rechts, gesetzlich geregelte Buße, prophetisches Urteil über selbstvollzogene grundsätzliche Trennung von Christus mit endzeitlichen Folgen müssen unterschieden werden. Diese Detailregelungen sind nicht »fallgenau« zu trennen, sondern sie sollen im Folgenden im Zusammenhang mit dem Kreuzesgeschehen gesehen werden.[8]

2. Paulus zum Anathema im Galater- und Römerbrief

Der Galater-Brief[9] bietet *das* entscheidende biblische Zeugnis für das Geschenk »christlicher Freiheit«. Zugleich steht er für eine scharfe Auseinandersetzung des Paulus mit den Gegnern über den Missbrauch der

---

sche Stämme aus Gallien besiedelt wurde. Um 25. v. Chr. wurde die Region Gallien in die Provinz Galatien einbezogen (heute: Gebiet um Ankyra/Ankara). Zu Galatien gehörten die Städte Pessinos, Ankyra und Tavion. Anlass des Paulusbriefes an die Galater war das Eindringen fremder Missionare in das Gebiet. Paulus kritisiert: a) die Rechtfertigung des Menschen geschieht nicht durch die Einhaltung jüdischer Gesetze und Feiertage, b) die Botschaft Christi richtet sich auch an die Heiden.

7 Vgl. Codex Iuris Canonici (CiC). Buch 7: Prozesse. Aufgerufen: 18.5.20 https://www.codex-iuris-canonici.de/cic83_dt_index.htm.

8 Dietrich Rusam, Fluch/Fluchen (NT), Das wissenschaftliche Bibellexikon im Internet, 2013. Rusam unterscheidet A) katarasthai ktl. »Fluchen, verfluchen« wird im NT mit katarasthai ktl. wiedergegeben. Das Kompositum (das Verbum simplex ist im NT nicht belegt) geht auf das griechische Substantiv ará (Wunsch Gebet) zurück (Büchsel, ThWNT 1, 1933, 449). Bereits bei Sophokles (Philoktetes 1120 u.ö.) und Euripides (Alkestis 714u.ö.), meint ará den »Fluch« (vgl. auch Röm 3,14). B) anathematizein ktl. Das Nomen anathema im Sinne von »Fluch« ist im NT nur bei Paulus (Gal 1,8 f; 1Kor 12,3; 1Kor 16,22 und Röm 9,3) sowie einmal in der Apostelgeschichte (Apg 23,14) belegt. Ursprünglich ist darunter ein Weihegeschenk zu verstehen (vgl. Lk 21,5 – s. u.). Das daraus abgeleitete Verbum anathematizein bedeutet »bannen, töten, verfluchen«.

9 Literaturangaben in: Journal Article, Theologie im Dialog: Der Galater- und Römerbrief als Paradigma, Thomas Söding, Zeitschrift für Theologie und Kirche, Vol. 111, No. 4, Dezember 2014, pp. 374–388)

»Freiheit«, für eine beispiellose inhaltliche »Abgrenzung« (Gal 1). Selten hat der Apostel zudem für eine schärfere Klarstellung darüber gesorgt, was der alleinige Kern des »Evangeliums« ist:[10] ... dass in Christus der Segen hervorbricht, für Juden und Heiden: »Verflucht ist, wer am Holz hängt«.

Zudem zeigt Paulus in seinem Brief an die Römer (9,1–5), dass er die Gemeinschaft im Volk Gottes zwar nicht herstellen kann, dass er aber sein eigenes Amt aufgeben würde, damit sich Israels Bundesverheißungen erfüllen und der »Bund ungekündigt« bleibt, damit sich in Jesus Christus die Einheit für alle Völker präfiguriert.

2.1 Anathema – abgrenzend und Gemeinschaft bildend

Der ehemalige Neutestamentler an der Georg August Universität Göttingen und spätere Ratsvorsitzende der EKD, *Eduard Lohse*[11], hat bereits 1968 darauf aufmerksam gemacht, wie ein Rückgriff auf das »Anathema« im Corpus Paulinum zu einem neuen Verstehen der Geschichte gegenseitiger Verwerfungen führt. Eine »Bereinigung der Vergangenheit« könne das ökumenische Miteinander stärken.[12]

Die »Anathema«-Aussagen stehen, so Eduard Lohse, in einem differenzierten Konnex. Anhand der frühen Paulusbriefe, insbesondere im für die Reformatoren wichtigen Brief an die galatischen Gemeinden lasse sich dies zeigen:

2.2 Die Korrelation der Anathema – Aspekte

Erstens. Das »Anathema« steht für die *apostolische Kraft*, sich - auch in schärfsten Auseinandersetzungen – stets derart auf die eigene »Mission« zu beziehen, dass »Amtsvollmacht« nichts anderes als »abgeleitete« Macht ist, »herzuleiten« aus der Gestaltungs-Dynamik, die im »*Evangelium* von Jesus Christus« ihre *Quelle* hat. Darauf habe sich alle Lehrbildung zu beziehen, Abweichendes sei abgrenzend zu bewerten. Ein »anderes

10 Gal 3, 6 bis 14.

11 Nicht-autorisierte, nicht-veröffentlichte Vorlesung über den Galaterbrief.

12 Vgl. Arnoldshainer Konferenz u. a. (Hrsg.), Lehrverurteilungen im Gespräch, Vandenhoeck & Ruprecht, Göttingen, 1993.

Evangelium« verwirre die Gemeinden; dessen Urheber stünden unter dem »Anathema« (Gal 1, 8+9).

Zweitens. Mit seinem »Anathema« verweist der Apostel Paulus zudem auf die »Torheit« (1. Kor 1,18–31), dass die »Weisheit« Gottes (V.24) sich gerade im *Fluch-Tod Jesu,* dass sich gerade in dessen »Abgrund« der »Grund« für seine soteriologische Wirkung entfaltet. Im Golgatha-Geschehen, der Mitte des Glaubens, wird deutlich, auf *wen* sich Paulus gegenüber denen beruft, die die Grenzen der Gemeinde und die Einheit der Kirche verletzen: auf den zum Fluch *(»katara«)* gewordenen, getöteten und auferstandenen Christus (Gal 3,13 f). In dem Verfluchten entfalte sich der Loskauf von der vermeintlichen Heilswirkung des Gesetzes und somit der Segen für die Heiden.[13] Zur Verkündigung dieses Heils ist er, Paulus, »ausgesondert« (Apostolat, Rö 1, 1–4). Nichts anderes begründet seine »Berufung«.

Drittens. Paulus hat in der Auseinandersetzung mit seinen Gegnern für seine scharfen Ausgrenzungen Entgrenzungen gesucht. Es ist ihm, das zeigen insbesondere seine Überlegungen zur Sendung Israels (Röm 9–11), darum gegangen, seine eigene apostolische Sendung *für* die »bleibende« Sendung des Gottes-Volkes zur *Disposition* zu stellen. Paulus wörtlich: »Ich wünschte selbst verbannt ***(›anathema‹)***« zu sein, von Christus ***(›apo tou Christou‹)*** »geschieden« (Röm 9, 3)[14]

Viertens. Insgesamt zwölfmal taucht im NT die Wortfamilie »anathema« auf, fünfmal davon als (Ver)Fluch(ungs)formel (Gal 1,8 f; 1Kor 12,3; 1Kor 16,22; Röm 9,3) – und ausschließlich bei Paulus. Grundlegend für das Verständnis des Substantivs »Anathema« ist der Galaterbrief. Paulus verflucht gleich zu Beginn seines Briefes diejenigen, die den Galatern »ein anderes Evangelium« predigen. Demnach bedeutet die Formulierung im vorliegenden Zusammenhang die Übergabe der Irrlehrer an das endzeitliche Strafgericht Gottes. Diese *eschatologische* Dimension der Fluchformel hat einen paränetischen Unterton. Trotz der Schwere der Verurteilung soll die Umkehr im Leben vor dem Sterben nicht ausgeschlossen bleiben. *Resümierend* lässt sich zunächst festhalten:

Mehrfach stehen an exponierter Stelle »Fluchsätze« und »Verfluchungsaussagen«. Sie stammen aus unterschiedlichen Kontexten und

13 Zum Zusammenhang vgl. Heinrich Schlier, Der Brief an die Galater, Göttingen, 1965, 4. Auflage, S. 136 ff.

14 Übersetzung nach: Otto Michel, Römerbrief, 222 f.

zielen in verschiedene Richtungen, sie sollen divergierende Strömungen der Einzelgemeinden an das Bekenntnis zu Christus binden, die Gemeinschaft vertiefen und die Kirche neu ausrichten und zusammenführen.

Sie zeigen, wie Paulus sein Amt einschätzt, wie er den Dienst an der Einheit ausführt und sich selbst als Teil dieses Einheitsdienstes versteht. So erweist sich seine Bereitschaft, das »Amt der Einheit« nicht nur zu deklarieren, sondern es so zu positionieren, dass funktional, d. h. durch stellvertretendes Handeln, Einigung entsteht.

3. Anathema-Texte bei Paulus

Ein Blick auf die benannten Bibeltexte[15] macht folgendes deutlich: in Gal 1, 1–2. 6–9 zeigt sich, wie vehement Paulus die Abgrenzung zu bestimmten Gruppen in den Gemeinden sucht.

Den Briefempfängern in den Gemeinden Galatiens muss aufgefallen sein, dass Paulus einen »kühlen« Einstieg wählt: a) Es fehlt die Danksagung zum Briefanfang. b) Er beklagt die »Selbst-Abschneidung« der Galater vom gehörten Evangelium.[16] Der Apostel c) kritisiert die Verwirrung, die andere stiften, der sich Gemeindeteile hingeben.[17] d) Die Fluchaussage (Anathema, ἀνάθεμα) trifft mögliche Fremdboten und mögliche »empfängliche« Gemeindeteile, die sich der »verkündigten Überlieferung« gegenüber versperren. Paulus resümiert: es existiert »kein anderes Evangelium« (Gal 1,6 f).

3.1 Am Anfang: das Ausgesondert-Sein des Apostels

Gal 1,6–9. Paulus schreibt verwundert, entrüstet, mit einem zweifachen Anathema:

> »(6) Mich wundert, dass ihr euch so bald abwenden lasst von dem, der euch berufen hat in die Gnade Christi, zu einem andern Evangelium,

---

15 https://biblehub.com/interlinear/galatians/1-6.htm.

16 Vgl. Vers 6: »Ich wundere mich, dass ihr so schnell von dem abfallt, der euch durch Christi Gnade berufen hat, zu einem anderen Evangelium«.

17 Vers 7: »[wo] es [doch] kein anderes (Evangelium) gibt, außer dass es einige gibt, die euch verwirren und die das Evangelium Christi verdrehen wollen.«

> (7) obwohl es doch kein anderes gibt; nur dass einige da sind, die euch verwirren und wollen das Evangelium verkehren. (8) Aber auch wenn wir oder ein Engel vom Himmel euch ein Evangelium predigen würden, das anders ist als wir es euch gepredigt haben, der sei verflucht. (9) Wie wir eben gesagt haben, so sage ich abermals: wenn jemand euch ein Evangelium predigt, anders als ihr es empfangen habt, der sei verflucht.«[18]

Das »Anathema« gegen die galatischen Haus-, Orts- und Regionalkirchen entstammt einer nicht mit unseren Maßstäben beschreibbaren Mehrstrom-*Dynamik,* sondern aus einer Kraft, die Paulus in sich spürt, die aber zugleich doch außerhalb von ihm ist. Sie wirkt wie eine gesetzte, eine apriorische Denkfigur, der er, Paulus, sich selbst in aller Schärfe zu entziehen suchte. Sie entstammt einem »himmlischen Einbruchgeschehen«, das einen »missionarischen Aufbruch« zur Folge hat. »Damaskus«, das »Licht-Erlebnis«, das Paulus »blind« macht (Apostelgeschichte 9,8) für seine »Entgleisungen«, sein »Macht-Gehabe«, wurde lange Zeit als biografische Zäsur gedeutet, – es steht, so hieß es, für die Initiation seiner »Zeugenschaft«, für das »Kriterium« seines Apostelseins und des Apostolats im Ganzen. Ob die »Damaskus«-Erfahrung nun als »katathymisches« Bilderleben[19] oder als »objektive Visionshypothese« angesehen wird, – die direkten paulinischen und die »lukanischen« Texte (Gal 1,15 ff, Apostelgeschichte 9,1 ff) verwehren den Blick hinter die Syntax.

Nur in Apostelgeschichte 9,18 findet sich ein versteckter Verstehenshinweis, wie er seinen »inneren« Weg vom Verfolger, der Judenchristen verfluchte, zum Apostel der Einheit fand. Er, der die »Gemeinden« zerstören wollte, der »von Haus zu Haus« ging (Apg 8,3), der die »Anhänger des neuen Weges« (Apg 9,2), die Christen, mit hohepriesterlicher Voll-

---

18 Gal1, 6 ff 6 Θαυμάζω ὅτι οὕτως ταχέως μετατίθεσθε ἀπὸ τοῦ καλέσαντος ὑμᾶς ἐν χάριτι Χριστοῦ εἰς ἕτερον εὐαγγέλιον 7 ὃ οὐκ ἔστιν ἄλλο εἰ μή τινές εἰσιν οἱ ταράσσοντες ὑμᾶς καὶ θέλοντες μεταστρέψαι τὸ εὐαγγέλιον τοῦ Χριστοῦ 8 Ἀλλὰ καὶ ἐὰν ἡμεῖς ἢ ἄγγελος ἐξ οὐρανοῦ εὐαγγελίζηται* ὑμῖν παρ᾽ ὃ εὐηγγελισάμεθα ὑμῖν ἀνάθεμα ἔστω 9 ὡς προειρήκαμεν καὶ ἄρτι πάλιν λέγω εἴ τις ὑμᾶς εὐαγγελίζεται παρ᾽ ὃ παρελάβετε ἀνάθεμα ἔστω (https://biblehub.com/interlinear/study/galatians/1.htm).

19 Die »Katathym Imaginative Psychotherapie« (KIP) ist ein von Hanscarl Leuner 1954 eingeführtes tiefenpsychologisch fundiertes Verfahren, das anfänglich unter den synonymen Begriffen Katathymes Bilderleben (KB) und Symboldrama bekannt wurde. Hanscarl Leuner (Hrsg.), fortgeführt von Eberhard Wilke, Kathatym-imaginative Psychotherapie, Stuttgart, 2005, 6. Auflage.

macht ausgestattet »verfluchte«, erfährt eine völlig neue Sendung, eine Heilung durch Handauflegung, eine Wahrnehmung eigener Blindheit. Im Stil prophetischer Amtsübergabe beschreibt der Autor der Apg. den Wandel so: »er (sc. Paulus)stand auf« (Apg. 9,18). Das verwendete griech. Verb (anhistemi) findet sich in den tradierten alten Christusbekenntnissen (etwa Röm 1,4) mit Hinweis auf die Auferstehung Christi. Es deutet also das paulinische »sich erheben« (nach dem Licht-Ereignis bei Damaskus) als »auf(er)stehen« aus der eingebildeten todschaffenden Verfluchungs-Sendung (ek nekroon, von den Toten).

Dem »Anathema« ist ein »anhistemi« entgegengestellt. Indem sich Saulus/Paulus erhebt, ist sein altes Verfluchungshandeln, seine »Anathema«-Haltung zerbrochen. In ihm lebt allein der auferstandene Herr.[20] Es bleibt: das Bekenntnis des Paulus, dass der Auferstandene ihm erschienen sei (1.Kor 15,8: »oophtä«), – ein Vorrecht, das alle apostolischen Zeugen für *sich* in Anspruch nehmen (1.Kor 15, 5ff). Und doch, Paulus selbst reklamiert für sich eine spezielle Ermächtigung: er ist die »unzeitgemäße Geburt« (1.Kor 15,8), er ist »ausgesondert« (Röm 1,1f), das Evangelium Christi unter den Heiden zu bezeugen, – für die Begegnung mit dem Auferstandenen (vgl. die frühchristliche Glaubensformel: 1.Kor 15, 3–5).

Der paradigmatische Wandel vom Saulus zum Paulus, hat ihn vor Damaskus innerlich »zerschmolzen« – beide Namen werden zwar bleiben. Hingegen wird der explosive Gewalt-Impuls, mit dem die ersten Christengemeinden durch Paulus verfolgt wurden, quasi ausgelöscht – er wird aus dem Gedächtnis der ersten Christen-»Kirche«, der »Ecclesia«, getilgt. In Saulus-Paulus, der »unzeitigen Geburt«, entfaltet sich eine ökumenisch-missionarischen Existenz. Er beschreibt sie selbst als ein Nicht-mehr-anders-Können, eine Notwendigkeit (1.Kor 9,16). Sie entstammt seinem eigenen Außer-sich-Sein, einem Ausgesondertsein als Apostel (Röm 1,1 aphorismenos), »ausgesondert« zu predigen das Evangelium. Er, Paulus selbst, sei »draußen« gewesen – und erfahre dies Tag für Tag. Er spüre, dass Ströme von Fremdheit ihn, den geborenen Juden, den hellenistischen Intellektuellen, durchfahren. Nie sei er, Paulus, Herr seiner selbst mehr, nie seiner Selbstwirksamkeit und Fremdwirksamkeit gewiss. In der Begegnung mit dem Auferstandenen erfährt Paulus seinen Existenzwandel: hin zu dem, der sich »nach dem Fleisch« nicht mehr kennt, der

---

20 Apg. 9,18: »Καὶ εὐθέως ἀπέπεσαν αὐτοῦ ἀπὸ τῶν ὀφθαλμῶν ὡς λεπίδες, ἀνέβλεψέν τε. καὶ ἀναστὰς, (having risen up) ἐβαπτίσθη;« vgl. https://biblehub.com/greek/450.htm

nur noch Christus erkennen will, die »Kraft seiner Auferstehung« (Phil. 3,10) und die »Gemeinschaft seiner Leiden« (vgl. Röm 6,3). Darin liegt die den Apostel vereinnahmende »Sache« des Evangeliums, sie hat ihn von sich selbst entfremdet.

Erst so wird nachvollziehbar und verständlich: Jede Verwerfung, jede Verurteilung, jedes »Anathema« gegen bestimmte Lehren stellt den Verurteilenden selbst in Frage. Gefragt ist, von welcher Position aus das Verurteilungs-Geschehen in Gang gesetzt wird. Zu fragen ist, ob der Be- und später Verurteilende denn tatsächlich *aus* der Christus-Nähe, ob er *als* im Erlösungsgeschehen Verwandelter urteilt und spricht.

Jede Abwertung »von drinnen« wirft den Verwerfenden existentiell in sein »Außen«, schiebt ihn dahin, wohin Paulus, wohin jeder Verkünder des Evangeliums geworfen wird: in die Selbst- *Entäußerung* hin zum Blick auf den *Auftrag,* weg von dem eigenen, gewohnten *Standort,* weg vom eigenen *Verstehen,* vom immer schon Ge-*Glaubten.* Mehr noch: angesichts von Verwerfungsprozessen (und deren Aufhebung) wird die *ganze* Existenz in Frage gestellt und unterliegt einer völligen Neu-Orientierung. Theologische Existenz erfährt die Umkehr hin zum existentiellen Theologisieren.

Wer das »Anathema« bedenkt, wer das Vernichtungsurteil über die Galater im Corpus Paulinum – oder in anderen Kontexten – einordnet, muss zusehen, nicht selbst Teil des Spruchurteils zu werden. Auf allen Ebenen und Gestaltungsformen von Kirche gilt es, um der Sache des Evangeliums willen auf »Abgrenzungen« zu bestehen – allerdings so, dass deutlich gefragt wird: sind die – vermeintlich mit allen Rechten ausgestatteten – Ausgrenzenden tatsächlich zu allererst – wie Paulus selbst – unter dem *Haupt* Christi »Ausgesonderte« oder »Spruchkörper«?

3.2 In der Mitte: der zum Fluch gewordene Christus am Kreuz

Paulus beruft sich auf sein Apostelamt. Auf seine herausragende Bildung, auf seine Heidenmission in den Gemeinden, auf seine Lehrtätigkeit. Nur: angesichts der galatischen Streitigkeiten hat dies alles kein Gewicht.

Von Gewicht ist für Paulus einzig, was er seit seiner Christusberufung verinnerlicht hat, die Erfahrung nämlich, dass Christus zum ***Fluch am Kreuz wurde.***[21]

21 Zu den Deutungen des Todes Jesu: Gerd Theißen, Die Religion der ersten Christen, Kaiser, Gütersloh, 2000, S. 202 ff).

In Galatien hebt der Apostel also nicht zuerst das Leiden Jesu, nicht die Erniedrigung, sondern seinen Fluchtod hervor.[22] Allein in diesem Fluch am Kreuz gründet das paulinisch-scharfe »Anathema«.[23] Es enthält den Segen des ganzen Evangeliums. Das Kreuzesgeschehen braucht keine heilswirksamen Neben-Räume: keine Forderung nach Gesetzes-Erfüllung und keine Pflege und Beachtung eines Festkalenders.

Paulus kann schreiben (Gal 1, 15:) »Als es aber Gott wohlgefiel, der mich von meiner Mutter Leib an ausgesondert und durch seine Gnade berufen hat, (Vers 16:) dass er seinen Sohn offenbarte in mir, damit ich ihn durchs Evangelium verkündigen sollte unter den Heiden, da besprach ich mich nicht erst mit Fleisch und Blut …« In Gal 3, 13–14 heißt es: »*Christus aber hat uns losgekauft von dem Fluch des Gesetzes, da er zum Fluch (katara) wurde für uns* – denn es steht geschrieben (5.Mose 21,23): ›Verflucht ist jeder, der am Holz hängt‹ –, auf dass der Segen Abrahams zu den Heiden komme durch Christus Jesus und wir den verheißenen Geist empfingen durch den Glauben.«

Offensichtlich war dem Apostel neben dem Leiden, das im Sterben sichtbar wurde, wichtig, dass das Erste Testament Gekreuzigte unter den Fluch stellte. (Gal 1,19.23) Außerhalb der Stadt Jerusalem, auf dem Berg Zion, aber *außerhalb* des Gottesbundes beendet Jesus sein Leben. Er wurde zum Unreinen. Der gleiche Deutungsrahmen wird in Hebr. 13,12 f angesprochen. Dort ist vom Sterben außerhalb der Bundesgemeinde die Rede. In beiden Kontexten wird das Sterben als Sterben eines Verbrechers außerhalb der Grenzen des geweihten Bezirks beschrieben. Das erinnert daran, wie Jesus sich schon zu Lebzeiten in die ausgegrenzten Gebiete zu Zöllnern und Sündern begab. Paulus will sagen, dass Gott *dort* stirbt, wohin seine Diener, die vermeintlich Frommen, sich niemals zurückziehen. Diese Ver-Ortung aus den »heiligen Räumen« ist den »Juden ein Ärgernis, den Griechen eine Torheit«. (1. Kor 1,23). Am Kreuz erweist sich, so Paulus, dass keiner sich mehr selbst in Händen hat (Gal. 2,20), dass vielmehr Christus zum Lebens-Raum vieler wird. Sofern Jesus Christus unser Leben ist, kann Jesu Leben sich »in uns« offenbaren –, indem Christen zugleich seinen Tod zeitlebens mittragen (2. Kor 4,10). Diese dialektische Rhetorik treibt Paulus auf die Spitze (Gal 6,14). Er könne sich lediglich des Kreuzes Christi

---

22 Vgl. dazu: Ernst Käsemann, Die Heilsbedeutung des Totes Jesu bei Paulus, in: Paulinische Perspektiven, Tübingen, 1972. 2. Aufl., S. 61 ff. 68.

23 Gal 1,8–9

rühmen, »durch den mir die Welt gekreuzigt ist und ich der Welt.« So kann in Christus weder Beschnittensein noch Nichtbeschnittensein eine Rolle spielen. »Selbstruhm« – selbst bei bester jüdischer Gesetzeserfüllung oder hellenistischem Enthusiasmus – ist offenkundig unangebracht.

Paulus hebt gegenüber den galatischen Gemeinden den »Freikauf« hervor. Grundlage ist die *redemptio ab hostibus* – ein kollektives Erinnerungsbild, das wegen der kulturellen »Herkunft« zahlreicher Galater aus gallischen Kriegsgebieten verfangen mag.

Im Judentum wurde das »Aufhängen« nicht gefordert. Es galt als Zeichen für den Ausschluss aus Gottes erwähltem Volk: *Verflucht ist, wer am Holz hängt* (Dtn 21,22 f). Darin spiegelte sich ein Wissen um die ausländische Herkunft dieser Todesart und ihre Absicht, den Hingerichteten zu entehren und die Zuschauer abzuschrecken.

Das Judentum übernahm nur das Aufhängen, nicht jedoch das Annageln von den umgebenden Völkern und wandte es selber nur gegen Fremdherrscher oder bei extremen religiösen Vergehen wie Gotteslästerung an. Man ließ den Verendeten nur bis zum Abend nach seinem Tod zur Abschreckung hängen und begrub ihn dann, um das Land nicht im religiösen Sinn zu verunreinigen. Dies zeigen Notizen über ausländische Herrscher (Gen 40,18 f; Esr 6,11; Est 9,13 ff) ebenso wie über Hinrichtungen in Israel (Jos 8, 29).

Ganz anders *Rom:* der römische Feldherr und spätere Kaiser Titus ließ 70 n. Chr. täglich 500 und mehr vor Hunger flüchtende Juden während des Jüdischen Krieges vor der Stadtmauer Jerusalems geißeln, foltern und dann kreuzigen, um die Widerstandskraft der Belagerten zu schwächen. Bald wurde laut Josephus sogar Holz wegen der vielen aufgestellten Kreuze knapp: Die Soldaten nagelten nun in ihrer gewaltigen Erbitterung die Gefangenen zum Hohn in den verschiedensten Körperlagen an, und da ihrer gar so viele waren, gebrach es bald an Raum für die Kreuze und an Kreuzen für die Leiber. (vgl. *Bellum Judaicum* 5. 449 ff).

Der Zugang zum früheren »Anathema«-Spruch der Kirche muss an der Bestimmung vorbei, dass das *Kreuz,* also das Heilszeichen der Kirchengeschichte, das Zeichen eines »Verfluchten« ist. In jüdischer Kultursprache ist festgelegt: ein Mensch, dessen Vergehen mit anschließendem Todesurteil das Land nicht »verunreinigen« darf, ist beizeiten zu bestatten. In römischer Kultursprache war festgelegt: ein zum Tode am Kreuz Verurteilter sollte sein Todesurteil sicht- und lesbar über sich haben – ein Vorgang, der in der *causa Jesu* offensichtlich scheiterte.

Mit dem Kreuzes-Geschehen verkörpert der neue Gesalbte den paradoxen Widerspruch: seine Nicht-Identität als Person im Imperium Romanum *ist* die neue Identität, die neue Sohnschaft des neuen Messias und der »Seinen«. Gerade diese Existenz, die einem Landlosen gleicht, wird später dazu führen, dass die Jesusbewegung durch die Mission der Kirche »Land« gewinnt. Gerade dieser FLUCH wird Hundertausenden zum Segen. Warum? Weil Hunderttausende sich in dem Geschehen um Jesus und seinen Tod *draußen* vor der Stadt wiederspiegeln und wiederentdecken konnten.

Das »Anathema«, das ja die *Grenzen* des »im Christusevangelium« Sagbaren beschreibt, das also (wie es später heißt) den Rand des kirchlichen Bekenntnisses *»sichern«* soll, gehört von Anfang an in die *Mitte* der Kirche.

Wer also in welchen Fällen auch immer das »Anathema« »ausspricht« oder »aufhebt«, hat zu prüfen, ob genau dieser Vorgang die *Mitte* seiner Kirche, das Zeugnis des ohnmächtigen, ausgegrenzten Jesus Christus, stärkt. Zu prüfen ist, ob durch die Art und das Vorgehen selbst, der Zugang zum offenbaren Geheimnis des gekreuzigt-auferstandenen Jesus »für die vielen« wieder sichtbarer, freier wird. *Vor* allen »Anathema«-Urteilen steht das Golgatha-Kreuz – ein Merk-Zeichen dessen, dass dort der EINE für die VIELEN zum Fluch wurde.

3.3 In der Gemeinschaft: verflucht um der Brüder willen

Unübersehbar ist ein *dritter* Aspekt der Fluch-Aussagen im Corpus Paulinum. In der bekannten Römerbriefstelle über »Den Weg Gottes mit Israel« (Röm 9–11) zeigt Paulus nicht etwa nur Traurigkeit, Schmerzen und Ratlosigkeit (Röm 9,2). Er beteuert vielmehr (Röm 9,3):

> »Ich selber wünschte, *verflucht* und von Christus getrennt zu sein für meine Brüder!«

Nicht allein, dass Paulus. in Israel seine Abstammung sieht, die bleibende »Kindschaft«, die Herrlichkeit, die Thora/das Gesetz, den Gottesdienst, die Wurzeln der Herkunft Christi. (V.3 f). In Israel »lebt« vor allem »der *Bund*«, der nie aufzukündigen ist. Der *Bund* mit Adam, Abraham, Noah und Mose.

Wenn dieser *»Bund«* in seiner »alle« umschließenden Kraft in der Auferweckung des Gekreuzigten, in dem Verfluchten, der zum Segen für die Völker wird, unauflösbar ist, was – so lautet die apostolische Frage des Paulus an die Römer – wird dann aus dem erwählten Volk Israel? Wie kann das erwählte Volk, das den einen Erwählten verworfen hat, das Volk des Bundes bleiben? Wie kann Israel, indem es den Fluchtod des Nazareners in Kauf nahm, noch zum Segen für die Völker werden?

Zahlreiche Römerbriefauslegungen folgen den Paulus-Ausführungen zum Erwählungshandeln. »Gott hat alle eingeschlossen unter den Ungehorsam, damit er sich aller erbarme« (Röm 11,32). »Gottes Gaben und Berufung können ihn nicht gereuen« (Röm 11,29).

Das für die »Anathema«-Deutung Interessante ist in diesem Textzusammenhang die vom Apostel vorgetragene *Haltung*. Sie macht deutlich, dass Paulus eben nicht lediglich der Heidenapostel ist. Er schreibt: Röm 9, 3: »Ich selber wünschte, *verflucht* und von Christus getrennt zu sein für meine Brüder!«

Das paulinische Angebot umschließt sowohl das eigene Verbannt-/Verfluchtsein (anathema) als auch die Trennung vom Messias (apo tou Christou). Gemeint ist nicht die hellenistisch breit bezeugte Bedeutung »das der Gottheit Überantwortete« (anathäma), sondern das »zum Untergang« Geweihte[24]. Die »Verfluchungsaussage« des Paulus mündet demnach in der Preisgabe seiner Selbst, genauer in seiner in der Berufung als Apostel erfahrenen »Erwählung«. Das Ziel seiner »Selbstpreisgabe« wäre, so wünscht Paulus, die unauflösbare Erkenntnis des Gottesvolkes, dass sich in Christus alle »Gaben« und »Berufungen« nun auch für Israel erfüllen. Diese Selbstverfluchung hätte, im klaren Gegensatz zur Hoffnung aller, endzeitlich bei Christus zu sein (vgl. Röm 8,38 f; 1. Thess 4,18: Phil 1,21–23), das Verlorensein des Apostels zur Folge.

Mit dieser »Haltung« würde Paulus eine Christusähnlichkeit darlegen (vgl. Phil 2, 5–11). Er verlöre sein Apostelamt, seine eigene Berufung. Er fiele selbst unter das »Anathema« und wäre dem Vergessen im Volk Gottes anheimgefallen.

Paulus würde in seinem Dienst – allein aus Liebe – tatsächlich den Anspruch der Hingabe aller geschenkten Gaben erfüllen, er würde seine Mission abgeben, damit Israel durch Christus die Gabe seiner Mission, die Sendung für die Völker, leben kann. Insofern ist Paulus der Apostel

24 *anathema;* vgl. lesenswert zur Stelle: Otto Michel, Der Brief an die Römer, Göttingen, 1966, 225, A 2); vgl. auch Anm. 8.

für Heiden und Juden. Sein Glauben und Leben wäre die eigentlich Präfiguration für den Petrusdienst der Einheit im Volk Gottes.

Auch an diesem dritten Aspekt der Bearbeitung der »Anathema« – Themen sollte ebenfalls niemand vorbeigehen. *Diese* Bereitschaft des Heiden-Apostels Paulus ist einzigartig: er wendet sich den ungelösten Lehr- und Lebensfragen der Verheißungs- und Lebensgeschichte Israels nicht nur *zu.* Er *bedenkt* nicht nur Israels Verhältnis zu dem *einen* Gerechten, der am Fluchholz starb. Er reflektiert vielmehr *zugleich* a) das Verhältnis zwischen dem »für die vielen gestorbenen« *Gerechten* und der bleibenden *Sendung* des erwählten Volkes. b) Er opfert seine eigene Sendung, seine Berufung, damit Israel seinen Weg des »verheißenen« Messias findet. Damit es später selbst zum verheißenen *Segen* für die Völker wird. c) In diesem »fröhlichen Wechsel«[25] vollzieht Paulus einen »Christus- ähnlichen Tausch«. Er »gibt hin«, was Israel für die Erfüllung seiner Verheißungen benötigt: die Anerkennung des Bundes Gottes am Kreuz in Christus. Dies vorzuschlagen, mehr noch, dies anzubieten, wäre der Anfang des tatsächlichen »Dienstes im Amt der Einheit«.

Für diesen Dienst bedarf es wohl der Kompetenz, die der Heidenapostel »mitbrachte«. Es zeigt sich die alles in Bewegung auf »Einheit« haltende »Vorgehens-Weise«: mit seiner »Hingabe«-Bereitschaft (»Ich wünschte, verflucht zu sein *für* meine Geschwister«) zeichnet er den Weg vor, den jede/r, der das »Amt der Einheit« innehat, funktional gehen muss:

Es sind wohl auf allen Ebenen der Kirche Einzelne, die die Gestalten und Gestaltungen anderer Kirchen so verinnerlichen, dass die jeweils andere Kirchen-Geschichte auch zur *eigenen* Glaubens-Geschichte wird. Mehr noch: Paulus, der das Amt der Einheit nicht nur in Galatien lebte, zeigt, dass er sogar bereit war, sich für den jeweils anderen Gestaltungsweg und für die Wahl seines »Volkes« »hinzugeben«, damit das »gemeinsame Leben« zu seinem Recht kommt – und damit nicht nur »eine Seite Recht gehabt hat«.

25 Der Ausdruck kommt im Neuen Testament nicht vor, ist aber der Sache nach vielfach darin ausgesagt, am klarsten im 2. Korintherbrief 5,21 und 8,9. Der früheste Beleg im christlichen Schrifttum findet sich im 2. Jahrhundert im Diognetbrief (9, 5): »Welch süßer Tausch (ὢ τῆς γλυκείας ἀνταλλαγῆς), [...] dass die Ungerechtigkeit vieler in einem Gerechten verborgen würde.« Vgl. Martin Luthers Deutung EG 27.

4. Zur Anathema-Debatte heute

Der schottische Historiker Peter Marshall[26] resümiert im Rückblick: die Reformationen des 16. Jahrhunderts waren europäische Freiheitsbewegungen. Die Bibel, das Wort Gottes, erhielt seine Rolle als Regel und Richtschnur für das christliche Leben. Der Laie konnte ohne klerikale Mittler der Person Jesu Christi gegenübertreten. Entsprechend wurde kirchliches Leben auf wesentliche Ämter und Aufgaben reduziert. Privates und öffentliches Leben erhielt deutliche Impulse. Diese Erneuerungen vollzogen sich in Positionierung und Abgrenzung, in Aufnahme und Abwehr. »Aus den Doktrinen und Lehrgebäuden der katholischen und protestantischen Reformatoren spricht Feindseligkeit«[27]. »Die Reformationen traten (auch) gegeneinander an«[28]. Im Lauf der Jahrzehnte verblasste die Strahlkraft der Neu-Entdeckung, Gottes Versöhnung mit dem Menschen befreie Individuen, Kirche und Gesellschaft aus der »babylonischen Gefangenschaft«. Zurück blieb eine Art »Flickenteppich«, ein »plurale(s) Muster der europäischen Religionslandschaft«[29].

4.1 Ob die unterschiedlichen Bewegungen zur *Restauration* die »Einheit« der Kirche wiederherzustellen vermochten, ist mit Recht zu bezweifeln. Denn die Zerwürfnisse hatten erkennbar auch weltliche, politische oder philosophische Ursachen. Man mag dies bedauern oder rhetorisch überspielen: auch die Einheit der Kirche ließ sich nicht mit der Proklamation altkirchlicher Bekenntnisse durch eng gezogene Rechtsrahmen-Setzungen bzw. »Machtworte« herstellen.

4.2 Gefragt ist *Ambiguitäts-Toleranz,* also die Fähigkeit, sich in die verschriftete und die nicht-verschriftete Kultur der »im Glauben ähnlichen Nachbarn« bzw. der »anderen Seite« versetzen zu können. Wer die Herkünfte der jeweils anderen Gemeinschaft kennt, kann auch über gemeinsame Zukünfte nachdenken. Christliche Kulturen, Gewohnheiten, Zeichen, Prägungen – im digitalen Zeichen-Zeitalter sollte es ökumenisch möglich sein, sich die unaufgebbaren Kirchen-Markierungen der Christen-Milieus zu merken.

26 The Reformation. A very short Introduction, Oxford/New York, 2009, – dt.: Die Reformation in Europa, Stuttgart, 2014.

27 Siehe A 41, Deutsche Ausgabe, S. 14.

28 a. a. O., S. 188.

29 a. a. O. S. 189.

4.3 Das *Amt der Einheit,* das der Apostel Paulus vorlebte, besticht durch seinen Umgang mit dem jüdisch-hellenistischen Kerygma, durch seine Mission, in der er die *koinonia* ortsgebunden und weltweit verwirklichte. Solche, sich zwischen den Strömungen und Kulturen bewegende Kompetenz, ist gefragt. Dann trägt christliches Zeugnis in Metropolen und Grenzregionen Früchte.

4.4 Es ist vonnöten, dass alte Verletzungen wahr sein dürfen, dass die Opfer wahrgenommen werden, dass die wirklichen Ursachen der Verwundungen beschrieben, dass vergessene Traumata behutsam besprochen werden. Eine *Heilung der Erinnerungen* beginnt mit dem Eingeständnis der Zuhörenden, (fast) nichts von dem zu wissen, was war. Eine Heilung der Erinnerung geschieht nicht *ex opere operato,* also nicht durch »Vollzug«, nicht durch Zeichenhandlungen allein. Zahllose »Anathema«- *Sprech*-Texte haben das Gegenteil von dem bewirkt, was vorgesehen war. Statt Befreiung blieb angesichts der Hör-Unfähigkeit der Täter zumeist Ratlosigkeit und bei Vielen das Gefühl ungewollter Gottesvergiftung.

Wenn präzise zwischen den »Sünden an der Einheit« und den die »Einheit bereichernden Verschiedenheiten« unterschieden wird, dann öffnen sich ökumenische Türen.

4.5 Mit dem Erstarken der ökumenischen Bewegung entstand ein Geflecht neuer *Kirchen-Beziehungen.* Entlang der Konfessions-Divergenzen entwickelte sich das Projekt »Lehrverurteilungen–kirchentrennend?« Daran schlossen sich zahlreiche Versuche, in »Europäischen Ökumenischen Versammlungen« (Basel, Graz, Sibiu) Impulse zur »Heilung der Erinnerungen« zu setzen und Schrittfolgen für ein auskömmliches, ein freundschaftliches Miteinander in Europa zu formulieren, es entstand die »Charta Oecumenica«.

4.6 Es wäre wünschenswert, wenn die Verwerfungen und Verbannungsaussagen überprüft würden. Der *Dienst an der Einheit* – nicht die abgrenzende Verwerfung – ist die maßgebliche Domäne der Kirche. Am weiterhin Unterscheidenden ist in Zukunft – auch: theologisch – zu arbeiten. Zu wünschen ist, dass der Konnex zwischen Bekenntnisbil(n)dung, Christuszeugnis und Neupositionierung der Amtsvollmacht in Hin-Gabe, so wie sie beim Apostel Paulus erkennbar wird, von Neuem mit Leben erfüllt würde. Der Apostel Paulus lebte den Dienst an der Einheit, den »Petrusdienst«.

Jan Hus und die Versöhnung unserer Erinnerungen

Manfred Richter

Im Kontext dieser Veröffentlichung soll ein Rückblick auf die gelungene »Versöhnung der Erinnerungen« im Falle von *Jan Hus* und der sich näherhin auf ihn berufenden Kirchen der »Ersten Reformation« *(Amedo Molnár)* gegeben werden. Er will dazu ermutigen, die Versöhnung der Erinnerungen auch im Blick auf die Reformator/en und Kirchen der »Zweiten Reformation« voranzubringen, wozu hier an anderer Stelle zwei konkrete Vorschläge vorgebracht werden. Dies alles möge dienen einer »Versöhnung auch unserer Hoffnungen« im Blick auf die Zukunftsperspektiven des Christentums in einer in sich versöhnten Kirche des dritten Jahrtausends.

1. Jan Hus – »Ketzer« oder »Zeuge«?

Das Wort »Ketzer«, so scheint es bereits ökumenischer Konsens zu sein, kann hier nur in Verbindung mit einem Anführungszeichen, zudem einem Fragezeichen verwendet werden. Die Zeit des Ernstnehmens eines solchen Fragezeichens begann mit dem II. Vaticanum. So auch die Geschichte des Umdenkens, neuen Nachdenkens und schließlich Neu-Bewertens überkommener Stereotypen im Falle des *Jan Hus.* Zuvor rauschte ungestört der Rhein, in den die Asche des bei lebendigem Leibe Verbrannten verbannt war. Trotz intensiver Forschertätigkeit, tschechisch wie international, blieb bei der Kirche Roms, und zumeist auch bei ihr angehörenden Forschern Hus unhinterfragt der verstockte »Ketzer«, als der er in der Konstanzer Kathedrale in der XV. Generalsitzung des Konzils am 6. Juli 1415 verurteilt worden war. Dann bekam er dort seine priesterlichen Gewänder, derer er, gefangengesetzt, beraubt war, zuerst noch einmal angelegt, um ihrer formell entledigt zu werden in einer schauerlichen Zeremonie der Degradation, die ihn selbst der Tonsur entblößte. Nach der Übergabe an »den weltlichen Arm«, der nun die schmutzige Arbeit des Vollzugs vor den Mauern der Stadt zu verrichten hatte, wurde ihm ein Papierhelm mit Teufelsgekritzel und der Aufschrift »Haeresiarch« (Fürst der Häretiker oder Erzketzer) aufgesetzt.

Als das Feuer entzündet wurde, soll, legendarisch, ein Weiblein oder Bäuerlein noch ein Scheit Holz hinzugetragen haben, um den vermeintlichen Ketzer wirklich zu Tode zu bringen, worauf *Hus*, das berühmte Wort geantwortet habe: »Oh sancta simplicitas!«[1] Die Chronik des *Peter von Mladoniowitz*, seines Freundes, beschreibt seinen Tod so: Hus

> »sang mit lauter Stimme, zuerst ›Christus, Sohn des lebendigen Gottes, erbarme Dich meiner‹, zum zweiten Mal ›Christus, Sohn des lebendigen Gottes, erbarme Dich meiner‹, und beim dritten Mal, ›Der Du geboren bist aus Maria der Jungfrau‹. Und als er zum dritten Mal zu singen begonnen hatte, schlug ihm alsbald der Wind die Flammen ins Gesicht und also in sich betend und Lippen und Haupt bewegend, verschied er im Herrn.«[2]

Tomaš Halík, einstiger Untergrundpriester und Kulturphilosoph, der sich frühzeitig für eine Rehabilitation des Jan Hus einsetzte, verwies eben hierauf:

> »In seiner Todesstunde vergibt Hus seinen Feinden und betet für sie. Auf dem Scheiterhaufen betet er das katholische Credo, und er stirbt buchstäblich mit dem Namen der Jungfrau Maria auf seinen Lippen, nachdem er das dritte Mal die Antiphon ›der Du von der Jungfrau Maria geboren wurdest‹ gesungen hatte.«

---

1 Hierauf bezieht sich der Titel meiner gleichnamigen Studie, im Untertitel ein Wort von *Papst Johannes Paul II.* aufgreifend: Über Wahrheit, die aus der Geschichte kommt. Ein Essay zum Ökumenismus, 2016, [2]2018. In ihr habe ich sowohl die Anliegen des Jan Hus wie die des Konstanzer Konzils in ihrer Parallelität und ihrer tragischen Konflikthaftigkeit darzustellen versucht, einschließlich beider höchst kontroversen Rezeptionsgeschichten und von Fernwirkungen bis hin zum heutigen Ökumenismus. – Eine vergleichbar parallele Betrachtung in Kurzform geben *Joachim Köhler – Franz Machilek*, Gewissen und Reform. Das Konstanzer Konzil und Jan Hus in ihrer aktuellen Bedeutung, 2015. – Vgl. *Giuseppe Alberigo – Josef Wohlmuth* (Hg.), Conciliorum oecumenicorum decreta, Bd. 2, 2000.

2 Zitat bei *Machilek*, 2019, s. u., S. 198; das nächste Zitat ebd. S. 211.

»Ketzer« war Hus also zumindest nicht in seiner Sterbestunde. Da war er »Zeuge«. Der Prozess gegen ihn, an dessen Ende er zum Tode verurteilt wurde, war erfolgt wegen Nichterscheinens vor dem päpstlichen Gericht (eine Vertretung wurde nicht zugelassen), sodann aber wegen Vorwürfen gegen seine Theologie. Auch sonst wurden tiefgläubige Christen, die in direkter Orientierung an der Hl. Schrift, der *vita apostolica* und der *imitatio Christi* eigene Glaubenswege gingen, beginnend mit den »Waldensern«, aber auch in franziskanischen Richtungen, von Molnár im Sammelbegriff einer »Ersten Reformation« zusammengefasst, lange als »Ketzer« behandelt und nun von der Kirchengeschichtsforschung rehabilitiert[3]. Sie hat auch Jan Hus als ökumenischen »Zeugen« erkannt, der dem geistlichen Umfeld der böhmischen Variante der *devotio moderna* entstammt mit Bußpredigt, Schriftauslegung, Predigt in der Volkssprache und in vermehrter Hochschätzung der Kommunion im Sakrament. Wie auch die mittelalterliche Theologie allgemein sich rasch wechselnder philosophischer Denk- und Sprachmodelle bediente[4], so spielte für die Entwicklung in Böhmen Wyclifs, des *»doctor evangelicus«* an der Universität Oxford, sog. »gelehrte Häresie« eine Rolle, die zum Streit der Philosophien, dann Theologien und Fakultäten führte[5]. Heute erscheint Hus als Märtyrer für eine damals in drei Papst-Oboedienzen, heute in drei Konfessions- Familien gespaltene, damals wie heute zu erneuernde und, sich erneuernd, neu zu vereinigende Kirche.

---

3 *Walter Nigg,* Buch der Ketzer, 1947. Bahnbrechend dann *Herbert Grundmann,* Ketzergeschichte des Mittelalters, 1963: »Die Auseinandersetzung zwischen Ketzerei und Kirche ist im Mittelalter ein Ringen um das wahre Verständnis und um die rechte Befolgung und Verwirklichung des Christentums« (nach *Machilek,* S. 203). Er spricht von frühen Formen der Reform, *Karl Fink* schon von unterschiedlichen konfessionellen Ausprägungen.

4 Hierzu vgl. neuerdings auch die Erörterungen von *Jürgen Habermas,* Auch eine Geschichte der Philosophie, 2019, Bd. 1 Abschnitte V und VI S. 617 ff. und 759 ff. – Theologisch ist bemerkenswert, dass der *Nominalismus* der Pariser und Prager Theologen, sich dem *»Realismus«* der Wyclifiten widersetztend, kirchlich oft schlicht *Positivismus* war.

5 Vgl. die knappen Hinweise bei *Richter,* a a. O. S. 152 ff.: Wandlungen der Philosophie, dann Theologie. Bei *Wyclif* liegt eine anti-aristotelische wie auch anti-nominalistische, augustinisch gedachte Reprise des philosophischen Realismus vor. Diese Strömung eines spätmittelalterlich erneuerten Augustinismus, der sich mit einer dezidierten Konzentration auf die Hl. Schrift als »Buch der Ideen Gottes« verband, ist bei Habermas nicht berücksichtigt.

2. Erste Phase der Neubesinnung

2.1 Zur Zeit des II. Vaticanum

Mit dem Konzil und seiner Debatte über Gewissensfreiheit wurde auch kirchenamtlich der neue Weg der Beurteilung von Jan Hus frei. Aus kirchenleitender Position verwies während der Debatte zu diesem Thema der Prager Kardinal *Beran* auf Jan Hus als Beispiel.[6] Er nahm darin erstmals den unverkennbaren Bezug von Jan Hus auf die christliche Gewissensverpflichtung, über fünfhundert Jahre vor deren konziliarer Anerkennung, als dogmatische Herausforderung der Kirche ernst.

In Deutschland wurde zum 550. Gedenktag Hus als »Ketzer und Bekenner« von Weihbischof *Kampe* gewürdigt, der in seinem Leben und Sterben »ein großartiges Zeugnis christlichen Glaubens« gegeben habe. Zugleich verwies er darauf, dass die husitische Bewegung nicht nur national von Belang war, sondern »auch der Protest der Laien gegen eine klerikale Kirche«. Er griff dabei die Vergebungsbitte von Papst *Paul VI.* an die getrennten Christen auf: »Wenn uns eine Schuld zuzuschreiben ist, so bitten wir demütig um Verzeihung, und bitten auch die Brüder um Vergebung, wenn sie sich von uns verletzt fühlen«. Er folgert:

> »die ganze Kirche könne heute im Zeitalter der Ökumenismus in dem verurteilten Ketzer einen Christen erkennen, der trotz mancher theologischer Irrtümer für sein Christusbekenntnis mannhaft in den Tod gegangen ist und daher über alle Grenzen hinweg zu den großen Vorbildern der Kirche gehört.«

Die Sicht Kampes verweist auf sein Christusbekenntnis als solches, das nicht theologische Irrtümer in der einen oder anderen Hinsicht ausschließt, mit dem er aber dogmatisch beckmessernde Kritiker beschämen muss.

---

6 Ich kann mich im folgenden weitgehend auf die Wiedergabe der Zusammenstellung beschränken, die sich in der jüngsten, die gesamte Forschung resumierenden Veröffentlichung des römisch-katholischen Bohemisten und Hus-Spezialisten *Franz Machilek* findet: Jan Hus (um 1372–1415). Prediger, Theologe, Reformator, 2019, speziell im Abschnitt »Hus im heutigen ökumenischen Dialog der christlichen Kirchen«, S. 209 ff. Gelegentlich füge ich Interpretamente oder Unterstreichungen bei. Bei *Machilek* finden sich alle einschlägigen Literaturangaben.

Somit sind, bereits 50 Jahre vor dem nächsten großen und runden Gedenktag mit bischöflicher Autorität zwei grundlegende Kriterien für eine neue Bewertung von Person und Werk des Jan Hus benannt: die Relevanz persönlicher Gewissensentscheidung – und die Relevanz eines Christus-bekenntnisses auch aufgrund individueller Christuserkenntnis. Wohl als erster unter den katholischen Forschern hat Pater *Paul de Vooght*, OSB, schon seit 1960 begonnen, das römisch-katholisch jahrhundertelang tradierte Bild des »Ketzers« grundlegend zu revidieren.[7]

Als von besonderer Bedeutung erwies sich der Vorstoß des an der Katholischen Johannes-Paul II.- Universität zu Lublin lehrenden Philosophen *Stefan Swieżawski*, ehemaliger Mitarbeiter des Papstes, der regelrecht die Frage aufwarf, ob Hus nicht etwa – statt, wie bislang üblich, als »Häretiker« – als »Vorläufer des zweiten Vaticanums« zu betrachten sei. Das bedeutete in der Tat eine völlige Wendung des Blickwinkels. Paul de Vooght hatte ja bereits in seinen Studien über »L'hérésie de Jean Hus« zahlreiche bis dahin gängige Vorwürfe zurückgewiesen, und sie auf den Kern seiner Zuspitzungen in der Ekklesiologie reduziert. Umgekehrt erkannte nun Swieżawski gerade in der Ekklesiologie von Jan Hus, der besonders heftig kritisierten Schrift *»de Ecclesia«*, die ihm auch in Konstanz aufs schwerste angelastet wurde, Elemente der revidierten Ekklesiologie des II. Vaticanum antizipiert. Dies wiederum führte zu Debatten, wie sie *Halík* unterstützte, nämlich dass sich die römische Kirche formell vom Konstanzer Urteil gegen Hus distanzieren solle[8].

2.2 Folgeschritte mit Unterstützung durch Papst Johannes Paul II.[9]

Papst *Johannes Paul II.* nahm nun die Gelegenheit seines Besuches in Prag 1990 bei einer ökumenischen Begegnung zum Anlass, bei einem Aufruf zur Überwindung der kirchlichen Spaltungen ausdrücklich auch Hus anzusprechen. Er erkennt dabei die moralische Integrität der Person und der Bemühungen von Hus an und gibt die Devise aus, dass diese ungeachtet seiner theologischen Überzeugungen nicht in Frage gestellt

7 L'hérésie de Jean Hus, 1960, 2. Aufl. 1975. Die Häresie des Jan Hus besteht demnach fast nur noch in seiner – durch die Umstände des Kirchenschismas in gewisser Weise ihm nachsehbaren – Papstkritik.

8 *T. Halík*, Die Rückkehr des Magisters Johannes Hus, 1989. – Der Philosoph *Milan Machovec* hatte die Forderung einer Rehabilitation von Jan Hus bereits 1963 erhoben.

9 Die Angaben weiterhin gemäß *Machilek*, S. 212 ff.

werden dürften, während deren Stellung im Kontext der Ansätze zur Kirchenreform genauer zu erforschen sei. Damit wird die Übung, Vertretern »häretischer« Anliegen die moralische Integrität abzusprechen, verabschiedet.

Die entscheidende kirchenpolitische Maßnahme war die im selben Jahr erfolgte Einberufung einer Kommission durch Kardinal *Vlk*, deren umständlicher Name bereits die Komplexität der Aufgabe andeutet: ökumenische Kommission »für das Studium der mit der Persönlichkeit, dem Leben und dem Werk des Magisters Johannes Hus verbundenen Problematik«. Sie sollte wiederum Vorarbeit leisten für das zum Heiligen Jahr 2000 in Rom geplante Symposion. Dieses wurde dann im Dezember 1999 vom »Zentralen Komitee für die Feier des großen Jubeljahres 2000« in der Aula Paolo VI der Päpstlichen Lateranuniversität im Vatikan durchgeführt. Die Dokumentation »Jan Hus ve Vaticanu« trägt den Untertitel »Das internationale Gespräch über einen böhmischen Reformator des 15. Jahrhunderts und dessen Rezeption am Beginn des dritten Jahrtausends«.[10] Alle diese Angaben unterstreichen die Wichtigkeit der Angelegenheit als Aufarbeitung einer Last aus dem alten Jahrtausend. Hier fällt das bedeutungsvolle Wort, das Jan Hus neu verortet: »Reformator«.

Der Präsident des Tschechischen Ökumenischen Rats, Synodalsenior *Pavel Smetana* der Ev. Kirche der Böhmischen Brüder, und Kardinal *Vlk* fassten aus ihrer Sicht das Ergebnis in einer nachträglichen Erklärung am symbolträchtigen Datum des 1. Januar 2000 im Blick auf das weitere Miteinander zusammen: die Gespräche seien »zu einem Zeichen der Hoffnung geworden, dass der Geist gegenseitiger Achtung und des Verständnisses überwiegt, welcher auch ermöglicht, Vorurteile abzulegen und sich über den Fall der Mauer, welche uns so lange trennte, zu freuen«. Schon zuvor waren bedeutsame Gesten der Verständigungsbereitschaft ausgetauscht worden wie eine Vergebungsbitte Papst *Johannes Pauls II.* 1995 im Prager Veitsdom.

Beim Symposion in Rom gewährte der Papst den Teilnehmern eine Audienz, in der er die folgende Würdigung aussprach:

> »Hus ist eine Gestalt, an die aus vielen Gründen erinnert werden muss. Es ist vor allem sein moralischer Mut angesichts der Angriffe seiner

10 Veröffentlichung in Tschechisch: *Drda et al.*, Jan Hus na přelomu tisíceletí (Jan Hus an der Wende zum 3. Jahrtausend), 2001.

> Gegner und des Todes, der ihn zu einer Gestalt besonderer Bedeutung für das tschechische Volk gemacht hat, ein Volk, das im Lauf der Jahrhunderte schwer geprüft wurde.«

Er schließt hieran an:

> »Heute … fühle ich mich verpflichtet, mein tiefes Bedauern über den grausamen Tod, zu dem Hus verurteilt wurde, und für den daraus folgenden Schlag, eine Quelle der Konflikte und der Spaltung, die dadurch in den Gedanken und Herzen des tschechischen Volkes entstand, auszudrücken.«

Die Würdigung der Person ist theologisch relevant, sofern historisch solcher Todesmut als die willentliche, hartnäckige Unbelehrbarkeit des Häretikers galt und seine Hinrichtung umso mehr zu rechtfertigen schien. Sie könnte nun die Brücke zur einer Anerkennung als Märtyrer seines Glaubenszeugnisses darstellen.[11]

3. Zur Beurteilung des Prozesses gegen Jan Hus[12]

Die Bewertung bewegt sich je nach Blickwinkel zwischen den Extremen der Charakterisierung mit Tendenz zu »Justizmord« (z. B. *Vaclav Flajšhans*[13]) und der zu kanonistisch korrekter Abwicklung (z. B. *Walter*

11 Wenn *Johannes Paul II.* der »ökumenischen Dimension des Martyriums« große Bedeutung beilegt und sagen kann, »dass in der Ganzhingabe seiner selbst an die Sache des Evangeliums jedes Element der Spaltung bewältigt und überwunden werden kann« (Ut unum sint, Nr. 1) – so muss schon darin die »Spaltung« behoben sein. Und wenn Papst *Franziskus* von der »Ökumene des Blutes« spricht, mit welcher die Verfolger die Christen im Tod vereinigen, und hinzufügt »wie kommen wir dazu, uns im Leben zu trennen?« – und »Märtyrer für die christliche Einheit« gesamtökumenisch gewürdigt werden – so steht u. E. an, auch Märtyrer für die Erneuerung der Kirche zu würdigen, die von der Kirche selbst zu Märtyrern gemacht wurden, was neben Hus etwa auch *Hieronymus von Prag* und nicht wenige andere nach und vor ihnen betrifft, später ebenfalls von den reformatorischen Kirchen zu Tode Gebrachte. – Zur »Ökumene der Märtyrer« vgl. *Kurt Kard. Koch,* Gottes Freude und die Freude an Gott, 2020, S. 475 ff.

12 Man könnte auch von einer Mehrzahl ineinander verschachtelter Prozesse reden.

13 *V. Flajšhans,* Jan Hus, 1915.

Brandmüller[14]). Doch jeder »objektiven« Beurteilung, sei sie von vorneherein tendenziös angelegt oder unternehme sie den Versuch einer nach Möglichkeit neutralen Bewertung wird noch immer das »subjektive« Erleben des Jan Hus gegenüberstehen, der den Prozessverlauf als eine einzige Kette von Ungerechtigkeiten empfunden hat. Daher hoffte er auf ein Konzil, das gleichsam wie ein universitärer Hörsaal der Ort einer Debatte mit Argumenten sei, in der ihm Gerechtigkeit widerfahren könne: in der die »Wahrheit« sich finden (und alle überzeugen) werde. Dass er sich hierin täuschen musste, liegt auf der Hand. Sah doch das Konzil sich selbst in der Rolle des Anklägers in Fortsetzung des Prozesses und Hus in der des der Häresie Angeklagten. Mit diesem Missverständnis hing zusammen, was Hus nunmehr infrage stellte: dass die Suche nach der Wahrheit sich nicht am Kirchenrecht, sondern an der Theologie zu messen habe. Mehr noch, dass die Theologie nicht an die Grenzen der Kanonistik gebunden sein könne, sondern sich im Horizont des Gewissens zu bewegen habe: des Gewissens, das sich an Christus als »obersten Richter« gebunden weiß. Dieser Gewissheit lebte er spätestens, seit er sich gegen das päpstlich gestützte Interdikt[15] am 18. Oktober 1412 an Christus unmittelbar gewandt hat.

»Sine ira et studio« hat *Jiřy Kejř* die *»Causa Hus«* zu untersuchen unternommen und damit auch offiziell römisch-katholische Anerkennung gefunden.[16] Als evangelischer Hus-Spezialist war er in die ökumenische Kommission einbezogen worden, die unter Leitung von Kardinal *Vlk* das

---

14 Dieser will Hus auch die ihm vor seinem Tod von einem Priester in letzter Lebensbeichte erteilte Absolution nicht zugestehen. Er unterstellt ihm selbst hier Unaufrichtigkeit – wie auch, dass er in der Frage der Ekklesiologie (wie der Abendmahlslehre) »trotz allem Bekennermut nicht mit offenem Visier kämpfte« (*W. Brandmüller*, Konziliengeschichte. Das Konzil von Konstanz 1414–1418 Bd. I, 1991, S. 355). In u. E. unhaltbarer Weise folgert er im Anschluss an eine Auslegung seines Sentenzenkommentars (hier zu distinctio XIII des dritten Buchs) durch *Helmut Riedlinger* für Hus eine angeblich grundsätzlich doketistische Position. Freilich sieht der zeitweilige Vorsitzende der päpstlichen Historikerkommission das ganze Konzil, ohne dass es dies bemerkt hätte, ob der Erklärung seiner Oberhoheit über den Papst (und aktuell deren drei) letztlich auf dem selben abschüssigen Gelände wie Wyclif und Hus. Umso bemerkenswerter ist der Erkenntnisweg der Prager ökumenischen Kommission.

15 Das hierbei durchgeführte Ex-Kommunikations-Ritual wie zu-Boden-Werfen der Kerzen soll in der hier an anderer Stelle vorgeschlagenen Versöhnungsliturgie gleichsam umgewendet werden zu einem Re-Kommunikationsritual.

16 *J, Kejř*, Die Causa Johannes Hus und das Prozessrecht der Kirche, tschechische Originalausgabe 2000, D 2005.

Symposion in Rom zur Millenniumswende vorzubereiten hatte. Kardinal Vlk sieht diese Studie als »Abschluss des ›Grabenkrieges‹ zweier ›Fronten‹ um die Wahrheit«. »Magister Johannes Hus wird aufhören, uns zu trennen, und die Wahrheit in der Liebe ›wird uns frei machen‹ (vgl. Joh. 8,32)«.

Die Einzelheiten der verschlungenen Wege der Verfahren können hier nicht referiert werden. Bemerkenswert ist, dass sie von Anfang an im Gefolge der Unterstellung undifferenziert wyclifitischer Ansichten erfolgten. Unglücklicherweise erwies sich Hus' Berufung gegen einen erzbischöflichen Spruch an das päpstliche Gericht, und damit in die Hände dortiger Intimfeinde (die seinen Prozessbevollmächtigten *Jesenitz* und selbst den sachlich urteilenden Juristen *Zabarella* auszuspielen verstanden) als Falle, der er nicht mehr zu entgehen vermochte. Dies auch nicht in Konstanz, wohin Hus allen Warnungen zum Trotz, sein Fall sei längst entschieden, zu gehen sich entschieden hatte. Er tat dies einerseits im Vertrauen auf König *Sigismunds,* des Konzilsvogts, Zusage des freien Geleits, mehr noch aber in Verkennung seiner Situation[17] – als der Häresie Angeklagter, wenn nicht schon überführt Geltender – und des Konzils als Ort freier Debatte. Seit das Konzil den Prozess (ohne neue Vorladung) einfach fortsetzte und ihn wie einen Häretiker zu verhören begann und schließlich, nach der formellen Verurteilung von *Wyclif* am 4. Mai ihn in der Perspektive »Wyclif und Hus« vorantrieb, ging es fast nur noch darum, ihn wyclifitischer Positionen zu überführen. Trotz Variationen im Bestand ihm unterstellter Aussagen und sogar dreier öffentlicher Anhörungen, wurde seine Distanzierung von ihm unterstellten Lehren – was ihm »Lüge«, zugleich Verrat seiner Mitstreiter gewesen wäre – nicht anerkannt. Kardinal *d'Ailly* brachte, nach *Machilek* (S. 190), den »eigentlichen Kern der Ablehnung der Lehre von Hus durch das Konzil« zum Ausdruck: »das Untergraben der Autorität der institutionellen Kirche«. Das Reform-Konzil vermochte den Reformator mit seiner Forderung nach legitimer Autorität nicht zu erkennen.

Es ist, falls das Gesamtergebnis dieser Studie allgemein rezipiert werden kann[18], u. E. nicht mehr primär der Streit zu führen um die formale Legalität und kanonische Vertretbarkeit des Prozesses, der nach *Kejř,* trotz gra-

---

17 Dabei hatten ihn seine Erfahrungen auf der Reise nach Konstanz in den deutschen Städten zusätzlich sehr ermuntert: er merkte, dass er den Nerv der Interessen der Laienschaft und der Öffentlichkeit getroffen hatte.

18 »Der Autor ist sich des Risikos voll bewusst, dass nämlich ein zufällig neu festgestellter Zusammenhang oder eine genauere Interpretation einer kanonischen Norm leicht ... jede seiner Schlussfolgerungen widerlegen kann« (S. 14).

vierender Fehlerhaftigkeiten in verschiedenen Stadien, auch beim Konzil selber, und nach der sogleich betrügerisch erfolgten Einkerkerung, dort zuletzt in eher erstaunlicher Ausführlichkeit geführt wurde. Vielmehr möge der Streit geführt werden um die Rolle des kanonischen Rechts überhaupt im Verhältnis zur Theologie: ob dieses ihr nicht eher nachfolgen, denn vorgeordnet sein müsse. Wie ist zu vermeiden, dass es die Suche nach der Wahrheit verhindere, eine Suche, die es vielmehr ermöglichen soll? *Vlk* sagt:

> »*Kejř* hat aufgezeigt, dass der gesamte Husprozess ein klassisches Beispiel dafür ist, wie – auf beiden Seiten – die Wahrheit ohne liebevolle Reflexion und ohne den Blick auf die anderen verabsolutiert wurde und anstelle des biblischen Gebots der Liebe das Kirchenrecht ohne Liebe angewandt wurde. Beiden Seiten, vor allem aber der Machtposition der Kirche fehlte die Liebe nicht nur in der Art und Weise wie man auf Hus als Menschen zuging, sondern leider wurde gegen sie auch bei der Suche und Präsentation der Beweismittel in bedeutendem Maß verstoßen. Häufig wurden Beweise um jeden Preis gesucht …«

Es gibt nicht »die« Wahrheit ohne »die« Liebe. *Vlk* kann sich der Position von Hus öffnen: »Wer mich liebt, dem werde ich mich offenbaren« – Christus, die Wahrheit in Person[19].

4. Zur Theologie des Jan Hus[20]

4.1 Die Vielzahl zur Debatte stehender Fragen – Anlässe für Häresievorwürfe gegen ihn

Was waren denn aber Hinderungsgründe für eine Verständigung oder gar Versöhnung so lange Zeit? Es schienen lange Zeit Fragen der Rechtgläubigkeit einzelner theologischer Auffassungen des Jan Hus zu sein, bis *Père de Vooght* und andere zu einer neuen Sicht aufforderten, die diese

---

19 Vgl. *Dušan Coufal,* Jan Hus als Wahrheitsprediger, in: *Strübind/Weger* (Hg.), Jan Hus, 2015, S. 33 ff.

20 Vgl. bei *Richter,* a. a. O. S. 198 ff. »Der Kirchenlehrer: Verteidiger einer Reform der Theologie«. – Die Konflikte, ihre Darstellung in der Forschung, ihre unterschiedliche Bewertung sind bei *Machilek* ausführlich wiedergegeben.

Fragen in anderem Licht erscheinen ließ. Es können hier die besonders strittigen Komplexe nur angedeutet werden. Im Fortgang der prozessualen Auseinandersetzungen fielen sie ungleich stark ins Gewicht.

- *»Remanenz«:* diese von *Wyclif* vertretene Position besagt, in der Feier der Hl. Messe »bleibt« (lat. *remanere*) das Brot Brot und Wein Wein: es unterliegt nicht, wie seit 1215 als dogmatisch fixierte Lehre vorgegeben, einer »Transsubstantiation« – was für Wyclifs philosophischen »Realismus« in sich undenkbar ist. Die Präsenz Christi wird dabei keineswegs geleugnet, sondern anders gedacht[21]. Diese Auffassung wurde von den Prager Wyclifiten, den Lehrern Hus', übernommen, doch später von zweien, nach Rückkehr aus Italien (nach dort überstandenen Verhören) widerrufen. Sie wurde z. T. bei jüngeren »Wyclifiten« beibehalten und generell auch Hus unterstellt, der dies stets und ausdrücklich verneinte. Hus erweist sich hierbei, wie auch sonst, als »inkonsequenter« »Wyclifit«, geradezu handgreiflich sichtbar im Verhör-Gespräch mit Kardinal *d'Ailly*, der ihn auf dessen Universalien-Realismus ansprach, mit dem »Remanenz« notwendig verbunden wäre. Noch in Konstanz, in kritischer Verhörsituation, wurde ihm fälschlich eine Schrift solchen Inhalts, die nicht existierte, unterstellt. Solcher Vorwurf war eine Art Totschlag-Argument, mit dem jemand als potentieller Häretiker gebrandmarkt werden konnte, jedes weitere Argument war dann vergiftet.
- *Kritik am Leben der Priester:* altes Thema in Prag, war sie Inhalt insbesondere auch der zwei Synodalpredigten[22], die er im Auftrag des Erzbischofs 1405 und 1407 gehalten hat, wobei diese Kritik generelle Probleme wie Priesterkonkubinat und Stolgebühren betreffen konnte, jedoch insbesondere den höheren Klerus mit seinem Pfründenwesen und das erzbischöfliche Kapitel betraf. Die Zurückweisung der Kritik verband sich schnell mit dem Wyclifismus- oder Remanenz-Vorwurf, zumal aus der Sicht philosophisch-theologischer Gegner wie der Dominikaner.
- *Predigtverbot:* es wurde ihm wegen Schmähung des Priesterstands erteilt, die sich insbesondere gegen die Lebensweise der Prälaten und

21 Zu Wyclif und seiner Abendmahlsauffassung s. bei *Richter* a. a. O. S. 173 ff., zu der von Hus ebd. S. 204 (schon 1405 f. die Stellungnahme zum »Blutwunder« von Wilsnack, »De sanguine Christi glorificato«, dazu 1408 »De corpore Christi«). Die Wirksamkeit Christi bei Feier und Erteilung der Sakramente durch den Priester – selbst in »Todsünde« – stellte er gelegentlich polemisch, nie wirklich in Frage.

22 Zu Hus als Prediger vgl. insbes. *Pavel Soukup*, Jan Hus, 2014, S. 62 ff.

des Domkapitels richtete, wie zuvor schon anderen Predigern der böhmischen »charismatischen Spiritualität« *(J. Nechutová)*, u. a. *Milic von Kremsier.* Zumal die Öffentlichkeit dieser Kritik sollte unterbunden werden. Hus ging es aber gerade um eine

- *Laienbeteiligung* an den Fragen des kirchlichen Lebens und ihrer Reform. Hus hatte sich ja eigens um das Predigtamt an der mit einem Privileg für die Volkspredigt in der tschechischen Muttersprache ausgestatteten Bethlehemskirche beworben, in der er auch Missstände und Fragen der Kirchenreform erörterte. Der Erzbischof versuchte, die Bethlehemskapelle mit ihrer großen Predigtgemeinde (Messen wurden normalerweise hier nicht gelesen) als Predigtort auszuschalten.
- *Universitätsrechte.* Nicht zu übersehen ist, dass Hus in kritischem Augenblick der Universität (nach dem Auszug der drei »deutschen« nationes) für die Debattenfreiheit an ihr eintrat. So verkämpfte er sich seit 1403[23] für die Diskussionswürdigkeit von Philosophie und Theologie des Wyclif und verwahrte sich gegen den globalen Ausschluss seiner Texte, forderte deren genaue Überprüfung und Zitation und verspottete das geistlose Drängen auf Bücherverbrennung mit seiner Schrift *»de libris legendis non comburendis«* – dass »Bücher zu lesen, nicht zu verbrennen seien«. Hus (wie dann Luther) stehen mit ihren Universitäten für die Innovationskraft von Theologie in Krisen, wenn sie vernachlässigte legitime Bedürfnisse und Forderungen reflektierend aufgreifen.
- *Ablass:* diese Problematik zeigt besonders klar die Verdorbenheit kirchlicher Amtsführung auf höchster Ebene, indem schon bei dem ersten im Reformkonzil von Pisa gewählten »Reform«-Papst, *Alexander V.*, im Kontext des Prozesses gegen Hus Bestechlichkeit unterstellt werden muss, wie kaum weniger bei seinem Nachfolger, *Johannes XXIII.*, der zum Machterhalt seines Kirchenstaats gegen den dem zwar abgesetzten, aber noch nicht zurückgetretenen Papstrivalen *Gregor XII.* zugetanen benachbarten Territorialherrn einen »Kreuzzug« ausrief und dafür »Ablass« verkaufen ließ. Während Habsburg in Wien dies

23 Der Dominikaner *J. Hübner* hatte 45 Wyclif-Artikel (z. T. in London verurteilt, z. T. ungenau) zusammengestellt, die trotz Protesten der Wyclif-Freunde unter Vorsitz des Wortführers der philosophischen Gegenrichtung, der Nominalisten, verurteilt wurden und jeder Debatte entzogen sein sollten-sie spielten noch in Konstanz ihre Rolle.

ablehnte, ging König *Wenzel* darauf ein. Hus nahm diese gravierende, für ihn den Entzug königlichen Schutzes bedeutende Entzweiung mit ihm, so folgenschwer sie für ihn war, aus Gewissensgründen in Kauf.[24] Für den Verlauf des Prozesses spielte diese Frage jedoch – im Unterschied zu *Luther* – keine Rolle, obgleich Hus dies annahm.

- *Laienkompetenz* zu fördern war Hus ein besonderes Anliegen, womit er als Seismograph dieser legitimen Tendenz des späteren Mittelalters wie der Neuzeit erscheint. Es war ihm gleichermaßen ein individuelles wie ein institutionelles Anliegen, und zwar für Kirche und Gesellschaft. Selber aus eher einfachen Verhältnissen stammend und früh gefördert, lag ihm nicht nur allgemein an sozialen Fragen, was kommunistisch ideologisch vereinnahmt wurde, wobei auch die »nationale« und sprachliche Komponente eine Rolle mitspielte. Sondern er drängte – in der Konsequenz der gesamteuropäischen *devotio moderna* – auf die Befähigung der Laienschaft beiderlei Geschlechts zur Schriftlesung und auf öffentliche Mitverantwortung im Gemeinwesen. Dies sah er als Teil seines Predigtauftrags an, weshalb ihn das Predigtverbot des Erzbischofs schmerzte und ihm keine Gehorsamspflicht auferlegen konnte. Als er angesichts des Interdikts sich für das Verlassen der Stadt entschied und »an Hecken und Zäunen« wie auch in Adelsburgen predigte, verfasste er auch wichtige katechetische Schriften und kam heimlich in die Stadt, um in der Bethlehemskapelle eine Art Predigtposter aufhängen zu lassen. Es wird bei Hus auf mehr als 3000 Predigten geschätzt!
- Die *Hl. Schrift*[25] war, ebenfalls der Tendenz der zeitgenössischen Erneuerungsbewegungen entsprechend, der eigentliche autoritative Bezugsrahmen nicht nur für die Predigt der Reform des Lebens – die er sehr streng, wenn nicht überstreng handhabte –, sondern für

---

24 Hier sei auf die Folgen für Hus wie für Luther des Unterschieds im Verhalten zwischen dem wankelmütigen König Wenzel, den seine Ambitionen auf Wiedererlangung des römisch-deutschen Königtums bzw. des Kaisertums taktieren ließen, und Kurfürst *Friedrich dem Weisen*, Luthers Schutzherrn, verwiesen. Andererseits steht in Worms Luther ein Kaiser gegenüber, der es verächtlich fand, wie sein Vorgänger Sigismund Hus gegenüber, sein Wort des Geleitschutzes zu brechen (eine Würdigung: *Heinz Schilling, Karl V.* Der Kaiser, dem die Welt zerbrach, 2020).

25 *Machilek*, S. 83, zitiert *Thoms Prügl*, der darauf hinwies: nicht »sola« sondern »sacra« scriptura ist hier zu verstehen, was »Botschaft, Auslegung und auch Theologie« einschloss.

den Kampf um die Erneuerung der Theologie. Dabei spielte für Hus der Bezug auf dieselbe Forderung bei *Wyclif* und wiederum dessen platonisch-realistischen philosophischen Ansatz im Gefolge seines Augustinismus in der Tat eine bedeutende Rolle. Dass er Wyclif »inkonsequent« und abmildernd oder gar nicht übernahm, zeigt nicht nur die Zurückweisung der Remanenzlehre für sein eigenes, u. E. an Joh. 6 orientiertes und so für ihn mit der Kirchenlehre kompatibles Verständnis. Solche Differenziertheit blieb aber von Prag über Rom bis Konstanz unerkannt, vielleicht war sie gar unerwünscht.

- *Kirchenreform,* das Dauerthema schon seit Jahrhunderten, wurde aktuell umso dringlicher erlebt, als bereits nicht mehr nur zwei, sondern gar drei Päpste rivalisierten (was seine Gegner in den Kirchenreform-Debatten nicht hinderte, ihn aufs strengste auf die Anordnungen des zufällig einen, dessen Oboedienz man sich angeschlossen hatte, zu verpflichten), konnte nach seiner theologischen Meinung nur durch die Beachtung der *Lex Dei, Lex Christi* erfolgen, wie sie in der Hl. Schrift als göttliches Dokument für Leben und Sterben und auch für die Struktur der Kirche niedergelegt ist. Kirchlich gegebene Anordnungen können nur nach Maßgabe der Hl. Schrift Autorität beanspruchen, und hierbei steht auch Laien ein Prüfrecht zu. Hus besteht auf der *sufficientia* legis Dei. Die kirchliche Tradition wird nicht abgelehnt, ihre Geltung muss aber überprüft werden.
- *Simonie:* Sie ist für ihn das allgegenwärtige Übel kirchlicher Wirklichkeit. Simonie bezeichnet nicht nur die moralische Seite der Missstände. Sie ist nicht ein beliebiges Vergehen. Die ganze cluniazensisch- gregorianische Kirchenpolitik arbeitete mit ihr als der schärfsten argumentativen Waffe gegen das ja ebenfalls sakrale Kaisertum für die »Freiheit der Kirche« von staatlicher »Simonie« – und nun war sie innerkirchlich ubiquitär. Für Hus ist sie im streng kanonischen Sinn Todsünde. So kommt es, dass er hohe Amtsträger, kirchliche vor allem, aber auch weltliche, selbst Kaiser *Sigismund* nimmt er in Konstanz nicht davon aus, unerschrocken darauf ansprach. »Nicht würdig« jedenfalls könnten sie ihre Ämter ausüben, fügte er hinzu. Das musste Viele treffen.
- *»De Ecclesia«:* Es ist einer der ersten Traktate zum Thema »die Kirche« überhaupt, jener, der bis heute nicht einvernehmlich erarbeitet ist, weder innerkatholisch, noch ökumenisch. Hus folgte hier, jetzt im Exil im eigenen Lande, nachdem es in den Jahren 1410–1412 erregte Debatten an der Prager Universität dazu gegeben hatte, dem ihm von

Wyclif überkommenen augustinischen Prädestinatianismus: Es gibt die schlafende, die kämpfende und die triumphierende Kirche, und sie besteht aus den durch Christus Erwählten, *electi* – und nur aus ihnen, deren Haupt er ist. Wogegen diejenigen, die »vorhergewusst« sind, *praesciti* (*Augustinus* kann gar von der »*massa perditionis*« sprechen), nicht zum Heil bestimmt sind, auch wenn sie hohe und höchste kirchliche Ämter bekleiden – niemand kann es wissen. Ein verzweifelter Versuch, sich der Übermacht der kirchlichen Strukturen zu erwehren, denen er bislang sich durchaus gefügt hatte? Dass er sich mit dieser Auffassung, wie immer motiviert sie war, selbst bei wohlwollenden Kritikern keine Freunde machen konnte, versteht sich. Und wie sollte gar das Konzil, an das er sich nun wenden wollte, bestehend aus hohen und höchsten Würdenträgern (von denen der amtierende Konzilspapst vom Konzil selbst aus »simonistischen« Gründen bald abgesetzt sein wird), damit umgehen? Sie wollten ja ihrerseits die schon lange geforderte, überfällige Reform der Kirchenstrukturen betreiben.

4.2 Zum eigentlichen Konfliktbereich: Hus' Suche nach einer Ekklesiologie – ein Aufschrei

An Christus selber hatte Hus appelliert in konkretem Widerspruch zur real existierenden amtierenden Kirche, als er – bis dahin treu innerhalb deren Strukturen tätig und argumentierend – deren Strukturkorsett durchbrach und sich an ihn als den letzt-relevanten Richter wandte. Um seine uneingeschränkte Letzt-Entscheidungsbefugnis ging es ihm in seinem Bemühen um eine erneuerte Auffassung von der Kirche. Man darf nicht übersehen, dass Hus sich auseinandersetzen musste mit so grotesken nicht nur populären Vorstellungen wie »der Papst ist das Haupt der Kirche, die Kardinäle der Leib«. Es vollzog sich bislang wie das kirchliche Leben so auch der Streit um die Kirche normalerweise schlicht nach den Vorgaben der Tradition, nicht ohne manchen gerne geduldeten Missbrauch, rechtlich aber gemäß disparat entstandenen Rechtssätzen, die erst seit dem 12. Jahrhundert, seit dem *Decretum Gratiani*, sukzessiv systematisiert wurden[26].

Dem vorausgegangen war, sogleich nach der von lateinischer Seite provozierten Trennung Ostroms von Westrom, 1054, dem wichtigsten

26 *Vgl. H. J. Berman*, Recht und Revolution, 1991; *Habermas* a. a. O. Bd. I S. 637 ff.

Einschnitt in die bisherige Kirchengeschichte – hierauf wird an anderer Stelle dieses Buches Bezug genommen – die von dem Historiker *H. J. Berman* so bezeichnete *Papstrevolution Gregors VII.* Sie beanspruchte nun für den Bischof von Rom nicht nur die höchste Rechtssetzungskompetenz des kirchlichen Westens sondern der Gesamtkirche; dazu und in einem damit die letzte Oberhoheit über jegliche weltliche Gewalt. Dieses Modell kirchlicher Gewaltausübung war seit dem *Papstschisma* des 14. Jh., das sich seit dem ersten Reformkonzil von Pisa 1409 in ein dreifaches Papstschisma ausgeweitet hatte, fraglich geworden, in Sicht der Initiatoren des Konzils nicht nur faktisch deligitimiert. Längst waren ganz andere, korporative Denkmodelle unter den Kanonisten bis zur Superiorität des Konzils, wie in der Alten Kirche. Sie waren es, die den *Konziliarismus* der Pariser Fakultät, des eigentlichen Lehramts der Zeit, und so Kardinal *d'Aillys* und *Jean Gersons* vorbereiteten und legitimierten[27]. Ihrem Bemühen um ein Konzil hatten sich die Prager »Wyclifisten« (trotz früher Kritik Gersons am Wyclifismus des Hieronymus von Prag) – anders als ihre Gegner! – sogleich angeschlossen.

Daher war das Anliegen des Jan Hus für ihn aufs engste mit dem Ansatz des Reformkonzils von Konstanz verbunden, bis hin zur Erwartung eines konziliar und ethisch geläuterten Papsttums.

Hier wurden allerdings weder die Reformforderungen Wyclifs noch die des Jan Hus als solche erörtert – das wäre unter die Fragestellungen der *»causa reformationis«* gefallen. Sondern es wurde zunächst Wyclif

27 Angesichts eines z. T. auch nach dem II. Vaticanum erneut verteidigten antikonziliaren Papalismus, der de facto die Reformkonzile des 15. Jh. abgelöst hatte und die nächste, noch weiter ausgreifende Trennungskatastrophe der Christenheit im 16. Jh. vorbereitet und mit verursacht hat, sei in spürbarem Gegensatz zu den Positionen *W. Brandmüllers* verwiesen auf die Untersuchungen von *Karl Fink* zum Konstanzer Konzil, zusammengefasst bei *Joachim Köhler,* Das Konstanzer Konzil. Umstrittene Rezeptionen, 2016. – Für das Verständnis des Konzils von Basel vgl. *Josef Wohlmuth,* Verständigung in der Kirche. Untersucht an der Sprache des Konzils von Basel, 1983. – Folgeprobleme, wie sie sich beim I. Vaticanum 1869 f. zeigten und durch es verschärft waren, wecken aktuelles Interesse, wie zum Einhundertjahres-Termin (*Hans Küng,* Unfehlbar? Eine Anfrage, 1970) so erneut zum Zeitpunkt nach 150 Jahren: vgl. intern römisch-katholisch bei *Klaus Unterberger,* Schicksalsstunde für die katholische Kirche – Geschichte des Ersten Vatikanischen Konzils, in: Ökumenische Rundschau 2/2020, S. 170 ff., und ökumenisch *Michael Seewald,* Das Erste Vatikanische Konzil – ein gordischer Knoten für die Ökumene, in ebd. S. 158 ff.; darüber hinaus vgl. die Beiträge zur altkatholischen, evangelischen und orthodoxen Sicht.

unter dem Aspekt der *»causa fidei«* verurteilt und daraufhin Hus *als* »Wyclifit«: nicht gemäß genuin eigenen Positionen, so sehr er sich auch dagegen verwahrte.[28] Für Hus erschwerend kam dort noch die von *Jakobell von Mies* forcierte Frage der Kommunion unter beiderlei Gestalt ins Spiel[29], von Hus als biblisch unterstützt, Anlass gezielter Gerüchte gegen ihn.

Offensichtlich wäre es zu einfach, für Jan Hus entweder pure Orthodoxie oder glatte Häresie zu behaupten. Wenn *de Vooght* ihn m.E. zu Recht – »im Gegensatz zu Wyclif« – »im Prinzip der sakramentalen Auffassung des Priestertums« und den üblichen katholischen Auffassungen der Zeit als ergeben betrachtet, einschließlich der hierarchischen Grundstruktur der Kirche (wenngleich mit scharfer Kritik an ihrem für ihn gewissermaßen simonie-verseuchten realen Zustand) so stellt er sich doch, wie auch Forscher wie *Alexander Patschovsky* feststellen, mit der augustinisch-wyclif'schen Auffassung der Kirche als Gemeinschaft der Prädestinierten außerhalb jeder damaligen wie auch heutigen Annehmbarkeit. So wurde zu Recht gefordert, ihm seine Radikalität zu belassen womit auch, ein Stück weit, »seinen Richtern Gerechtigkeit widerfährt«[30]. Hus fordert auch mit heterodoxen Thesen die kirchlichen Selbstverteidigungsstrategien heraus. Diese Zuspitzungen möge man nicht abschleifen wollen. Das macht auch eine allzu bequeme protestantische Vereinnahmung von Jan Hus unmöglich. Er hat wohl »Allen« etwas zu sagen in der Glaubensfundiertheit seiner theologischen Positionen insgesamt und in ihrer Wahrnehmung in einem zum Letzten bereiten Dienst an der erkannten Wahrheit: der »Wahrheit in Person« Jesu Christi, muss aber, seinem eigenen Verständnis entsprechend, auch der Kritisierbarkeit unterliegen.

Ekklesiologisch aber bietet Hus u.E., von seinem Hang zur Prädestinationslehre einmal abgesehen, für unsere heutige Problemlage geradezu

---

28 »Ein grosses Unrecht und darüber hinaus ein kirchliches und politisches Desaster war die Verbrennung von Jan Hus (1370–1415) auf dem Konzil von Konstanz nach einem Wortbruch von Kaiser Sigismund« (*Manfred Lütz*, u. M. von *Arnold Angenendt*, Der Skandal der Skandale. Die geheime Geschichte des Christentums, 2019, S. 96f.)

29 Die pastorale Forderung erschwerte ihre Akzeptanz, sofern aus Joh. 6,53 auch die Heils-*Notwendigkeit* der communio sub utraque abgeleitet wurde, was Hus keineswegs teilte.

30 So *Hartmut Boockmann* (bei Machilek S. 207).

eine Brücke *zu einer »via media«* in der noch immer um ihrer konkreten Gestaltungsmöglichkeiten willen zerstrittenen Ökumene: zwischen einer an überkommener, als sakramental gestützt verstandener Hierarchie orientierten (römisch-katholischen) Lehrauffassung und einer ein solches Amtsverständnis bislang grundsätzlich abweisenden, aber für Verständnis- und Strukturvarianten offenen (protestantischen) Ämter-Konzeption: nämlich die *Brücke zu*

- selbst reformbereiten und »konziliar« geläuterten,
- von Unterordnung unter ein kanonisches Recht, welches sogar konziliar beschlossene, erst recht in Gang befindliche, »prophetisch« zu wagende Erneuerungen verhindert[31], befreiten
- und »dem Worte Gottes dienenden« Formen von *Kirchenleitung*, auf allen Ebenen des realen kirchlichen Lebens und nun in ökumenischer Konkordanz.

Auf Hus berief sich jedenfalls ein Kirchenverständnis mit der Möglichkeit, wie es in der Hus-sitischen Bewegung[32] gelebt wurde und wird, einer im utraquistischen *Ritus* variierenden regionalen oder *Landes-Kirche*, oder einer Kirche *biblischer* Orientierung als einer in »dienlichen«[33] und erst recht in »rituellen« Fragen konfessionsvarianten *»Unität« in der Gesamtkirche*, wie die Böhmischen Brüder bzw. die Herrnhutische *Zinzendorf*'sche Brüdergemeine.

31 *Michael Seewald*, Dogma im Wandel. Wie Glaubenslehren sich entwickeln, 2018, weist hin auf unter den beiden vorletzten Päpsten zumeist unbeachtet, auch indirekt über den Weltkatechismus rechtlich geltend gemachte Einschränkungen der Erörterung zu Glaubensfragen, die gleichwohl römisch wie ökumenisch zur Debatte stehen.

32 Vgl. *František Šmahel*, Die Hussitische Revolution. D *(Th. Krzenck)* 3 Bd. hg. von *A. Patschovsky*, 2002.

33 Ein bei Comenius in seinen ökumenischen Konzeptionen aufgegriffenes theologisches Unterscheidungsmodell der (wie das II. Vaticanum sagt) »Hierarchie der Wahrheiten«: den *»essentialia«*, dem Glauben an den Dreieinigen Gott und seinem Heilswerk in Christus als Zentrum, das in Glaube, Liebe und Hoffnung ergriffen sein will – stehen gegenüber die »mittleren« oder dienenden – *»ministerialia«* – Dinge wie Ämter und Sakramente sowie die *»ritualia«*, frei(er) kultur- und zeitgemäß unterschiedlich zu handhabende Gestaltungsformen der Glaubenspraxis. Vgl. *Richter*, Johann Amos Comenius und das Colloquium Charitativum zu Thorn 1645, ^{2}2018, S 421 ff.

5. Der Weg der Versöhnung geht weiter: Das Gedenkjahr 2015

5.1 Begegnung mit Papst Franziskus und Gottesdienst der Versöhnung

War die Datierung des Abschlusses der ersten Phase römisch-kirchenamtlicher Aufarbeitung des »Falles Hus« auf die Millenniumswende in sich bereits ein bedeutendes Zeichen guten Willens, das die Würdigung von Hus als neue Art des Umgangs mit einem Prototyp der Ketzergeschichte des 2. Jahrtausends erscheinen ließ, so musste das 600. Datum der Verurteilung, der schauerlichen Degradierung und der schmählichen Hinrichtung des Priesters Jan Hus gewissermaßen als die Probe aufs Exempel erwartet werden. Eine Fülle detaillierter Einzelstudien und neuer Biographien sowie die Fortschritte in der Werke-Edition hatten seither in der Forschung zudem das Bild des »Predigers, Theologen, Reformators« (so bei *Machilek*) neu erkennbar gemacht.[34]

Am 15. Juni wurde eine ökumenische Delegation aus der Tschechischen Republik mit dem nun emeritierten Kardinal *Vlk*, Synodalsenior *Joel Ruml* der Ev. Kirche der Böhmischen Brüder zusammen mit dem gewählten künftigen, *Daniel Ženaty*, und *Gerhard Frey-Reininghaus* sowie Patriarch *Tomaš Butta* von Papst *Franziskus* empfangen. Er nahm hierbei den Ausdruck des Bedauerns, den sein Vorgänger ausgesprochen hatte, auf, und sprach darüber hinaus aus, dass Person und Wirken von Jan Hus, der »lange Zeit ein Streitpunkt zwischen Christen war«, »heute zum Gegenstand des Dialogs geworden ist«. Er betonte, dass die weitere Untersuchung »ohne ideologische Voreingenommenheit« durchgeführt werden müsse. So werde sie »ein wichtiger Dienst an der historischen Wahrheit sowie an allen Christen und an der ganzen Gesellschaft sein, auch über die Grenzen eurer Nation hinaus«. Und: »Die sichtbare Einheit unter den Christen wird die Verkündigung gewiss glaubwürdiger machen«. Damit nimmt Rom vollends die Position des Dialogpartners ein. Die römisch-katholische Kirche ist bereit, sich der ideologiefrei untersuchten historischen Wahrheit zu stellen und sich in den Dienst an der gesamten Christenheit einzubringen. Hiermit ist auch eine Engführung der De-

---

34 S. auch hierzu die Angaben bei *Machilek*. – Auch im einstigen Hussitenzentrum Tábor gab es 2015 ein Symposion.

batte mit Hinblick auf das tschechische Volk, so berechtigt sie auch ist[35], geöffnet auf die gesamt-ökumenische Perspektive: Jan Hus machte nicht nur den Versuch der Erneuerung seiner nationalen Kirche, sondern der Erneuerung der Kirche überhaupt. Weshalb er das Reform-Konzil der gesamten Christenheit in Konstanz überzeugen wollte.

Der ökumenische Gottesdienst wurde in der Kapelle eines päpstlichen Studienhauses gefeiert, in dem Kardinal *Kasper*, der langjährige Präsident des Päpstlichen Rates für die Einheit der Christen, die Predigt übernommen hatte. Sein Predigttext (2. Kor. 5,20 f.) ist sprechend genug: Die gemeinsame Aufgabe des »Wir« der Christenheit, und zumal der Priester und Ordinierten jeglicher Kirche, ist es, die Botschaft von der Versöhnung mit Gott zu predigen, »an Christi statt«. Das gemeinsame Zeugnis hat hier schon begonnen. In der Würdigung von Jan Hus als Kenner und Liebhaber der Hl. Schrift, als Prediger und Kirchen-Reformer, war sein Werk bereits Teil dieser gemeinsamen Botschaft. Die hierbei gefeierte Liturgie[36], von einer ökumenischen Hus-Kommission vorbereitet (sie wurde bald danach in der Prager Teyn-Kirche und an weiteren Orten wiederholt), spricht nun ausdrücklich von der Notwendigkeit der Erinnerung, Selbstüberprüfung und Vergebung. Sie bringt die Bereitschaft dazu in klaren Worten zum Ausdruck – eine Selbstüberwindung beider Seiten, die sich im Sündenbekenntnis, dann der Vergebungsbitte und im Friedensgruß aussprach.

5.2 Ökumenische Vertiefung: erste Rezeptionen und Wirkungen

Die wohltätige Basis-Wirkung solcher Versöhnung auf höchster kirchenleitender Ebene zeigte sich denn auch umgehend zum eigentlichen Gedenktag, 6. Juli, besonders an zwei Orten, die mit dem Geschick des Jan Hus in besonderer Verbindung stehen. Zum einen in Prag, dem Ort seiner Studien und Lehrtätigkeit, seines Kampfes für die Reform der Kirche und seines Banns samt Interdikt – zugleich dem Ort seines zentralen Mahnmals, das einst gegen den Widerstand des römisch-katholisch

35 Die Hussiten riefen den Landesheiligen Wenzel für ihre Sache an, bei der Verkündigung der Prager Kompaktaten stimmten sie den St. Wenzelschoral an (*F. Machilek*, brieflich). Hussitischer Hingerichteter und Hus' wurde als Märtyrer liturgisch gedacht (vgl. den Bildkunst-Band *K. Horníčková et al.*, eds., »Umění české reformace«, 2010).

36 S. *Hans Georg Link – Dorothea Sattler (Hg.)*, Zeit der Versöhnung, 2017, S. 148 ff.

orientierten Ministeriums, wenn auch unter stark nationalen Vorzeichen, errichtet wurde. Hier versammelte sich nun die örtliche Christenheit im Gedenken an Jan Hus zugleich zu einer eindrücklichen Feier ihrer Versöhnung untereinander. – Zum anderen in Konstanz, dem Ort seiner Verhaftung, Einkerkerung und der Verhöre, der Verurteilung und entehrenden Hinrichtung durch Verbrennung bei lebendigem Leibe. Vor der Konstanzer Lutherkirche wurde eine Skulptur »Jan Hus – Weg der Versöhnung« enthüllt, die an seinen Flammentod erinnert. Im Gottesdienst im Münster wurde eine der von Hus für das Konzil vorbereiteten, jedoch un-gehaltenen Reden, die »Rede vom Frieden«, verlesen, wie auch aus seinem, über die Böhmischen Brüder und *Michael Weisse* ins Evangelische Gesangbuch übernommenen Lied »Jesu salvator optime« (»Oh lieber Herre Jesu Christ«) gesungen wurde. Eindrücklich ist die Erklärung der *ACK Konstanz,* die sich in Nachfolge der Verantwortung der im 15. Jahrhundert noch »ungeteilten weströmischen Kirche« sieht, und in ihrem Hus nach-empfundenen Bekenntnis zu Christus als »Wahrheit in Person«.

Die Fernwirkungen haben gewiss längst ins Nationale in Tschechien[37] ausgestrahlt, darüber hinaus ins Internationale, überall dorthin, wo die Nachfolgekirchen der Hus-Bewegung sich etablierten. Gleichwohl liegt daran, eine noch weitere Reichweite dieser Versöhnungs-Geschichte aufzuweisen und die Möglichkeit noch folgenreicherer ökumenischer Fernwirkungen herauszustellen. Es geht darum, das Versöhnungsgeschehen um den böhmischen Reformator Jan Hus des 15. Jh. zu verstehen als ein Modell auch für die Fortführung des Versöhnungsgeschehens um den sächsischen Reformator *Martin Luther* und die indirekt aus seiner Initiative hervorgegangenen Kirchen des 16. Jh., samt der auch ihrerseits daraus verändert hervorgegangenen römisch-katholischen Kirche.

37 Brieflich bestätigt z. B. *Jana Nechutová,* Brno, Mitarbeiterin der Hus-Werke-Edition und Mitglied der tschechischen ökumenischen Hus -Kommission 1993–1999 die günstige Auswirkung in der Zusammenarbeit der Geistlichen und der Gemeinden vor Ort, ebenso der Synodalpraeses der Ev. Kirche der Böhmischen Brüder, *Daniel Ženaty* – vielleicht ist die Wirkung vergleichbar dem ökumenischen Klima-Schub nach der Verabschiedung der Gemeinsamen Erklärung zur Rechtfertigungsbotschaft 1999.

6. Bedeutungsdimensionen der Versöhnung der Erinnerungen

6.1 Versöhnung im Blick auf das 15. Jahrhundert

Was bedeutet die erreichte Versöhnung mit Jan Hus, der sich, entgegen gültigem kanonischen Recht bis heute, 1412 unmittelbar an Christus als höchsten Richter wandte? Dessen Gedenken durch den tschechischen Staatspräsidenten *Tomáš Garrigue Mazaryk* 1925 eine diplomatische Krise mit dem Vatikan auslöste. Gilt nunmehr die Aufschrift am Prager Husdenkmal, das 1915 nicht offiziell enthüllt werden durfte, die fast wörtlich von Hus stammt, von dem seine Anhänger jahrhundertelang sagten: »combustus, non convictus« (verbrannt, aber nicht überführt) und der sogar noch heute, so *Vaclav Pospíšil,* »Husovská dilemata« auslöst: *»Liebt einander und gönnt jedem die Wahrheit«?*

Nach den Worten von Kardinal *Vlk*, der bekennt, er habe sich von Hus' Wahrheitseifer gleichsam »anstecken« lassen, gilt das Eingeständnis von Fehlern der eigenen Seite, die Bitte um Vergebung und die Bereitschaft, zu vergeben, wo man selbst Unrecht empfangen hat – wobei diese Fehler, nicht mehr in globalen Formulierungen gleichsam versteckt bleiben, sondern klar bezeichnet und benannt werden dürfen. Darüber hinaus die Erkenntnis, dass ein Vertreten von Wahrheit ohne Liebe, und also ohne Achtung des Gegenübers und seiner Wahrheit nicht jene Wahrheit sein kann, die in Jesus Christus Person ist und also auch uns als Personen meint. Damit ist auch der Charakter des Wortes der Wahrheit modifiziert: einer rein propositionalen Auffassung von »Wahrheit« steht ihr Verständnis als Wahrheit in Begegnung, des Wortes als Ansprache und Medium der Kommunikation gegenüber. Hiermit befinden wir uns im Bereich neuer Arten des Verständnisses von Sprache und Wort, die an der evangelischen wie an der römisch-katholischen Theologie der Offenbarung[38] und des Wortes Gottes neuerer Zeit nicht spurlos vorübergegangen sind, bei letzterer ausgehend von der Konstitution *»Dei Verbum«* des II. Vaticanum und den Sprachformen dieses Konzils[39].

38 Vgl. die ev. Wort-Gottes-Theologie und z. B. *Karl Rahner:* Offenbarung als »Selbstmitteilung Gottes«.

39 Wie *Seewald,* 2020, beklagt: ohne in der nachkonziliaren Neufassung des kanonischen Rechts (CIC) irgendwie berücksichtigt zu sein. Damit bleibt – erneut – Kanonistik hinter theologischer Einsicht zurück, blockiert sie.

Wenn Papst *Franziskus* sich zu der Forderung ideologiefreier historischen Forschung bekennt, wird ferner die Forderung nach der Dominanz des Dogmas gegenüber der Geschichte, wie sie durch Kardinal *Manning* beim I. Vaticanum und in der Folgezeit kirchenamtlich vertreten wurde[40], offenbar endgültig der Vergangenheit überantwortet. Wenn es dazu kommt, dass gilt, wie Papst *Johannes Paul II.* im Blick auf die Millenniumsfeierlichkeiten sich ausdrückte: »die Kirche fürchtet sich nicht vor der Wahrheit, die aus der Geschichte kommt«, so kann uns, wie Kardinal *Vlk* es ausdrückte und mit den Hus-inspirierten Partnern praktizierte, die geschichtliche Wahrheit freimachen für eine Versöhnung, die die Vergebung für die Verfehlungen der Vergangenheit einschließt. Sie wird zur freimütigen Erörterung unserer gegenwärtigen Situation im Miteinander der Kirchen führen und zur mutigen Erarbeitung der Perspektiven für ein sich seiner Ökumenizität bewusstes Christentum. Beachtet dieser weitere Dialog in der Ökumene, den Papst *Franziskus* ausgelöst sehen will, die geschichtlichen Erkenntnisse um Jan Hus, müsste allenthalben gelten:

- die Verantwortung einer Laienschaft und also ihren »Glaubenssinn« dogmatisch ernstnehmen;
- Hochmut und Fehlverhalten des zum Dienst an der Gemeinde berufenen Klerus sanktionieren;
- um sensible Sorgfalt in Reinigung und Selbstkorrektur von Tradition und Praxis bemüht sein;
- theologisches Denken mit Traditionskritik wie Offenheit für die »Zeichen der Zeit« verbinden und
- das Ganze der Kirche im Blick behalten als im »Hörsaal des Konzils« der *einen* Christenheit.[41]

6.2 Versöhnung auch der Erinnerungen zum 16. Jahrhundert

Schon ein Jahr nach dem eben berichteten Treffen in Rom gab Papst *Franziskus* in Lund mit seinem Treffen mit dem Präsidenten des Lutherischen Weltbunds, *Younan*, zum Reformationstag 2016 das Signal, den Weg der

---

40 Vgl. *Richter*, a. a. O. S. 62 ff. Allgemein vgl. *Josef Nolte*, Dogma in Geschichte, 1971, aktuell Seewald, 2018.

41 Damit ist ein weiteres Desiderat der »Versöhnung mit dem 15. Jh.« angedeutet: das mit dem *Konziliarismus*.

Versöhnung auch mit dem Luthertum weitergehen zu wollen. Doch sind auch die Reformation-en, die im 16. Jahrhundert erfolgten, insgesamt in den Blick zu nehmen. Die international beschickte Ausstellung »*Der Luthereffekt*« im Deutschen Historischen Museum zu Berlin im Jahr 2017 hat das versucht und erstaunliche Perspektiven verdeutlicht: es ging nicht um Luther selber, sondern um die Serie von durch den Anstoß Luthers 1517 ausgelösten Reformation-en: von der lutherischen über die reformierten, die täuferische, die anglikanische, die tridentinische.

Wobei in den primären Anstoß bereits die fortwirkende Geschichte der »Ersten« Reformation-en eingegangen ist[42]. Das erwies sich 1519 in Leipzig und 1521 in Worms mit der Hus analogen Berufung auf das in Christus gefangene Gewissen[43]. Und in der Parallele zu jener Kirche der Hus-schen Tradition, die als utraquistische Landeskirche die Kette bischöflicher Priesterweihen weitergeführt hätte, wäre ihr nicht die konziliare Anerkennung von Basel[44] päpstlich streitig gemacht worden, in der erneut mit *Konzils*-Erwartung verbundene Einheitsbemühung der *Confessio Augustana*, 1530. Nichts anderes als von Fehlentwicklungen »gereinigte« Wieder-Herstellung der einen Kirche war ja auch das Ziel der nun folgenden »un-vollendeten« Reformation[45]. Sie begann mit der tragischen Konfrontation zweier in ihrem gleichermaßen christlichen Gewissen gebundenen Persönlichkeiten höchst unterschiedlicher Art:

---

42 Zugleich ging, zumeist unbeachtet, der Reformansatz des Dominikanermönchs *Savonarola* bei Luther mit ein, welcher ihn seit seiner Romreise, die ihn 1511/12 (gemäß neuerer Berechnung) durch Florenz führte, noch lange vor Hus tief beeindruckt hat, wie die eingehende Bevorwortung der Ausgaben von Savonarolas Gefangenschafts-Meditationen zu den Busspsalmen LI und XXXI 1523 und 1524 noch beweist (s. *Josef Nolte*, Savonarola – Michelangelo – Luther, 2018, S. 121 ff.). Damit ist ferner die Beziehung zu einem weiteren, bislang kaum mehr gewürdigten innerkatholischen Reformansatz des 15. Jh. hergestellt: über die Beeinflussung durch Savonarola von *Michelangelo* und seiner Kunst die zum italienischen Evangelismo des 16. Jh., der durch die Kardinäle *Contarini* und *Reginald Pole* bis nach Trient reichte. *Walter Kard. Kasper*, Martin Luther. Eine ökumenische Perspektive, 2016, S. 16, verweist dazuhin auf die spanische »katholische Reform vor der Reformation«. Alle diese Bewegungen sind zumeist »übersehen« im neueren Protestantismus mit seiner Fixierung auf die innerdeutsche Problematik.

43 Auch *Machilek* hatte die Beziehung »Von der Kirchenreform des 15. Jh. zur *Causa Lutheri*« eigens hergestellt in: *Stephan Diller*, Hg., Kaiser Karl V. und seine Zeit – Ausstellungen Schweinfurt und Bamberg« 2010.

44 Vgl. *Wohlmuth*, S. 106 ff.

45 *H. G. Link*, Die un – vollendete Reformation, 2015

dem jungen *Kaiser* aus europäischem, gerade weltweit ausgreifenden Herrscherhaus, in seinem Gewissen verbunden der »alten« Kirche, so wie sie war, und durch sie an Gott – und dem nicht mehr ganz jungen, europaweit radikale Erneuerung einfordernden *Mönch*, Angehöriger des auf den Urkirchenvater des Abendlandes, *Augustinus*, sich berufenden Ordens, gebunden in seinem Gewissen an Gottes Wort.[46]

Analogie wie Unterschied im Stand der Versöhnungsarbeit zwischen der je einstigen »Mutterkirche« und ihren sich von ihr emanzipierenden »Töchtern«[47] zeigen sich beim Vergleich des hier beschriebenen Versöhnungsprozesses um *Hus* mit dem noch anstehenden um *Luther*. Gemeinsam ist, dass in beiden Fällen die kirchenrechtliche Entzweiung erst nach einer nicht frei verlaufenen Phase theologischer Debatte erfolgte: Hus wie Luther appellierten als Mitglieder »der« Kirche an »die« Kirche, und da, nach altkirchlichem Brauch, an ihre höchste Beratungs- und Entscheidungsinstanz: das *eine* Konzil »der« Kirche. Da aber gegen Luther zum Jahresbeginn 1521 ein Bann verhängt wurde, der auch auf seine Anhängerschaft, *»sequacium«*, ausgedehnt ist, somit die seither unter Berufung auf ihn entstandenen Kirchen mit betrifft, so müssen sich Erwartungen auf weitere Versöhnungsschritte auf Rom sowie den Lutherischen Weltbund richten. Dies wiederum könnte u. E. der Anstoß dazu sein, einen ekklesialen Versöhnungs-Frieden, wie er im Blick auf die Kirchen aus dem »Hus-Effekt« angebahnt ist, auch im Blick auf die dem »Luther-Effekt« entsprungenen Kirchen herbeizuführen. Dem Rechtfertigungskonsens von 1999 haben sie sich meistenteils bereits angeschlossen. Wie das *Hus-Datum 2015*, so fordert das *Luther-Datum 2021* heraus. Dazuhin gelte dem 500-Jahres-Datum der Augsburgischen Konfession *2030* die intensivst mögliche Vorbereitung aller Ebenen zur Heil(ig)ung der einst ungeteilten weströmischen Kirche.

---

46 *Schilling*, S. 138: »Kaiser wie Reformator gelang es nicht, ihre jeweils universell angelegten Programme zu realisieren: Luther scheiterte an seinem Ziel, die Gesamtkirche zu reformieren, Karl mit seinem Plan, den Aufstieg neuzeitlicher Partikularstaaten zu bremsen und Einheit wie Frieden Europas durch sein universell verstandenes christlich-römisches Kaiserreich neu zu sichern.« Daraus folgte: die Partikularstaaten förderten Partikularkirchen.

47 *Comenius* bringt in Thorn 1645, wenn römisch-katholischerseits von der »Heiligen Mutter Kirche« als unumstößlicher Autorität ausgegangen wurde, den Einwand vor: wenn die Mutter fehlgehe, gar sich prostituiert habe, ist es Aufgabe und Pflicht der Söhne, sie zu korrigieren. Das gilt in jeder Kirche. Und ist Freundespflicht.

7. Möglichkeit und Notwendigkeit weiterer Schritte: Versöhnung auch unserer Hoffnungen

In Beschreibungen von Kontakten zwischen der römisch-katholischen und Reformationskirchen ist noch immer die aus dem II. Vaticanum bekannte Begriffsbildung »Kirchen und kirchliche Gemeinschaften« (eine dort bewusst nicht eindeutig bezogene Unterscheidung) im Gebrauch. Mit diesem Begriffspaar und den mit ihnen verbundenen Anführungszeichen ist der nächste Schritt erforderlicher Verständigungsarbeit angezeigt – erneut in dem Bereich, den Jan Hus zu bearbeiten bemüht war: *»de ecclesia«*. Bedeutsame Verständigungen über die Apostolizität der Kirche einschließlich ihrer Ämter sind niedergelegt in evangelisch/römisch-katholischen Studien sowohl national wie weltweit, die der Rezeption harren. Bereits wurde allen Kirchen bei der XIII. Vollkonferenz des Weltrats der Kirchen in Busan 2013 eine gesamt-ökumenische »Vision« zur Rezeption vorgelegt, die nun weiterer Präzisierung bedarf. Wir fragen hier: Ist es nicht an der Zeit, trotz vorerst bleibender, aber in Verantwortung vor Christus versöhnbarer Unterschiede, wenn nicht sogleich zur angestrebten *»gemeinsamen Sichtbarkeit«*, so doch bereits zu einer *»gemeinsamen Hörbarkeit«* vorzustoßen: zu einer *gemeinsamen Stimme der Christenheit?*[48]

Die in diesem Band versammelten Studien versuchen in zwei wichtigen Aspekten weiterzudenken, wie einstige »Verwerfungen« überwunden und »aus dem Gedächtnis genommen« werden können, um Wege für neue Gemeinschaft, ja Kirchengemeinschaft freizumachen: den Stolperstein »Luther als Ketzer« auf dem Weg zur wechselseitigen Anerkennung als Kirchen apostolischer Tradition, und den Stolperstein »der Papst als Antichrist« auf dem Weg zur Anerkennung unterschiedlicher Tradition der Kirchenleitung – immer in Erwartung jeweiliger weiterer *Selbstkorrektur*. Da die Ziele von »Rückkehr-Ökumene/n« verabschiedet worden sind, geht es um Kirchengemeinschaft von Kirchen *»unterschiedlichen Typs«* (Kard. *Kasper*, Kard. *Koch*), die doch geeint sind im christologisch-trinitarischen Glaubens-Fundament. Es geht also nun im Thema *»de ecclesia«* darum, zu Verständigung über eine *historisch neue* Art der *»Einheit der Christen«*[49]

48 Vgl. den Vorschlag einer Ersten Gesamtökumenischen Enzyklika in *Richter*, 2018, S. 423 ff.

49 Dem Namen des päpstlichen Rates folgend gibt es die Laieninitiative *»Unità dei*

zu gelangen, die in der Lage ist, Trennungen seit 600 oder 500 Jahren, doch auch von 1500 und 1000 Jahren zu überwinden, nicht gerechnet solche aus unseren Tagen. Das wird nicht anders möglich werden, als dadurch, dass sich die allseits beliebte (jeweilige) »Hermeneutik der Kontinuität« korrigiert und erweitert um eine geistgeschenkte, vom Gottesgeist zu erbittende *Parrhesie*[50] angesichts der *»Zeichen der Zeit«:* auch angesichts der heute erkennbaren Mahnungen der »Wahrheit, die aus der Geschichte kommt«, und angesichts der »Wahrheit, die auf uns zukommt«: die je neu zu entdeckende Wahrheit in Christus.

Ein hoffnungsvolles Unterfangen solcher Art ist die Zusammenarbeit des Päpstlichen Rats zur Förderung der Einheit der Christen mit der Gemeinschaft Evangelischer Kirche in Europa (GEKE). In letzterer haben sich die meisten Kirchen der sog. »Ersten« wie der sog. »Zweiten Reformation« verbunden. Sie bilden eine Gemeinschaft von Kirchen mit in begrenztem Ausmaß unterschiedlicher Konfession und Ritualität, doch mit *Kirchengemeinschaft,* da einig im Glaubens-Fundament: dem dreieinigen Gott, der uns in Glaube, Hoffnung und Liebe nahe kommt. Hier wird die Frage nach der Möglichkeit einer Kirchengemeinschaft zwischen evangelischen Kirchen und Rom sondiert[51]. Auf der Basis fundamentaler Verständigung über die Rechtfertigungsbotschaft und ihrer Implikate für *»de ecclesia«* ist offenkundig sehr viel mehr an ekklesialer »Einheit«, »koinonia koinonioon« (»Gemeinschaft der Gemeinschaften«) möglich, als bislang allseits für denkbar gehalten. Setzt doch die Rechtfertigung des Einzelnen immer die Gemeinschaft der Gerechtfertigten, die Kirche, voraus, und lassen sich doch die Prinzipien von Kirche als »Kreatur des Wortes Gottes« und »wie ein Sakrament« nicht ausschließend, vielmehr nur als sich gegenseitig einschließend verstehen.[52]

Cristiani«. IEF (*International Ecumenical Fellowship* = Internationale Ökumenische Gemeinschaft) will »Heute die Kirche von morgen leben«.

H. G. Link, Bausteine für unsere ökumenische Zukunft, 2019: »Einssein von Christen wird heute verwirklicht in der Gemeinschaft verschiedener Teilkirchen innerhalb der einen Kirche Jesu Christi«, Ziel: Kirchengemeinschaft.

50 *Parrhesia, parrhesiazesthai* – im Neuen Testament Ausdruck der wagemutigen Redefreiheit Jesu und des Glaubens

51 Ein Gelingen könnte, auch wenn dies überraschend klingen mag, wiederum hilfreich sein für die auch mit den alt-orthodoxen und byzantinisch-orthodoxen Kirchen noch nicht bestehende Kirchengemeinschaft der »Westkirchen«.

52 *Christian Schad und Karl-Heinz Wiesemann* (Hg.), Bericht über Kirche und Kirchengemeinschaft. Ergebnis einer Konsultationsreihe im Auftrag der Gemeinschaft Evan-

In Versöhnung, als Antwort auf den Aufruf göttlichen Willens verstanden und als Aufbruch in geistlicher Zuversicht gewagt, liegt Anerkennung von Anderssein nicht länger als Unwahrheit und nicht mehr als Anlass für Feindschaft, sondern als möglicher *anderer* Ausdruck von Wahrheit, eines anderen »Typs« von Wahrheit, in Neugier, in Freundschaft zu respektieren, ja als Anlass zum Austausch der *Gaben*. Die Millenniumswende gab Anlass, unerledigte Aufgaben aus dem zweiten Millennium anzugehen, um sich als Christenheit zum dritten Millennium besser aufzustellen, die Freude am Evangelium glaubwürdiger zu bezeugen. Dabei gelang es, *Mentalitätsschlacken* abzustreifen. Nun möge es um Gottes Willen gelingen, auch die *Hoffnungen* zu versöhnen: wie wir eine auch *sichtbare* Gestalt der Gemeinschaft der *einen* Kirche der *Vielen und Verschiedenen* in Christus finden können.

Die Chance, den *kairos* zu ergreifen, hält an.

---

gelischer Kirchen in Europa (GEKE) und des Päpstlichen Rats zur Förderung der Einheit der Christen, 2019. – Wenn Kardinal *Koch* in seiner Rede am Pariser Institut Catholique, März 2018, sagte »bis anhin ist jedoch nicht ersichtlich, dass sich dieses [das Leuenberger] Modell von Kirchengemeinschaft mit den katholischen Prinzipien der Ökumene versöhnen lässt« (nämlich über »Gemeinschaft des Glaubens, der Sakramente, des Dienstes« (a. a. O., S. 449), so liegt es an den Dialogpartnern, wie in den hier erinnerten Fällen geschehen, sich zu *befreien* – in Anbetracht der Herausforderungen der Christenheit im Heute und Morgen – zu einem Erkenntnisprozess, der die Versöhnung auch jener bislang als unversöhnbar betrachteten römisch-katholischen und reformatorischen Prinzipien ermöglichen könnte. Hierzu sollte die von Kard. *Koch* angeregte (S. 444), in Erarbeitung befindliche, *Erklärung zu Kirche, Eucharistie und Amt* den Durchbruch bringen.

Die Bannandrohungsbulle »Exsurge Domine« vom 15. Juni 1520 gegen Martin Luther

Christian Link

Die Bulle »*Decet Pontificem Romanum*« Papst Leos X. vom 3. Januar 1521 bildet den Höhepunkt des römischen Prozesses gegen Martin Luther, die dessen Exkommunikation verfügte, die Ladung vor Kaiser und Reich nach Worms zur Folge hatte und mit der freiwilligen Gefangenschaft des Reformators auf der Wartburg einen vorläufigen Schlusspunkt fand. So sehr sich diese Ereignisse als frühe Marksteine des Protestantismus eingeprägt haben, hat die ihr vorangehende Bulle »*Exsurge Domine*« vom 15. Juni 1521, die den dort ausgesprochenen Kirchenbann androhte, für die persönliche Entwicklung Luthers und den dramatischen Verlauf der Reformation die weitaus größere Bedeutung, und das ist bis in die Lutherforschung unserer Tage so geblieben. Hier sind die 41 inkriminierten Sätze aufgezeichnet, die zu der – gemessen an den späteren Schriften und ihrer über die Grenzen Deutschlands hinaus reichenden Wirksamkeit *frühen* – Verurteilung der Lehre Luthers geführt haben. Auch sie hat eine Vorgeschichte, an die hier kurz erinnert sei.

1. Die Vorgeschichte

Einen ersten heftigen Widerspruch löste Luther im Herzogtum Sachsen und den sächsischen Bistümern Merseburg und Meißen bereits mit seinem Abendmahls-Sermon von 1519 aus[1], und zwar einzig wegen der Empfehlung des Laienkelchs, die ihn in die Nähe der in Konstanz 1415 verurteilten böhmischen Anhänger von *Jan Hus* brachte und sogar *Spalatin,* mit ihm auch den Wittenberger Hof, in ernsthafte Unruhe versetzte. Am 14. Januar 1520 schritt der Offizial des Bischofs von Meißen gegen den Sermon ein, er sei nicht der Zensur vorgelegt worden, und löste damit das

1 Ein Sermon von dem hochwürdigen Sakrament des heiligen wahren Leichnams Christi (1519), WA 2, 739–758. Vgl. M. Brecht, Martin Luther. Sein Weg zur Reformation 1483–1521, Stuttgart 1983 (2.Auf.), 346 f.

erste kirchenamtliche Vorgehen gegen Luther aus. Gleichzeitig veröffentlichten die Theologen der Universitäten von Köln und Löwen – freilich auf sehr viel breiterer Basis – eine Verurteilung seiner Lehren, so dass es zu einer ersten offiziellen Lehrzensur gegen ihn kam. Luther besorgte sich daraufhin einen Nachdruck der *Condemnatio librorum Martini Lutheri,* revanchierte sich mit einer scharfen *Responsio* an die Kölner und Löwener Theologen, die ihm die lebhafte Zustimmung der Humanisten (darunter *Ulrich von Hutten* und *Crotus Rubeanus*) sicherte und die *Erasmus* (laut einer brieflichen Äußerung an *Melanchthon*) außerordentlich gefallen hatte. Das freilich konnte das in Rom sich vorbereitende Unheil nicht aufhalten, zumal man dort *nach* der Kaiserwahl Karls V. auf den sächsischen Kurfürst von Wittenberg keine politischen Rücksichten mehr zu nehmen brauchte. In Rom hatte inzwischen ein italienischer Kuriale im Januar 1520 Papst Leo X. in einer »leidenschaftlichen Rede« aufgefordert, energisch gegen Luther vorzugehen, den er als einen »Feind der Religion« denunzierte, und zugleich gegen dessen Schutzherrn *Friedrich den Weisen,* um eine Wunde am Leib der Kirche herauszuschneiden, die ihn sonst vergiften könnte. Die treibende Kraft hinter den Kulissen war indessen seit der Leipziger Disputation (1519) *Johannes Eck,* der den Papst brieflich gemahnt hatte, gegen die »Ketzerei« Luthers vorzugehen, was nicht ohne Wirkung geblieben war. Die Kurie drohte dem Kurfürsten mit einem Interdikt (Verbot von Gottesdiensten, insbesondere von Spendung und Empfang von Sakramenten) für sein Hoheitsgebiet, wenn er in dieser Sache nicht unverzüglich tätig würde. *Friedrich der Weise* ließ sich davon jedoch nicht beeindrucken, sondern berief sich auf eine mit dem Erzbischof von Trier getroffene Vereinbarung, wonach *Luther* auf dem künftigen Reichstag Rede und Antwort stehen sollte. Tätig wurde man indessen in Rom, wo seit dem Ablassstreit eine Anklage der Dominikaner (1518) gegen Luther vorlag. Dort trat am 1. Februar 1520 nun die *erste* der drei Kommissionen unter der Leitung der Kardinäle *Cajetan* und *Accolti* zusammen, die den Prozess vorbereiten sollte. Sie bestand hauptsächlich aus Franziskanern, deren Orden in Süd- und Osteuropa den Ablass gepredigt hatte. Ihr wird eine wenig glückliche »tumultuarische« Arbeit nachgesagt derart, dass man nach Verlesung der Anklagepunkte ohne weitere Prüfung sogleich zur Abstimmung übergehen wollte, weshalb sie nach wenigen Wochen bereits aufgelöst wurde.

Zu den wichtigsten neueren Untersuchungen dieser Vorgänge gehört eine kleine, in der voluminösen Festschrift für den katholischen Dogmatiker *Michael Schmaus* nahezu versteckt gebliebene Studie des dänischen Jesuiten *Heinrich Roos* (1957), die minutiös genau auf die Bedingungen eingeht, unter denen eine solche Vorbereitung hätte geschehen sollen, und die dementsprechend m. E. auch die genaueste Analyse des damals erreichten Resultats, eben des Textes der Bannandrohungsbulle, vorgelegt hat.[2] Danach müssen es theologische Fachgelehrte sein, denen auf Veranlassung von Papst, Bischof oder Ordensgeneral die erste Aufgabe anvertraut wird, »aus einem beanstandeten Werk die Sätze (zu exzerpieren), die im Gegensatz zur kirchlichen Lehre zu stehen scheinen«.[3] Deren Ergebnisse werden sodann einer von der zuständigen kirchlichen Behörde einberufenen Theologenkommission vorgelegt, die in gemeinsamen Sitzungen jeden einzelnen Artikel sorgfältig zu prüfen hat. Es geht also um ein doppeltes Geschäft: zunächst um die *quaestio facti,* »ob die exzerpierten Artikel sich wirklich in dem beanstandete Werk finden«, erst dann um die *quaestio iuris,* d. h. »die Frage, ob die exzerpierten Artikel eine theologische Zensur verdienen oder nicht, und im bejahenden Fall, welche Zensur dem Artikel erteilt werde solle.«[4] Diesen Vorgaben ist die *erste* Kommission in keiner Weise gerecht geworden. Hält man sich an die ältere Forschung, so fällt das Urteil über die Bulle *»Exsurge Domine«* nicht wesentlich günstiger aus. Ihr zufolge zitiert sie 41 als häretisch beurteilte Sätze aus verschiedenen Zusammenhängen, lässt aber offen, wo die Quellen der indizierten Thesen zu finden sind, so dass sich der systematische wie der historisch fragende Theologe kein Urteil über die Bedeutung und Reichweite einer theologischen Zensurierung bilden könnte. Noch 1967 beklagt ein Biograph Luthers, *Richard Friedenthal,* die wenig sorgfältige Ausarbeitung der Bulle. »Die Schriften Luthers, die seinen Bruch mit der Kirche bedeuteten, würden gar nicht berücksichtigt. Man hätte sich damit begnügt, die Urteile der Kölner und Löwener Dominikaner zu übernehmen, die mit aus dem Zusammenhang gerissenen Stellen und Umformulierungen«[5] ihrerseits schon ziemlich willkürlich vorgegangen wären. Dieses Urteil lässt sich heute so nicht mehr halten. *Heinrich Roos* hat – allerdings tatsächlich als erster – die Belegstellen der

2 H. Roos, Die Quellen der Bulle »Exsurge Domine« (15.6.1520), in: J. Auer/H. Volk (Hg.), Theologie in Geschichte und Gegenwart (FS M. Schmaus), München 1957, 909–926.

3 Ebd. 912.

4 Ebd. 912.

5 Richard Friedenthal, Luther. Sein Leben und seine Zeit, München 1967, 269.

41 inkriminierten Sätze aus Luthers Schriften (ausgenommen Satz 25) Punkt für Punkt namhaft gemacht[6] mit dem Ergebnis, dass »alle dort angeführten Stellen – mit einer einzigen Ausnahme – sich aus den lateinischen oder deutschen Schriften Luthers belegen« lassen.[7]

Die *zweite* mit der Prozessvorbereitung befasste Kommission – ihr gehörten die »bekanntesten Theologen Roms« sowie die Generäle der großen Orden an – arbeitete zügig und kam schon Anfang April 1520 in einem abschließenden Memorandum zu einem allerdings »auffallend milden« Urteil.

> »Man empfahl eine Bulle gegen Luthers Schriften, doch ohne seinen Namen zu nennen. Außerdem sollte sorgfältig zwischen seinen verschiedenen zu beanstandenden Sätzen geschieden werden. Er selbst sollte in einer besonderen Bulle dann noch einmal aufgefordert werden, seine Lehre zu widerrufen. Andernfalls wollte man ihn als Häretiker behandeln.«[8]

Die Gründe, weshalb Ende April noch eine *dritte* Kommission aufgeboten wurde, die direkt mit dem Papst verhandelte und in der *Eck* eine immer größer Rolle zu spielen begann, sind unklar. Immerhin konnte sie bereits am 2. Mai den Entwurf einer Bulle vorlegen, nachdem jeder einzelne Artikel durchgesprochen und die eventuell notwendige Zensur sorgfältig überlegt worden war. Es fehlten nur noch die Lesungen im Kardinalskollegium, bis die Androhungsbulle dann am 15. Juni von der päpstlichen Kanzlei ausgefertigt werden konnte.

2. Die Sätze der Bannandrohungsbulle

Angesichts der Tatsache, dass im Deutschen Reich 1520 die Reformation (wenn auch noch nicht unter diesem Begriff) durchaus Fuß gefasst und sich als Alternative zum traditionellen Katholizismus jedenfalls

6 H. Roos, Die Quellen (Anm. 2), 919–926. Das »Enchiridion Symbolorum, Definitionum et Declarationum« (Hg. Denzinger-Schönmetzer), Freiburg: Herder, 1965, Nr. 1451–1492, zitiert die Bulle mit den Nachweisen aus Luthers Schriften durch Heinrich Roos.

7 H. Roos, a. a. O. 917.

8 Ebd. 915 f.

»fühlbar« und erwartbar gemacht hatte, mag die Klage verständlich sein, dass Luthers Schriften, die »seinen Bruch mit der Kirche« bedeuteten, in der Bulle vom 15. Juni 1520 überhaupt nicht berücksichtigt seien. Sie vergisst jedoch, dass die großen Schriften, die, wie man damals sagte, theologisch den *»Durchbruch«* darstellen, der Große Galaterkommentar oder *»De servo arbitrio«* (1525), noch gar nicht geschrieben waren. Die später weit verbreiteten Schriften *»De captivitate Babylonica ecclesiae«* und die »Freiheit eines Christenmenschen« sind zwar auf 1520 datiert, konnten aber einer größeren Öffentlichkeit zum Zeitpunkt der Bulle noch nicht bekannt sein. Mit gleichsam umgekehrtem Akzent notiert *Roos* denn auch, dass ihre 41 Sätze »kein geschichtliches Gesamtbild des wirklichen Luther« liefern, weil neben dem leidenschaftlichen Anwalt einer Erneuerung der alten Kirche »in oft unmittelbarer Nähe der Luther steht, der echt katholisches Erbgut mit ganzer Seele umfing und mit aller Entschiedenheit verteidigte«.[9] Die Situation, in und aus der heraus diese Bulle verständlich wird, atmet vielmehr das Klima des noch nicht überstandenen Ablassstreites von 1517. Ihre Leitbegriffe sind »Ablass«, »Buße«, »Reue«, »(Tod)sünde« und »Vergebung« bzw. »Absolution«.

In einem *ersten* Teil wird beklagt, dass sich in Deutschland Irrtümer ausbreiten, die teilweise schon mit den Ketzereien der Griechen und Böhmen verurteilt seien, zum Teil aber jetzt erst als verführerisch, ja ketzerisch zurückgewiesen werden müssten. Daraufhin werden als Beleg *41* der Häresie bezichtigte *Sätze* angeführt. Beim ersten Lesen ist es schwer, eine systematische Anordnung zu erkennen, weshalb man lange Zeit davon ausging, es handele sich tatsächlich um eine mehr zufällige, nur dem Zweck der Überführung des Häretikers dienende Zusammenstellung. Sieht man genauer hin, so erkennt man jedoch, dass hier die Themen des frühen Luther unter drei Gesichtspunkten durchmustert werden:

I. **Sakramente:** (Taufe: 2–4; Buße: Reue, Beichte, Absolution 5–14; Abendmahl 15–16)
II. **Kirche:** (Ablässe: 17–22; Bann: 23–24; Papst: 25–27; Konzil: 28–30)
III. **Christenstand:** (Sünde: 31–32; Todsünde: 35; freier Wille: 36; Fegefeuer: 37–40)

9 Ebd. 910 f. Vgl. dazu neuerdings Daniela Blum, Der katholische Luther, Paderborn 2016.

Ad I: * Zu leugnen, dass in einem Kind nach der **Taufe** noch Sünde bleibt, heißt Paulus und Christus zugleich mit Füßen treten (WA II, 160. 34f.)

* Sehr wahr ist das Sprichwort: Das Nichtmehrtun ist die höchste **Buße,** und die beste Buße ist ein neues Leben. (WA I, 321. 2–4)
* **Absolution:** Niemand muss dem Priester antworten, er sei voll tiefer Reue (contritus), und der Priester darf ihn nicht dazu auffordern. (WA I, 322. 16–17)
* Man möge beschließen, dass die Kirche in einem allgemeinen Konzil den Laien gestatten soll, unter **beiderlei Gestalt** zu kommunizieren. (WA II, 742. 24–26). Die Böhmen, die das tun, sind nicht Häretiker, sondern Schismatiker.

Ad II: * **Ablässe** sind ein frommer Betrug der Gläubigen und ein Nachlass guter Werke; sie sind zwar erlaubt, aber nicht notwendig. (WA II, 353. 13)

* Man sollte die Christen lehren, den **Bann** (Exkommunikation) mehr zu lieben als zu fürchten. (WA VI, 70. 29–30)
* Der römische **Papst,** der Nachfolger Christi, ist nicht der von Christus selbst in Gestalt des Seligen Petrus eingesetzte Statthalter Christi für alle Kirchen der ganzen Welt.
* Es ist keine Sünde oder Häresie, namentlich in Dingen, die nicht heilsnotwendig sind, gegenteiliger Meinung zu sein wie der Papst, solange durch ein **universales Konzil** nicht das eine gutgeheißen, das andere verworfen ist. (WA 1, 583. 5–8)

Ad III: * Ein gutes Werk, selbst aufs beste ausgeführt, ist eine lässliche **Sünde.** (WA I, 608, 10f.)

* Wegen des tief verborgenen Lasters des Hochmuts kann niemand sicher sein, nicht ständig in **Todsünde** zu leben. (WA 1, 553. 13–14)
* Nach dem Sündenfall ist der **freie Wille** bloß ein leerer Titel, und wer tut, was in ihm selbst an angelegt ist, begeht eine Todsünde. (WA 1, 354, 5–6)
* Das **Fegefeuer** kann aus der Heiligen Schrift, soweit sie zum Kanon gehört, nicht bewiesen werden. (WA 2, 324. 10–12)

Daneben finden sich eingestreut bemerkenswerte Sätze *gegen* die Verbrennung von Häretikern (33), oder gegen die Legitimität des Türkenkrieges (34), da Gott durch sie unsere Ungerechtigkeit heimsucht. – Alle hiermit verworfenen Sätze – so die Verfügung – sollen ohne Widerlegung ab sofort bei Strafe des großen Kirchenbanns als rechtskräftig verurteilt und verworfen gelten.

In einem *zweiten* Hauptteil werden die *Schriften,* aus denen die verurteilten Sätze stammen, in Bausch und Bogen ebenfalls verdammt. Sie sollen von kirchlichen Behörden eingezogen und öffentlich verbrannt werden, was 1520 denn auch in Köln und Löwen geschah. Die *Häufigkeit,* mit der eine dieser Schriften zitiert wird, zeigt noch einmal, wo der sachliche *Schwerpunkt* dieser Auseinandersetzung mit Rom liegt:

* *Disputationsthesen über die Kraft der Ablässe*[10] (1518):
  14 Zitate: (1, 3, 10, 18, 20, 21, 22, 26, 28, 29, 33, 34, 35, 39)
* *Disputatio pro declaratione virtutis indulgentiarum* (95 Thesen, 1517):
  3 Zitate: (4, 17, 38)
* *Sermo de poenitentia* (1518): WA 1, 319: *6 Zitate:* (6, 8, 9, 11, 12, 14)
* *Sermon von dem Sakrament der Buße* (1519), WA 2, 713–723:
  1 Zitat: (13)
* *Resolutiones Lutheranae super propositionibuis suis Lipsiae disputatis* (1519) WA 2, 429: *3 Zitate:* (19, 27, 31)
* *Disputatio 1 Ecii et Lutheri Lipsiae habita* (1519), WA 2, 353:
  3 Zitate: (18, 30, 40)

Den übrigen (hier nicht aufgeführten) 8 Titeln ist jeweils nur einer der 41 Sätze entnommen. *Heinrich Roos* hat die Textzusammenhänge, aus denen sie herausdestilliert worden sind, mit Luthers Originalen verglichen, ihre Fundorte (WA) detailliert aufgewiesen und Wort für Wort zitiert (a.a.O. 919–926) – mit dem Ergebnis, dass alle 41 Sätze sich aus Luthers Schriften belegen lassen. Die hier lediglich exemplarisch vorgenommene Aufstellung zeigt deutlich, dass das *Gewicht* der Thesen auf dem in der *Ablassfrage* angesprochenen Problemkreis liegt.

In einem *dritten* Teil geht die Bulle auf die *Person Luthers* ein und begründet ihr harsches Vorgehen mit dessen Verhalten im bisherigen Prozess, insbesondere mit seiner unerlaubten Appellation an ein künftiges Konzil. Immerhin wird ihm eine Widerspruchsfrist von 60 Tagen ge-

10 Resolutiones disputationum de indulgentiarum virtute, WA 1, 375–608 (die hinter den Titeln stehenden Ziffern bezeichnen die Nummern der inkriminierten Sätze).

währt, ein Zugeständnis an die Kirchenrechtler, die am liebsten »erst noch eine erneute Vorladung Luthers nach Rom« erwirkt hätten.[11]

3. Luthers Reaktion auf die Bulle »Exsurge Domine«

Erschüttert hat die Bannandrohung Luther nicht. Am 11. Oktober ließ er *Spalatin* wissen: »Endlich ist die Bulle da!«[12] Wohl aber hat er auf sie mit einer Vielzahl kleinerer und auch größerer Schriften geantwortet, zunächst mit dem »Erbieten« (Angebot) *Oblatio sive Protestatio* (August 1520), einer an den kurfürstlichen Hof gerichteten Erklärung, dass es ihm in seinen bisherigen Schriften nur um die »evangelische, göttliche Wahrheit« gegangen sei, und er sich einer begründeten Widerlegung aus der Schrift sehr wohl beugen wolle. Gleichzeitig wandte er sich mit einem Schreiben an *Karl V.* An die Gelehrten richtete er die Schrift »*Adversus execrabilem Antichristi bullam*«, an die Laien deren Übersetzung »*Wider die Bulle des Endchrists*« (1520). Einer größeren Öffentlichkeit galt – nach der spektakulären Verbrennung der Androhungsbulle am Elstertor (10. Dezember 1520) – der Traktat »*Warum des Papsts und seiner Jünger Bücher verbrannt sind*« (1520). Nicht zuletzt forderte ihn *Friedrich der Weise* in Erwartung einer öffentlichen Rechenschaftspflicht (Worms) auf, die von Rom für häretisch erklärten 41 Sätze seinerseits als schriftgemäß zu begründen. Denn er könne nicht gut gegen jemanden vorgehen, dessen Schuld nicht erwiesen sei. Diese Rechtfertigung geschah in der lateinischen *Assertio omnium articulorum MLutheri per bullam Leonis X. novissimam damnatorum*, deren umfangreiche deutsche Fassung Luther fast gleichzeitig erstellte: »*Grund und Ursach aller Artikel D. Martin Luthers, so durch römische Bulle unrechtlich verdammt sind, 1521*« (WA 7, 309–453).

Die Bedeutung dieser Schriften – insbesondere des Traktats »Warum des Papstes [...] Bücher verbrannt sind« – liegt darin, dass sie einen erheblichen Schritt über die Rechtfertigung der verurteilten Thesen hinausgehen. Sie stellen die Basis des ganzen Prozesses, die Jurisdiktionsgewalt des Papstes und damit das derzeit gültige kanonische Recht (das am

11 R. Schwarz, Luther, in: B. Möller (Hg), Die Kirche in ihrer Geschichte. Ein Handbuch, Göttingen 186, 185 f.

12 Zit. nach M. Brecht (Anm. 2), 385.

Elstertor ebenso symbolisch ins Feuer geworfen war) in Frage. Seiner Argumentation schickt Luther fünf erklärende Bemerkungen voraus[13]: 1. (Unter Berufung auf Apg. 19,19): »Es ist ein herkömmlicher Brauch, vergiftete Bücher zu verbrennen.« 2. »Ich bin ein getaufter Christ, dazu ein geschworener Doktor der Hl. Schrift, dem es von Amts wegen gebührt, falsche, verführerische, unchristliche Lehre zu vertilgen oder ihr zu wehren«. 3. »Ich hätte dieses Werk nicht unternommen, wenn ich nicht gesehen und erfahren hätte, dass der Papst und seine Verführer [...] mit verstopften Ohren und Augen die Evangelische Lehre verdammen und verbrennen.« 4. »Ich weiß auch und habe gewisse Nachricht, dass die Kölner und Löwener, welche sich rühmen, sie hätten Kaiserlicher Majestät Erlaubnis und Befehl, mein Büchlein zu verbrennen, nicht bei der Wahrheit bleiben.« [...]. 5. »Solches Bücher-Verbrennen geschieht zum großen Schaden der Wahrheit [...] und zum Verderben vieler Seelen.« [...].

Es folgen dreißig kurze Artikel unter der Überschrift: »*Artikel und Irrtum des geistlichen Rechts* [= der päpstlichen Jurisdiktion] und der päpstlichen Bücher, *weshalb es billig ist, sie zu verbrennen und zu meiden*«.[14] Zu diesen Irrtümern rechnet Luther u. a.:

Art. 1. »Der Papst und die Seinen sind *nicht* schuldig, Gottes Geboten untertan und gehorsam zu sein« [...] Art. 4. »Der Papst und sein Stuhl sind *nicht* verpflichtet, christlichen Konzilien und Ordnungen untertan zu sein« [...]. Art. 10. »Den Papst darf niemand verurteilen auf Erden, auch darf niemand seine Urteile richten (anfechten), sondern er soll alle Menschen richten auf Erden.«[15] [...] Art. 30. »Der Papst hat *nicht* kraft der Schrift, sondern die Schrift hat von *ihm* glaubwürdigen Bestand, Kraft und Ehre. Das ist einer der Hauptartikel. Deshalb verdient er als ein rechter End[Anti]christ, dass ihn Christus vom Himmel her selbst mit seinem Regiment zerstöre, wie Paulus verkündigt hat.« [...]

Der Traktat endet in einem (apokalyptischen) Schlusswort mit der Überschrift: »Der Papst ist ein Gott auf Erden über alle himmlischen,

13 WA 7, 162–164. Sie werden hier in verkürzter Form zitiert.

14 WA 7, 165–170 und 176f.

15 Luther fügt hinzu; »Dieser Artikel ist der Hauptartikel.« [...] Deshalb werde er immer wieder herangezogen. »Das geistliche Recht scheint nur darum erdichtet zu sein, damit der Papst frei tun und lassen möge, was er will, nämlich Erlaubnis zur Sünde und Hindernisse zum Guten zu geben. Besteht dieser Artikel, so liegt Christus und sein Wort danieder; besteht er aber nicht, so liegt das ganze geistliche Recht mit dem Papst und [seinem] Stuhl danieder.«

irdischen, geistlichen und weltlichen [Mächte] und ist alles sein eigen; zu ihm darf niemand sagen: Was tust du?«

Wie eine Generalabrechung mit dem römischen Papsttum liest sich vollends die Schrift »Grund und Ursach«, die in dem Satz 25 kulminiert: »Der römische Papst, der Nachfolger Petri, ist nicht der von Christus selbst in Gestalt des Petrus eingesetzte Statthalter Christi für alle Kirchen der ganzen Welt.«[16] Er wird durch zwei klassische Schriftstellen Mt 16, 18 f. und Joh 21, 15–17 erläutert. Ihnen stellt Luther die These voran: Wenn über Gestalt und Ordnung der Kirche alles Wesentliche völlig hinreichend im Neuen Testament zu lesen ist, dann sei es wohl »ein Wunder, dass über das Papsttum nichts öffentlich in der ganzen Bibel gefunden wird«. Bis zum heutigen Tag lasse sich für diese Institution »kein einiger klarer Grund angeben«. Er schreibe den Artikel unter dem Vorbehalt, dass er den Papst nicht »verwerfen« wolle, aber auch »nicht schweigen könne, dass er seine Gewalt dadurch bestätige, dass sie Gottes Wort martere und schände, und alle, die sich ihr wie die Griechen nicht unterwerfen, lästere und verfluche, gerade so als wäre der Christenstand an Rom und den Papst gebunden«.

1. Zu Mt. 16,18 f.: Es ist eine Lüge zu behaupten, Christus hätte seine Kirche auf die päpstliche Gewalt gründen wollen, denn das hieße, sie müsste ohne Glaube, Evangelium und Sakramente Bestand haben. Wenn die »Pforten der Hölle« sie nicht überwinden können, gleichwohl aber Griechen, Böhmen, Afrika und der ganze Orient von ihr abgefallen sind, und wenn Christus die Wahrheit sagt, dann müsse der päpstliche Herrschaftsanspruch erlogen sein, und daraus wiederum folge, wie in 1Kor 10, 4 zu lesen ist, dass Christus selbst der hier gemeinte Fels ist.
2. Zu Joh 21, 15–17: Christus fordert von Petrus dreimal die Liebe, ehe er ihm die Schafe überlässt. Darum sei es »erlogen und verkehrt«, das Wort »weiden« auf die lieblose Gewalt des Papstes zu »deuten«. Durch die päpstlichen Gesetze würden die Schafe eher vergiftet als geweidet. Deshalb sei das Papsttum für die Kirche ebenso nutzlos »wie das fünfte Rad am Wagen«, am Ende sogar noch schädlicher. Schließlich stehe Petrus als einer der Jünger nicht *über,* sondern *unter* den anderen Aposteln. Auch habe er »noch nie einen Apostel gemacht oder gesandt«.

16 WA 7, 409. Nur für diese These hat H. Roos keine Vorlage in den oben zitierten Schriften nachweisen können.

> Wie vielmehr die Apostel »von Christus selbst alle gleich gemacht«, so sollten auch sie »alle Bischöfe gleich machen«, damit sie sich in der »Einigkeit des Glaubens, der Taufe, der Liebe und des Geistes« zu einem Volk vereinigen sollten.

4. Lässt sich eine Wiederaufnahme (Revision) des Prozesses denken?

Wie gehen wir im Zeitalter der Ökumene mit diesen Aussagen um? Wird das gegenwärtige katholische Verständnis des Papstamtes von ihnen noch betroffen? Und umgekehrt: Ist eine Aufhebung oder wenigstens eine Distanzierung der katholischen Kirche von der im 16. Jahrhundert ausgesprochenen Exkommunikation Luthers denkbar (wie das im Falle der Aufarbeitung des *Galilei*-Prozesses unter Papst *Johannes Paul II.* im Jahr 1992 in Form einer formellen Rehabilitierung – allerdings ohne eine explizite kirchenrechtliche Erklärung – geschehen ist)? Unerhört – so *Reinhard Schwarz* in seiner kritischen Nachzeichnung jener kurialen Verurteilung – fand Luther,

> »dass ohne Schrift- und Sachargumente und ohne eine differenzierende Bestimmung des Häretischen, Irrtümlichen, Anstößigen ein Verdammungsurteil in Lehrfragen gefällt wurde, obwohl doch nur Häresie aus der christliche Gemeinde ausschließe.«[17]

Nicht weniger bedenklich war angesichts der zu erwartenden Verbrennung seiner Schriften, dass auch diejenigen seiner Bücher, in denen kein Irrtum zu finden sei, in der Absicht, jede gute Erinnerung an ihn zu vernichten *(ut eius memoria omnino deleatur)*, mit ins Feuer geworfen würden.[18] Was Luther mit seiner Forderung nach einer Prüfung aufgrund von Schrift- und Vernunftgründen *(scripturis et rationibus)* meinte, also das Recht und die hermeneutische Notwendigkeit, die Schrift aus ihrem eigenen Geist heraus zu interpretieren, statt einer bloßen Durchsetzung päpstlicher Lehrgewalt zu weichen, hatte außer ihm keinen Anwalt und wurde von niemandem als Rechtsbruch empfunden. Fragt man, ob sein

17 R.Schwarz (Anm. 11), I 99 f.

18 WA 6, 603.

Prozess nach damaligem Recht und zeitgenössischer Rechtsauffassung korrekt gewesen sei, so wird man angesichts der (wie gezeigt) sorgfältigen Belege der Anklage diese Frage zuletzt doch mit einem Ja beantworten müssen, da Vorurteile und Befangenheit in traditionellen kirchlichen Auslegungsgrundsätzen und Rechtsansprüchen keine Rechtsverletzungen sind, sondern mentale Schranken.

Hier hat sich auf beiden Seiten, des Katholizismus wie der Reformation, ein nicht mehr rückgängig zu machender Bewusstseinswandel vollzogen. So erschien am 21. April 2020 eine höchst bemerkenswerte, umsichtige Stellungnahme zu den heute anstehenden ökumenischen Aufgaben von *Wolfgang Thönissen,* dem Leiter des Johann-Adam-Möhler-Instituts.[19] Sie benennt zunächst zwei falsche Ansätze, welche die Verständigungsbemühungen der Vergangenheit nicht zum Erfolg haben führen können. Das ist einmal der Versuch, eine »offensichtliche *Analogie*« zur Aufhebung des Kirchenbanns zwischen der orthodoxen und der katholischen Kirche herzustellen (dasselbe sei von der Aufarbeitung des Galilei-Prozesses unter *Johannes Paul II.* zu sagen), denn hier ging es nicht um Fragen der *Lehre,* sondern um den persönlichen Umgang zwischen den Exponenten zweier Kirchen. Das ist zum andern die Konzentration auf das Problem der *rechtlichen* Geltung der Bulle, statt (wie bereits Luther es gefordert hatte) auf die inhaltliche Prüfung der 41 Sätze »*scripturis et rationibus*«. Demgegenüber legt *Thönissen* den Akzent auf drei gleichwichtige Dimensionen des Bannes: 1. die Exkommunikation des einzelnen (Luther), 2. die Bannung derer, die sich auf ihn und seine Lehre berufen (beide Male geht es um die Untersuchung der angesprochenen Sachfragen, also um die Feststellung der Häresie) und 3. das Ziel des Bannes – hier liegt das Achtergewicht der Stellungnahme –, das *Gedächtnis* des Gebannten und seiner Schriften ganz und gar in der Gemeinschaft der Gläubigen auszulöschen. Dieses wichtigste Ziel aber, so *Thönissen,* ist offensichtlich *nicht* erreicht. Ein seit Jahrzehnten lebendiger lutherisch-katholischer Dialog, eine hermeneutisch aufgeschlossene katholische Luther-Forschung, gemeinsame ökumenische Gottesdienste und eine auf beiden Seiten erklärte Bemühung um Heilung, d. h. Erneuerung und Reinigung der Erinnerungen an geschichtliche Erblasten, beweisen nahezu das Gegenteil, dass die gegenseitigen Verurteilungen weithin auf Miss-

19 Worms 1521–2021: W.Thönissen, Lutherbann in ökumenischer Beurteilung – eine katholische Perspektive, KNA, Ökumenische Information 17, 21.04.2020.

verständnissen beruhen und heute nicht mehr mit kirchentrennenden Wirkungen einhergehen müssen.

Hier darf man tatsächlich von einem Bewusstseinswandel sprechen. Er begründet die Hoffnung, die Gräben des 16. Jahrhunderts - gerade auch in der Frage der umstrittenen Legitimität des Papstamtes - doch noch zu überwinden. Denn der Widerspruch der Reformation gegen den Papst, der in der Bezeichnung als »Antichrist« kulminiert, hat sein sachliches Fundament in der rücksichtslosen Durchsetzung der päpstlichen Lehrgewalt gegen die neuen reformatorischen Einsichten, die als Widerspruch gegen das Evangelium selbst, als ein Sich-Hinweg-setzen über die Schrift, erscheinen musste. Er verband sich mit der Auffassung der Kirche als der »obersten Monarchie (monarchia externa suprema), d.h. der größten mächtigsten Hoheit in der ganzen Welt, darinnen der Papst als das Haupt [...] aller hohen und niedern Sachen und Händel weltlicher und geistlicher [Art]« regiert.[20] Auch die Aussagen des I. Vatikanischen Konzils über das »unfehlbare Lehramt« des Papstes[21] waren nicht geeignet, diesen Widerspruch abzuschwächen (wenn auch sie das Epitheton des »Antichrists« nicht rechtfertigen konnten). Von diesen Positionen aber hat sich der gegenwärtige Katholizismus längst getrennt. Entscheidend für eine substantielle Annäherung der Kirchen war der Schritt des II. Vatikanums, das päpstliche Lehramt dem Wort Gottes, d.h. der Schrift, *unterzuordnen.*[22] und auf dieser Linie ihre Lehre von der Kollegialität der Bischöfe zu entwickeln. Ihm folgte mit der Kirchenkonstitution (Lumen Gentium 8) eine weitere wichtige Entscheidung, die das bisherige Selbstverständnis der römischen Kirche korrigiert hat: Sie begreift sich nicht mehr als die »wahre« Kirche des Bekenntnisses *(»est«)*, sondern sie subsistiert lediglich in ihr *(»subsistit«).*[23] Das bedeutet: Die faktische, jeweils vorgefundene Kirche bringt die »Kirche Jesu Christi« in einer geschichtlich begrenzten Gestalt lediglich zur Erscheinung, und mehr als eine solche Gestalt ist auch die Kirche Roms nicht.

Auf der anderen *protestantischen* Seite haben die ökumenischen Bemühungen, (namentlich in den Lima-Texten) immer wieder einmal die Möglichkeit erwogen, das *Bischofsamt* (nach klassisch-römischem Mo-

20 Apologie der Augsburger Konfession VII, BSLK 239. 34–40.

21 Enchiridion (Anm. 6) Nr. 3065 ff.

22 Konstitution *Dei Verbum,* 10.

23 Kirchenkonstitutiton, Lumen Gentium (LG) 8.

dell) *als Amt der Einheit* zu etablieren. So heißt es in einem Plädoyer *Ernst Langes* (1964):

> »Bischöfe sind von jeher Darsteller und Hüter der christlichen Einheit. Dazu sind sie da seit dem zweiten nachchristlichen Jahrhundert. Nur dazu sind sie da. Die Lehr- und Leitungsautorität, die ihnen zuwuchs, ist eine Funktion dieser ursprünglichen Aufgabe. [...] Eben darum: let the bishops be bishops! Die Einheit, die der Bischof lokal darzustellen und zu hüten hatte, war von jeher die Einheit der ganzen Kirche.«[24]

Dies vorausgesetzt ist es tatsächlich an der Zeit, die gegensätzlichen Verwerfungen heute auf beiden Seiten einer Revision zu unterziehen. Sie treffen den gegenwärtigen Gesprächspartner nicht mehr. »Auf ein Papsttum, dessen Amt dem Evangelium untergeordnet ist, kann das Urteil der Reformation keine Anwendung finden.«[25] Die Form, in der eine solche Revision vorzunehmen wäre, könnte und müsste sich an der Arbeit der Kommissionsmitglieder des ehemaligen Projekts »Lehrverurteilungen« orientieren. Die Stimme Luthers jedenfalls ist in diesem interkonfessionellen Projekt in einer Weise vertreten und gehört worden, dass der Gedanke einer Exkommunikation sich nicht von ferne mehr hat melden können.

---

24 E.Lange, Eingabe an einen westlichen Kirchenführer, in: WPKG (Pastoraltheologie) 63, 1964 (349–354), 352.

25 K.Lehmann/W.Pannenberg (Hg.), Lehrverurteilungen – kirchentrennend? I, 1986. 169.

Luther im Urteil der gegenwärtigen katholischen Theologie

Johannes Brosseder[1]

Die katholische Theologie und Kirche hat sich mit *Martin Luther* außerordentlich schwer getan. Mit seiner Exkommunikation am 3. Januar 1521 wurde Martin Luther in der katholischen Kirche zu einer »Unperson« und mit ihm wurde die Kraft seines theologischen Denkens, seines Glaubens und seines Glaubensverständnisses von dieser Kirche ferngehalten. Dass das kurz vor Luthers Tod eröffnete, aber erst nach seinem Tod so langsam in Schwung kommende Trienter Konzil sehr viel differenzierter als seine unmittelbaren Gegner mit dem »articulus stantis et cadentis ecclesiae«, mit Luthers Verständnis der Rechtfertigung des Sünders, umging, ohne dass Luther namentlich genannt wurde, hat merkwürdigerweise nicht die Geschichte des katholischen Lutherbildes bestimmt, sondern das hasserfüllte Zerrbild, das der Zeitgenosse *Johannes Cochlaeus* über ihn anfertigte.

Mehr als 400 Jahre hat die katholische Kirche im Banne des von ihm gezeichneten Bildes gestanden, wie *Adolf Herte* in seinem 1943 erschienenen dreibändigen Werk »Das katholische Lutherbild im Bann der Lutherkommentare des Cochlaeus« minutiös dargestellt hat. Im Nachhinein kann festgestellt werden, dass durch den Ausschluss Luthers die »Bindung« an ihn größer geworden ist – die katholische Kirche kam von ihm nicht mehr los. Der Bann bannte sie selbst, so sehr, dass sie auf weiten Strecken sich selbst schon dann für hinreichend artikuliert hielt, wenn sie sich von Luthers Glauben und theologischem Denken absetzen konnte. Luther hatte eine höchst negative »Präsenz« in der katholischen Kirche, die diese selbst nachhaltig beeinflusste und veränderte. Die objektiv gegebene, aber faktisch so nicht erfahrene Konfessionalisierung

---

1 Erstveröffentlichung 1983; Wiederabdruck in: *J. Brosseder*, Reformatorischer Rechtfertigungsglaube und seine Kraft im ökumenischen Gespräch der Gegenwart. Ausgewählte Beiträge zur ökumenischen Theologie aus drei Jahrzehnten; Hg. *Chr. Funk/D. Ritschl/Th. Ruster/J. Track*, Frankfurt/Main 1999, S. 111–117.

des Begriffes »katholisch« im Selbstverständnis der Katholiken ist eine der Folgen, die ihre Ursache darin haben, dass man Luthers Fragen und Anfragen nicht standhielt, sie nicht aushielt und in seinem Werk nicht Ausschau hielt nach dem Zeugnis des Evangeliums, sondern ketzerriecherisch Ausschau hielt nach dem Häretiker, den man dann, geht man erst einmal an einen Menschen so heran, auch findet.

Eine positive Chance ist Luther in der katholischen Kirche nur selten, insgesamt aber nicht gewährt worden. In den Sog dieser Sehweise gerieten sogar die vielen Themen, die niemals strittig waren. Fand man sie aber bei Luther, dann wanderten schlimmstenfalls die Themen aus dem faktischen katholischen Bewusstsein aus oder gerieten bestenfalls an den Rand. Auf diese Weise entstand in der katholischen Kirche eine Verzerrung der Perspektiven: Zentrales im christlichen Glauben wurde in seinem Gewicht verkannt, der breitgefächerte Rand wurde mit einer Wichtigkeit versehen, die ihm »naturgemäß« nicht zukommen konnte. Dass auf der anderen Seite Ähnliches geschah, braucht hier nicht entwickelt, soll aber doch erwähnt werden.

Eine Revision des katholischen Lutherbildes setzte erst in unserem Jahrhundert ein. *Franz Xaver Kiefl, Sebastian Merkle, Hubert Jedin* u. a. sind ihre Wegbereiter. Der eigentliche Durchbruch aber gelang erst *Josef Lortz* mit seiner »Reformation in Deutschland« (1939/40), deren kirchliches Geschick anfänglich auf wackeligen Beinen stand, weil sie Missfallen bei Papst *Pius XII.* erregt hatte und nicht mehr aufgelegt werden durfte – aber schon ab 1942 erschienen weitere Auflagen, 1982 die sechste. Ohne Josef Lortz gäbe es keine diesen Namen verdienende katholische Lutherforschung, ohne Josef Lortz und seine Revision des katholischen Lutherbildes ist auch der Einstieg der katholischen Kirche in die ökumenische Bewegung, den sie auf dem II. Vatikanischen Konzil vollzogen hat, kaum vorstellbar. Lortz entdeckte und entwickelte die These vom katholischen Luther. Er ist der Autor der wohl – betrachtet man ihre Wirkung – berühmtesten und am meisten zitierten These katholischer Lutherforschung: »Luther rang in sich selbst einen Katholizismus nieder, der nicht katholisch war«. Dieser Satz war bezogen auf Luthers Rechtfertigungsglauben; dieser ist nach Luther der Artikel, mit dem die Kirche steht und fällt; Luthers Sehweise der Rechtfertigung wird von Lortz als grundkatholisch qualifiziert. Damit legte Josef Lortz der katholischen Theologie und Kirche den Blick auf den ganzen Luther frei und lud sie ein, diesen theologisch unbefangener, seriöser und mit Liebe zu lesen und zu würdigen. Mit Josef Lortz war die Bahn geebnet für eine katholische Lutherforschung. An ihrer Stellung zum Lortzschen Lutherbild, an welchem übrigens Josef Lortz bis zu seinem Tod im Frühjahr 1975 ständig weitergearbeitet hat, indem er manches modifizierte, verdeutlichte, vor Missverständnissen schützte und gelegentlich korrigierte, können die in der gegenwärtigen katholischen Theologie und Kirche herrschenden Lutherbilder im Telegrammstil skizziert werden: Hinter Lortz zurück – mit Lortz (aber sich neuen Einsichten nicht verschließend) – über Lortz hinaus.

Dass es noch einmal ein »Hinter Lortz zurück« in der katholischen Theologie geben würde, war nicht zu erwarten, mag aber angesichts des jahrhundertelangen negativen Lutherbildes in der katholischen Kirche verständlich sein. Die Werke von *Paul Hacker* (Das Ich im Glauben bei Martin Luther, 1966), *Theobald Beer* (Der fröhliche Wechsel und Streit. Grundzüge der Theologie Martin Luthers, 1974, 2. Aufl. 1981; die 2. Aufl. stark verändert und wesentlich verschärft) und *Remigius Bäumer* (vor allem in: Kleine deutsche Kirchengeschichte, 1980, S. 53–79) gehören in diese Kategorie, wenngleich sie im einzelnen gänzlich verschiedene Positionen vertreten. Im Urteil über Luther aber – und nur darauf soll es hier ankommen – hat hier mehr *Cochlaeus* als *Josef Lortz* Pate gestanden. Würde die Sehweise dieser Autoren in der katholischen Kirche sich durchsetzen, würde sie wieder in den Bann der Lutherkommentare des Cochlaeus geraten, aus dem sie – wie dargelegt – vor noch nicht allzu langer Zeit erst mühsam befreit wurde. Allem Anschein nach ist die katholische Kirche aber nicht bereit, sich diese Sehweise amtlich zu eigen zu machen, wenngleich das nur mit einem Vorbehalt gesagt werden kann.

Die beiden anderen Positionen »Mit Lortz« und »Über Lortz hinaus« machen die eigentliche gegenwärtige katholische Lutherforschung aus. Die Urteile von *Hacker, Beer und Bäumer* werden hier einhellig abgelehnt und zurückgewiesen. Wie schon zuvor, so ist auch hier die Überschrift nur zutreffend für die Beurteilung Martin Luthers und das dadurch geschaffene Lutherbild. Die historische Lutherforschung und die systematische Lutherforschung innerhalb der katholischen Theologie stehen sich hier gegenüber. Der heftige Streit der sechziger Jahre ist nicht nur einem freundlichen Ton gewichen, sondern hat in der Sache zu wesentlichen Annäherungen und Differenzierungen geführt, wenngleich die Diskussion als noch nicht abgeschlossen betrachtet werden kann. Dass aus beiden katholischen Lutherforschungslagern so profunde und solide Werke über Martin Luther aus Anlass seines 500. Geburtstages veröffentlicht werden konnten, kennzeichnet am eindrucksvollsten die gewandelte Lage katholischer Theologie. An keinem »Lutherjubiläum« seit der Kirchenspaltung hat die katholische Theologie so sachkundig mit dem Willen der Verständigung ausgerüstet teilnehmen können wie an dem diesjährigen.

Die *historische* Lutherforschung, repräsentiert durch die Lortz-Schüler *Erwin Iserloh und Peter Manns,* hat auf dem durch Lortz entwickelten Ansatz vom katholischen Luther wichtige Publikationen zum Lutherjahr beigetragen. So ist *Erwin Iserloh* der Frage nachgegangen, ob das Reformatorische noch kirchentrennend sei (in: Weder Ketzer noch Heiliger. Luthers Bedeutung für den ökumenischen Dialog, 1982, S. 73–92). Was aber ist das Reformatorische? Iserloh beschreibt es inhaltlich als das neue Verständnis der Gerechtigkeit Gottes, aufgrund derer Gott den Sünder gerecht macht; Gerechtigkeit Gottes in Römer 1,17 ist nicht die Gerechtigkeit, durch die Gott in sich selbst gerecht ist und deshalb den Sünder straft. Diese Einsicht gewann Luther vor 1515. Luthers reformatorische Grunderkenntnis ist nach Iserloh grundkatholisch und braucht nicht kirchentrennend zu sein. Mit dieser reformatorischen Einsicht hat Luther aber keineswegs offene Türen eingerannt; Luther wandte sich nach Iserloh mit Recht daher gegen die religiöse Praxis und die Theologie seiner Zeit, die eine ungenügende Darstellung des Katholischen waren. Kirchentrennend sind nach Iserloh vielmehr Luthers Auffassungen über Kirche, Papsttum, Lehramt, Konzil, priesterliches Amt, Sakramentenlehre. Die kirchentrennenden Positionen nahm Luther aufgrund der Auseinandersetzungen von 1518/19 ein.

> »Sie stellten ihn außerhalb der damaligen Kirche und sind auch heute noch kirchentrennend. Grund dafür, dass Luther sich dazu hat hinreißen lassen, waren neben der polemischen Ungeduld des Reformators das Unverständnis und die wenig pastorale und priesterliche Haltung, in der die damaligen Bischöfe und der Papst ihm begegnet sind.« (S. 78 f)

Iserlohs Kritik an der Theologie und Kirche des 16. Jahrhunderts besteht zu Recht; ebenso kann Luthers neues Verständnis der Gerechtigkeit Gottes, wie Iserloh sie schildert, sachlich nicht bestritten werden. Problematisch bleibt aber die Abkoppelung des Rechtfertigungsglaubens von den Themen Kirche, Amt, Sakramente usw., Themen, die Luther in den Zusammenhang des Rechtfertigungsglaubens einordnet und von diesem bestimmt sein lässt. Genau genommen müsste Iserloh, wenn er die genannten Themen trennt, bis 1521 zwei reformatorische Luther kennen, nämlich den reformatorischen Luther, der den Rechtfertigungsglauben und damit etwas »Urkatholisches« entdeckt, und den reformatorischen Luther, der dann offenkundig bloß reformatorisch, häretisch und damit nach wie vor kirchentrennend ist. Der dritte reformatorische Luther wäre dann derjenige, der im Zusammenhang der Auseinandersetzung mit den Schwärmern im Bereich des Kirchen- und Amtsverständnisses sich Positionen wieder annähert, die er 1518 preisgegeben hat.[2]

In vielen Stücken anders als Erwin Iserlohs Urteil, wenngleich als Lortz-Schüler ebenso wie dieser dem Lortzschen Ansatz verpflichtet, ist die große Bildmonographie, die *Peter Manns* über Martin Luther (1982) angefertigt hat. Nie zuvor in der Geschichte der katholischen Lutherbiografien ist Martin Luthers Leben so warmherzig, so lebendig, so verständnisvoll und mit so viel innerer sachlicher Anteilnahme geschildert worden. Zwar kann auch Peter Manns nicht ganz auf den Begriff Häretiker in Bezug auf Luther verzichten, aber im selben Atemzug spricht er von Luther als »Vater im Glauben«. »Wer sich auf Luthers Fragestellung einlässt und wer sich mit ihm auf den Weg Abrahams begibt, der wird sich sehr schnell der Tatsache bewusst, dass er auch in Luther einen Vater gefunden hat« (S. 87). Für das Zugleich von »Häretiker« und »Vater im Glauben« hat Luthers »simul iustus et peccator« offenkundig Pate gestanden. Aber das »Häretische« ist bei Peter Manns in bedenkenswerter Weise verflüssigt worden: »Das Häretische bei Luther – wie es in den drei großen Programmschriften des Jahres 1520 gewissermaßen crescendo anklingt« ist

> »nie eindeutig, abgeschlossen oder gar definitiv ›unkatholisch‹. Es lässt sich darüber hinaus zeigen, dass die in Leipzig oder gar später aufgegriffenen Sachthemen (Amt, Sakramente, Messe, Mönchtum) eine Darstellung hätten finden können, die unbeschadet des besonderen Ansatzes lutherscher Theologie durchaus als ›katholisch‹ verstehbar gewesen wäre.« (S. 120)

2 Zur Auseinandersetzung mit Iserloh siehe *J. Brosseder,* Das heutige katholische Lutherbild, in: Una Sancta 37 (1982), S. 281–292; *O. H. Pesch,* Gerechtfertigt aus Glauben. Luthers Frage an die Kirche, 1982, S. 130 f.

In diametralem Gegensatz zu Erwin Iserloh stellt sich *Peter Manns,* wenn er schreibt: »Nichts ist so wenig erwiesen wie die dennoch als sicher geltende These von der grundverschiedenen und unvereinbaren Überzeugung vom Wesen der Kirche.« Leider – aber in dieser eigenwilligen Monographie konnte das auch nicht geschehen – werden diese Sätze in ihrem sachlichen Gewicht nicht weiter entwickelt. Die Positionen von Manns und Iserloh zeigen aber die innere Spannweite der Lortzschule.

Der Lortzsche Ansatz wird von *Peter Manns* in einem umfangreichen Nachwort zur neu erschienenen 6. Auflage des Werkes von Josef Lortz »Die Reformation in Deutschland« (1982) ausführlich gewürdigt. Manns zeigt auf, in welchen Bereichen die Forschung über Lortz hinausgegangen ist, die aber nach Manns eher den Ansatz von Lortz vertiefen helfen. Weiter zeigt Manns Engführungen auf, die zu erheblichen Missverständnissen geführt haben und den Lortzschen Ansatz belasten. Schließlich geht es ihm um den Aufweis der Bedeutung, die dem Lortzschen Ansatz vom katholischen Luther in der veränderten gegenwärtigen Situation zukommt. Nicht ohne Anhalt an der kirchlichen Wirklichkeit ist Manns – wohl zu Recht – der Überzeugung, dass das Lutherbild von Josef Lortz als einziges eine Chance hat, kirchenamtlich in Rom anerkannt zu werden. Verwiesen wird in diesem Zusammenhang auf die von Kardinal *Willebrands* 1970 vor der Vollversammlung des Lutherischen Weltbundes offiziell vorgetragene Erklärung, die der Sache nach auf dem Boden der Lortzschen Position steht. Willebrands spricht hier davon, dass Luther darin unser gemeinsamer Lehrer sein möge, dass Gott stets Herr bleiben muss und dass unsere wichtigste menschliche Antwort absolutes Vertrauen und die Anbetung Gottes zu bleiben hat.[3]

Über Lortz hinaus will die *systematische* Lutherforschung, allen voran *Otto Hermann Pesch,* der auch das theologische Gespräch mit der Lortz-Schule, hier mit Peter Manns, geführt hat und noch führt. Die Diskussion geht insbesondere um den Begriff »katholisch«. Welcher Maßstab wird eigentlich genommen, um die Katholizität einer theologischen Position zu bestimmen? Wenn Luther in sich selbst einen Katholizismus niederrang, der nicht katholisch war, dann entsteht das eigenartige Phänomen, dass dieser von Luther (wieder)entdeckte Katholizismus im 16. Jahr-

3 Der ganze Text in: Herder-Korrespondenz 24 (1970), S. 427–431.

hundert als unkatholisch verurteilt wurde, während der durch Luther nieder-gekämpfte unkatholische occamistische Katholizismus als katholisch galt. Die Lage wird noch komplizierter, wenn wir uns vergegenwärtigen, dass die heutige katholische Kirche auf weiten Strecken die Anfragen der Reformation gegenstandslos gemacht hat und der damals verurteilte Katholizismus heute als katholisch akzeptiert werden kann. *Otto Hermann Pesch* stellt diese Fragen mit vollem Recht, da die Frage nach dem Maßstab zur Bestimmung des Katholischen unter voller Berücksichtigung sowohl des gegenwärtigen wie des damaligen katholischen Bewusstseins in der Lortzschule systematisch nicht hinreichend und nicht zufriedenstellend bedacht ist.

Der Kern der Diskussion zwischen *Pesch und Manns* ist in der Frage getroffen, ob heute als katholisch gelten kann, was damals als unkatholisch galt. Als mittlerweile geklärt kann die Frage gelten, ob die These vom katholischen Luther meint: Alles, was an Luther ›katholisch‹ ist, kann übernommen werden, alles, was reformatorisch ist, ist häretisch und kann allenfalls durch die Frage nach Werdegang und Herkunft Luthers sowie durch die Situation der zeitgenössischen Kirche entschuldigt werden; reden könne man aber nach Lortz nur mit dem katholischen Luther, sodass ein eigentlich theologisches Sachgespräch mit dem Reformator gar nicht in Gang kommen kann; oder ob die These dies nicht meint. Manns wehrt ein solches Verständnis des »katholischen Luther« ab, wenngleich es auch ihn betroffen macht, dass solch ein, wie er sagt, Missverständnis möglich und bei *Remigius Bäumer* auch vollzogen wurde.

Mit *Pesch* erklärt sich *Manns* im Ziel einig, »den zu Unrecht verkannten Reformator und Häretiker Luther als eine *eigene* (d. h. *katholische*) Möglichkeit theologischen Denkens und Existierens zu begreifen«. Diesem Anliegen dient die »systematische Lutherforschung«. Sie will Luther genau dort hören und ernst nehmen, und zwar in der Sache, wo er dem Katholiken höchst unbequeme Fragen stellt, dort, wo er mit Sicherheit »reformatorisch« ist. Dies betrifft insbesondere Luthers Anfragen im Kirchen- und Amtsverständnis, die bei Luther in das Licht des Rechtfertigungsglaubens gerückt und von dort her entwickelt werden, denen sich die katholische Kirche bislang jedenfalls nicht wirklich gestellt hat. Stellt man sich aber diesen Fragen, dann kann man sehen, »dass Luthers theologisches Denken Kräfte freisetzen kann, die der katholischen Kirche zu einer größeren Möglichkeit ihrer selbst verhelfen« können, mit dem Ziel, auf diesem Wege die Gemeinschaft unter Christen zu fördern.[4]

Des Menschen lobpreisende Anerkenntnis von Gottes Gottheit war Ziel und Inhalt von Leben und Werk *Martin Luthers.* Unerschrocken und ohne politische Rücksichtnahme war sein Sinnen und Trachten darauf gerichtet, dem Herrsein Gottes, auch in der Kirche, Geltung zu verschaffen und damit dem Menschsein des Menschen und dem Kirchesein der Kirche zu dienen. Darin ist Luther ›Vater im Glauben‹ und ›unser gemeinsamer Lehrer‹.

4 *O. H. Pesch,* Hinführung zu Luther, 1982; *O. H. Pesch,* Gerechtfertigt aus Glauben. Luthers Frage an die Kirche, 1982; *J. Brosseder,* Martin Luther, in: Klassiker der Theologie, Hg. *H. Fries/G. Kretschmar,* Bd. I, 1981, S. 283–313; 416–418; 432–434.

Vom Antichrist zum Zeichen der Einheit

Wandlungen im Verständnis des Petrusdienstes in ökumenischen Kontexten

Dorothea Sattler

1. Ökumenische Blicke auf das Papstamt unter den Bedingungen der jeweiligen Gegenwart

Es gibt Ereignisse von weltgeschichtlicher Bedeutung, bei denen uns lange in Erinnerung bleibt, in welchem situativen Kontext wir sie erlebt haben. Als am 13. März 2013 in Rom am späten Nachmittag weißer Rauch aufstieg, waren die Delegierten der Arbeitsgemeinschaft Christlicher Kirchen in Deutschland (ACK) in Fulda versammelt. Ich sollte am Abend eigentlich einen Festvortrag anlässlich der 10-jährigen Wiederkehr der Unterzeichnung der auf europäischer Ebene in Straßburg 2001 vereinbarten Charta Oecumenica halten; sie wurde in Deutschland im Kontext des 1. Ökumenischen Kirchentags 2003 in Berlin mitgezeichnet. Nachdem gewiss war, dass es einen neuen Bischof von Rom gibt, war an diesem Abend nicht mehr daran zu denken, dass sich die Delegierten auf einen Vortrag über ein regional bedeutsames ökumenisches Dokument konzentrieren könnten. Sehr lebendig ist mir im Bewusstsein, mit welcher Spannung viele Geschwister aus den anderen Kirchen auf die erste mediale Begegnung mit dem Papst warteten. Große Erleichterung und Mitfreude war nach seinen ersten Worten und Gesten im überfüllten Fernsehraum, in dem römisch-katholische Bischöfe neben evangelischen Landesbischöfen, freikirchlichen Pastoren und orthodoxen Würdenträgern saßen, zu spüren: Ein Mann war gewählt worden, der sich als Bischof der Stadt Rom vorstellte, seine eigenen Grenzen ansprach und um Gottes Gnade für ihn in Gemeinschaft mit allen Menschen weltweit betete. In Fulda klingelten bald die Telefone; erste Pressemeldungen waren zu formulieren; Recherchen mussten erfolgen. Kaum jemand hatte mit der Wahl von Jorge Mario Bergoglio gerechnet und die entsprechenden biographischen Auskünfte bereits in der Tasche.

Wer wie der gegenwärtige Papst dem Jesuitenorden angehört, lebt immer schon mit der ökumenischen Frage. Im 16. Jahrhundert hat Ignatius von Loyola (1491–1556), der nahezu zeitgleich mit Martin Luther (1483–1546) lebte, mit einem umfassenden Reformvorhaben auf die Herausforderungen seiner Gegenwart geantwortet; dabei war für ihn die Suche nach einer Begegnung mit Gott in den alltäglichen Lebenssituationen von sehr hoher Bedeutung.

Die heimatliche Region des gegenwärtigen Papstes, die in bezeichnender Weise gewöhnlich »Lateinamerika« genannt wird, ist seit Jahrhunderten durch die römisch-katholische Konfession geprägt. Mehrheitlich ist diese Zugehörigkeit zur Römisch-katholischen Kirche auch heute gegeben. In Argentinien sind ca. 75 % der dort lebenden Menschen römisch-katholisch. Zugleich gibt es in vielen Ländern Lateinamerikas eine Neigung, sich einem charismatischen Gedankengut zu öffnen, das in den konkret sehr vielgestaltigen pentekostalen Bewegungen (Pfingstkirchen) in Erscheinung tritt und zunehmend Akzeptanz findet. Insbesondere arme Menschen lassen sich von dem »Gospel of Prosperity« ansprechen, das Wohlergehen, Gesundheit und Reichtum denen verspricht, die ihr Leben ganz dem Wirken des Geistes Gottes anvertrauen. In Argentinien gibt es zudem eine (gemessen an der Zahl der Mitglieder) sehr kleine Kirche in (alt-)lutherischer Tradition, die vorrangig im theologischen Gespräch mit den lutherischen Kirchen in Nordamerika und Europa steht. Vor diesem Hintergrund erscheint es als wahrscheinlich, dass Jorge Maria Bergoglio in seiner Zeit in Argentinien die reformatorisch motivierten christlichen Gemeinschaften als spannungsreich vielgestaltig erfahren hat – einerseits streng am lutherischen Erbe orientiert, andererseits auf charismatisch begabte Persönlichkeiten hin ausgerichtet. Aus ökumenischer Perspektive betrachtet, gilt es die in Argentinien favorisierte kontextuelle Ekklesiologie zu würdigen, bei der die Option für die Armen im Vordergrund aller Bemühungen steht. In vielen Handlungsbereichen ist die ökumenische Kooperation in Lateinamerika fraglos selbstverständlich.

2. Wandlungen möglich – sogar beim Petrusdienst?

Ist die Bereitschaft zur Veränderung des Standorts ein Zeichen der Schwäche oder der Stärke im Sinne geistiger Beweglichkeit? Mit dieser Frage waren die Theologen im Reformationszeitalter von allen Anfängen an befasst. Der Nachweis von Schwankungen und Ungewissheiten in den theologischen Positionen der Reformatoren galt aus Sicht von deren Widersachern als ein Ausdruck mangelnder Gründung in der einen christlichen Tradition. Die reformatorische Berufung auf die von Gott geschenkte Freiheit eines Christenmenschen bewirkte dagegen ein neues Selbstbewusstsein. Das Eingeständnis einer Fehleinschätzung von Sachfragen konnte nun eher als Größe denn als Niederlage eingeschätzt werden.

Der reformatorischen Grundeinstellung entspricht es, wenn veränderte Situationen, in denen das eine Evangelium Gottes zu bezeugen ist, auch auf die Frage Einfluss nehmen können, wie die Ämter in der Kirche zu bestimmen sind. Die Sorge um eine angemessene Verkündigung des Wortes Gottes hat demnach Vorrang vor allen bisherigen institutionellen Festlegungen. Notregelungen sind gelegentlich zu ergreifen – auch in der Ämterfrage. Wenn sich kein dem Evangelium gegenüber treu verantwortlicher Bischof findet, dann kann auch ein Priester einen Priester mit Gebet und Handauflegung ordinieren. Ist es so? Der konfessionelle Streit um diese Frage bestimmt noch immer das ökumenische Tagesgeschehen. Zugleich bleibt bei aller evangelischen Zustimmung zur Reformfähigkeit der Kirche zu beachten, dass es auch in der evangelischen Theologie unaufgebbare Positionen gibt, die als Kriterien bei jeglicher Ausgestaltung kirchlicher Institutionen bedacht sein wollen.

Mit der evangelischen Theologie denkt die römisch-katholische Theologie heute in hoher Gesprächsbereitschaft darüber nach, ob – und wie dann genau – das Dienstamt des Bischofs von Rom möglicherweise in einer gewandelten Gestalt ausgeübt werden könnte. Eine heute noch nachwirkende Anregung zu vielfältigen theologischen Gedanken über eine Erneuerung des Petrusdienstes im ökumenischen Kontext hat Johannes Paul II. in seiner Enzyklika »Ut unum sint« von 1995 selbst gegeben. Er fragt:

> »Könnte die zwischen uns allen bereits real bestehende, wenn auch unvollkommene Gemeinschaft nicht die kirchlichen Verantwortlichen und ihre Theologen dazu veranlassen, über dieses Thema mit mir einen brüderlichen Dialog aufzunehmen, bei dem wir jenseits fruchtloser Polemiken einander anhören könnten, wobei wir einzig und allein den Willen Christi für seine Kirche im Sinne haben und uns von seinem Gebetsruf durchdringen lassen: ›… sollen auch sie

eins sein, damit die Welt glaubt, dass du mich gesandt hast‹ (Joh 17,21)?«[1]

In den ersten Jahren nach der Formulierung dieser eindringlichen Bitte folgte weltweit Tagung auf Tagung zu dieser Thematik. Die Ergebnisse sind inzwischen gesichtet.[2] Deutlich wird dabei, welch hohe Bereitschaft alle reformatorischen Traditionen trotz mancher Enttäuschungen haben, in weitere Gespräche über einen biblisch begründeten Petrusdienst zu treten.

3. Refomatorische Einsichten

> »Ja lieber solt mir sein des Bapstumbs Tiranney von fasten, feirn, kleidern, steten, platten, kappen und, was ich kund on verkerung des glaubens tragen, denn das die Bejicht solt von den Christen genomen werden, Denn sie ist der Christen erste, noetigste und nuetzlichste schule, darinn sie lernen Gottes wort und iren glauben verstehen und uben, Welchs sie nicht so gewaltig thun inn oeffentlichen lectionen und predigten (WA 30/3,569).«

Diese Zeilen hat Martin Luther (1483–1546) in einem »Sendschreiben an die zu Frankfurt am Mayn« von 1533 notiert. In dieser Zeit war er bereits tief beunruhigt über den Missbrauch seiner Rede von der Freiheit der Beichte, die sich schon bald in Form einer Preisgabe dieser kirchlich-pastoralen Praxis auswirkte. Beschwernisse der Menschen mit diesem Sakrament werden – damals wie heute – der Anlass dazu gewesen sein. Nicht immer war im Beichtgeschehen zu erspüren, dass die Zusage der Sündenvergebung Gottes in der Lossprechung die dichteste Gestalt der Evangeliumsverheißung ist. So sah es jedoch Martin Luther. Dieses der Kirche anvertraute Gut, die Verkündigung der gnädigen Versöhnungsbereitschaft Gottes, hatte für Martin Luther stets höchste Priorität. Um

1 Johannes Paul II., Enzyklika »Ut unum sint« über den Einsatz für die Ökumene (25. Mai 1995), Nr. 96 = Verlautbarungen des Apostolischen Stuhls 121.

2 Vgl. Wolfgang Thönissen u. a., Der Dienst des Bischofs von Rom an der Einheit der Christen. Reaktionen auf die Einladung des Papstes zum Dialog über die Form der Primatsausübung nach UT UNUM SINT von 1995, in: Catholica 55 (2001) 269–301.

ihretwillen hätte er sogar in seinen letzten Lebensjahrzehnten erwogen, sich dem Papsttum zu unterstellen – freilich unter der Voraussetzung, dass nur so die Kraft des Evangeliums die ihr entsprechende Wirksamkeit entfalten könnte.

Philipp Melanchthon (1497–1560) hat seine Unterschrift unter die von Martin Luther verfassten Schmalkaldischen Artikel von 1537 mit einem Zusatz verbunden, der auch in der gegenwärtigen ökumenischen Gesprächssituation nicht selten erinnert wird. Melanchthon sagt:

> »Ich Philippus Melanthon (sic.) halt diese obgestalte Artikel auch fur recht und christlich, vom Bapst aber halt ich, so er das Evangelium wollte zulassen, dass ihm umb friedens und gemeiner Einigkeit willen derjenigen Christen, so auch unter ihm sind und kunftig sein möchten, sein Superiorität uber die Bischofe, die er hat iure humano, auch von uns zuzulassen (und zu geben) sei.«[3]

In dieser Einschätzung der Frage nach dem Papstamt stimmte Melanchthon mit Martin Luther überein, der noch 1531 seine Bereitschaft bekundet hatte, dem Papst die Füße zu küssen, sollte er dem Evangelium in seiner Lehre Raum geben (vgl. WA 40 I,181). Im Luthertum gibt es auf dieser Basis bis heute keine Neigung zu einer prinzipiellen Verneinung der Institution des Petrusdienstes in Aufnahme der neutestamentlichen Zeugnisse, vielmehr eine durch vielfältige Geschehnisse auch stark emotional gefärbte Anfrage an die Schriftgemäßheit der Ausübung des Petrusdienstes – insbesondere seitdem sich diese an den Dokumenten des 1. Vatikanischen Konzils orientiert.

Martin Luther hat in seinen frühen Schriften die Institution des Papstamtes wohlwollend verteidigt. Selbst in seinen 95 Ablassthesen von 1517 sind die Anfragen noch moderat formuliert. Bei aller Bereitschaft von Luther, dem Papst die Gewähr von Ablässen zuzugestehen, fragt er sich dennoch zugleich, ob die Verbindung zwischen dem Ablasshandel und dem Erwerb von Geldmitteln für den Bau des Petersdoms in Rom angemessen sein könne. So möchte Luther den Papst angesichts der unheilstiftenden Ablassprediger vor Anfragen »spitzfindiger Laien« schützen, die zum Beispiel fragen:

3 Bekenntnisschriften der Evangelisch-Lutherischen Kirche (BSLK) 463 f.

»Warum befreit der Papst um der heiligsten Liebe und um der höchsten Not der Seelen willen, also aus dem rechtmäßigsten aller Gründe – nicht alle Seelen zugleich aus dem Fegefeuer, da er doch, um des allervergänglichsten Geldes willen für den Bau des Domes, unzählig viele Seelen erlöst, also aus höchst geringfügigem Grund? (These 82).«

Spitzfindig erweist sich Martin Luther selbst an dieser Stelle. Gleichwohl kann für diese Zeit noch angenommen werden, dass Luther ein aufrichtiges Interesse an einer Erneuerung des Petrusdienstes im Sinne der Weisungen des Evangeliums hatte.

Luthers Kritik an der päpstlichen Institution ist unlöslich verbunden mit seiner Wahrnehmung der neun Päpste während seiner Lebenszeit, von deren persönlichen Einstellungen zu theologischen Fragen er selbst allenfalls über Dritte Kenntnis hatte. Nach heutiger Einsicht hatte Luther wenig Einblick in die reale wirtschaftliche Situation an der Kurie zu Zeiten des Pontifikats von Leo X. Hintergründig meldet sich jedoch bereits in den Ablassthesen eine Thematik an, die in der Folgezeit die Konflikte bestimmen wird: die Frage nach der Hinordnung aller kirchlichen Dienste auf die Mitte des Evangeliums sowie die Tröstung der sündigen Menschen angesichts ihrer Anfechtung durch das Gewissen.

Luthers Anfragen an das Papsttum wurden mit seinen Lebensjahren grundsätzlicher. Persönliche Verletzungen sowie die Zurückweisung seines Rufes nach der Einberufung eines allgemeinen Konzils haben ihn in seiner zunehmend ekklesiologisch begründeten Skepsis gegenüber der Institution des Papsttums bestärkt. In den 20er Jahren des 16. Jahrhunderts – im zeitlichen Umfeld des über ihn verhängten päpstlichen Bannes – und in Luthers letzten Lebensjahren sind mehrere Schriften von ihm mit sehr deutlicher, gar polemisch wirkender Papstkritik erschienen.[4]

In die lutherischen Bekenntnisschriften haben die Äußerungen des Reformators zum Papsttum in den Schmalkaldischen Artikeln von 1537 Aufnahme gefunden. Die viel zitierten Gedanken im vierten Artikel des II. Teils[5] halten an der Institution des Papstamts fest, durch das sich der Bischof von Rom als Bruder seiner Glaubensgeschwister er-

---

4 Vgl. Jörg Haustein, Das Papstamt aus der Sicht der Reformatoren, in: Walter Fleischmann-Bisten (Hg.), Papstamt – pro und contra. Geschichtliche Entwicklungen und ökumenische Perspektiven, Göttingen 2001, 39–64.

5 Vgl. BSLK 427–433.

weist. Strikte Unterordnung unter seine Weisungen im Sinne einer unbedingten Gehorsamsforderung lehnt Luther aber ab. Zur Begründung seiner Auffassung, das Papsttum sei nicht aufgrund göttlicher Einsetzung entstanden, verweist Luther auf die ersten Jahrhunderte der Kirchengeschichte, in denen es einen solchen Anspruch noch nicht gab. Gleichwohl möchte Luther die – aus menschlichen Überlegungen heraus betrachtet – an sich sinnvolle Einrichtung des Papstamts bewahren, »damit die Einigkeit der Christenheit (…) erhalten wurde«[6]. Eine für Luther akzeptable Gestalt des Papstamtes setzte aus seiner Sicht jedoch eine Einbindung in Wahlen und konziliar-synodale Strukturen voraus, deren Durchsetzbarkeit er sehr skeptisch beurteilte. Angesichts der aus theologischen Gründen notwendigen Schwächung des Primatsanspruchs sei zudem zu befürchten, dass niemand dann seinen Weisungen folgen werde. Luther sah zudem sogar bereits voraus, dass eine Ausgestaltung des Papstamtes im Sinne eines neutestamentlich begründeten Petrusdienstes eine immense Reisetätigkeit des Bischofs von Rom zur Folge haben müsste.

Im Kontext dieser Überlegungen in den Schmalkaldischen Artikeln fällt Luthers Wort vom Papst als »Endechrist oder Widerchrist (…), der sich uber und wider Christum gesetzt und erhohet, weil er will die Christen nicht lassen selig sein ohn seine Gewalt, welche doch nichts ist, von Gott nicht geordent noch geboten«[7]. Ein Antichrist ist für Luther ein Papst, der entgegen der göttlichen Weisung in Jesus Christus Heil und Unheil von der Zustimmung zu seiner menschlichen Person, zu seinen immer auch vorläufigen Lehren und zu seinen vielfältig motivierten Disziplinarmaßnahmen abhängig macht. Der Antichrist widerspricht der Begründung universaler Hoffnung auf Erlösung allein in Jesus Christus.

In der zweiten Generation der Reformatoren hat Johannes Calvin (1509–1564)[8] die impulsiv vorgetragene und stark durch die eigene Biographie mitgeprägte Kritik Martin Luthers an der Institution des Papstamtes mit biblischen Argumentationen sowie unter Aufnahme gesellschaftspolitischer Intuitionen der beginnenden Neuzeit fortgeführt. Calvin bindet Petrus konsequent in den Kreis seiner Mitapostel ein und fragt an, ob der dem Petrus ohne Zweifel aufgetragene Dienst an der

6 Vgl. ebd., 429.
7 Ebd., 430; vgl. ebd., 432.
8 Vgl. bes. Inst. IV, 6.

Einheit im Apostelkreis heute noch einem einzigen Mann übertragen werden könne, wenn es sich dabei um hunderttausende von Menschen handele. Zudem findet sich bereits bei Calvin die Überlegung, ob dort überhaupt eine Kirche sei, wo das Evangelium nicht im Sinne Jesu Christi verkündigt und die Sakramente nicht stiftungsgemäß gefeiert werden. Für die Gemeinde von Rom in seiner Zeit zieht Calvin dies in Zweifel.

Die ökumenische Gesprächssituation hat sich bezüglich der grundlegenden reformatorischen Anfragen an den Petrusdienst heute deutlich gewandelt. Von reformatorischer Seite aus geschieht inzwischen keine grundlegende Infragestellung der Bemühungen der Bischöfe von Rom mehr, um die Verkündigung des Evangeliums weltweit besorgt zu sein. Der Vorwurf, der Papst sei ein Antichrist, ist weitgehend zurückgenommen worden. Gemeinsam richtet sich in den ökumenischen Gesprächen die Aufmerksamkeit auf die Frage, wie angesichts der nach dem 16. Jahrhundert gefestigten römisch-katholischen Lehrtradition – insbesondere in den Dokumenten des 1. Vatikanischen Konzils – Konvergenzen im Blick auf eine der Bibel entsprechende Ausübung des Petrusdienstes erreicht werden könnten.

4. Ökumenische Perspektiven

In den letzten Jahren sind viele Veröffentlichungen erschienen, in denen die Aussichten auf eine ökumenische Verständigung im Verständnis des Papstamts bedacht werden.[9] Die aus dem 16. Jahrhundert resultieren-

9 Vgl. etwa Wolfgang Klausnitzer, Der Primat des Bischofs von Rom. Entwicklung – Dogma – Ökumenische Zukunft, Freiburg-Basel-Wien 2004; Paul Weß, Papstamt jenseits von Hierarchie und Demokratie. Ökumenische Suche nach einem bibelgemäßen Petrusdienst. Mit Beiträgen von Ulrich H. J. Körtner und Grigorios Larentzakis, Münster 2003; Johannes Brosseder/Wilm Sanders (Hg.), Der Dienst des Petrus in der Kirche. Orthodoxe und reformatorische Anfragen an die katholische Theologie, Frankfurt 2002; Walter Fleischmann-Bisten (Hg), Papstamt – pro und contra. Geschichtliche Entwicklungen und ökumenische Perspektiven, Göttingen 2001; Silvia Hell/Lothar Lies (Hg.), Papstamt. Hoffnung, Chance, Ärgernis. Ökumenische Diskussion in einer globalisierten Welt, Innsbruck – Wien 2000; Heinz Schütte (Hg.), Im Dienst der einen Kirche. Ökumenische Überlegungen zur Reform des Papstamts, Frankfurt/Paderborn 2000; Hermann Josef Pottmeyer, Die Rolle des Papstamts im Dritten Jahrtausend, Freiburg – Basel – Wien 1999; Michael J. Buckley, Papal Primacy and the Episcopate. Towards a Relational Understanding, New York

den Fragen an das Papstamt haben sich angesichts der Lehrentscheide des 1. Vatikanischen Konzils als weiterhin notwendig zu besprechen erwiesen. Im Sinne der damaligen Einsichten erwarten die gegenwärtigen evangelischen Traditionen: (1) (vor dem Hintergrund der Lehre von der Infallibilität) eine Anerkenntnis der Normativität der biblischen Schriften als einem beständigen Korrektiv jeglicher lehramtlicher Äußerung; (2) (angesichts des Jurisdiktionsprimats) die Einbindung des Bischofs von Rom in das Kollegium der kirchenleitend tätigen Persönlichkeiten weltweit mit entsprechenden Formen der Kommunikation. Dabei müsste auch in der Ekklesiologie das Prinzip der Subsidiarität vorherrschen, das heißt, Entscheidungen, die auf ortskirchlicher Ebene zu treffen sind, sollten auch in letzter Instanz auf dieser verbleiben.

Weitreichende ökumenische Konvergenzen konnten in den 70er und 80er Jahren in ökumenischen Dialogen insbesondere angesichts der gemeinsamen Betrachtung der neutestamentlichen Zeugnisse gewonnen werden. Die größte Schwierigkeit aus römisch-katholischer Sicht besteht dabei darin, angesichts der Tatsache, dass Petrus in den kanonischen Schriften keinen Nachfolger hat, die alleinige Möglichkeit einer personalhierarchischen Sukzessionsgestalt zu begründen und dabei Modelle einer kollegialen oder synodalen Ausübung des Petrusdienstes kategorisch auszuschließen. Warum sollte nicht angesichts der neuzeitlichen Erkenntnisse, es könne eine größere Gewissheit in der Wahrheitserkenntnis geben, wenn mehrere Subjekte an ihr suchend beteiligt werden, ein Gremium gemeinsam den Petrusdienst ausüben? Die Partizipation aller Menschen, über die gegebenenfalls entschieden wird, an den Erkenntnisprozessen gilt heute als ein plausibles Modell eines auf Gerechtigkeit hin angelegten Umgangs mit der Autorität.

In den Antworten der nicht – römisch-katholischen Kirchen auf die Anfragen von Johannes Paul II. in »Ut unum sint« spiegeln sich die offenen Probleme der bisherigen Dialoge in großer Deutlichkeit: die Anglikanischen Kirchen sind bereits Ende der 70er Jahre deutliche Schritte auf die römisch-katholische Lehrposition zugegangen, ohne dafür ent-

1998; Peter Hünermann (Hg.), Papstamt und Ökumene. Zum Petrusdienst an der Einheit aller Getauften, Regensburg 1997; Johann-Adam-Möhler-Institut (Hg.), Das Papstamt. Anspruch und Widerspruch. Zum Stand des ökumenischen Dialogs über das Papstamt, Münster 1996; John R. Quinn, The Exercise of the Primacy. Continuing the Dialogue, New York 1996 (deutsch: Die Reform des Papsttums, Freiburg – Basel – Wien 2001).

sprechende Anerkenntnis gefunden zu haben. Das neueste Dokument »Die Gabe der Autorität«[10] spiegelt nach Jahren der Selbstbesinnung die nachhaltige Bereitschaft von anglikanischer Seite, dem eingeschlagenen Weg zu folgen. Auch von lutherischer und reformierter Seite wurden und werden Angebote unterbreitet, gewiss ohne dabei auf die eigenen Überzeugungen verzichten zu wollen.

Im Umgang mit den römisch-katholischen Festlegungen des 1. Vatikanischen Konzils gibt es im ökumenischen Kontext im wesentlichen drei Möglichkeiten, weitere Fortschritte zu erreichen: (1) Als allzu zeitbedingten Lehräußerungen könnte den Formulierungen des 1. Vatikanischen Konzils der Anspruch entzogen werden, allezeit eine verbindliche Verpflichtung zu sein. Die bisherige Umgehensweise der römisch-katholischen Kirche mit ihren dogmatischen Äußerungen lässt es nicht wahrscheinlich erscheinen, dass diese Vorstellung sich in die Tat umsetzen ließe. (2) Zu überlegen wäre dagegen eine Einschränkung des Geltungsbereichs der Dokumente des 1. Vatikanischen Konzils nur für den Raum des ehemaligen Patriarchats von Westrom – also nicht für die ehemals in einer gewissen juristischen Eigenständigkeit stehenden Patriarchate von Konstantinopel, Alexandrien, Antiochien und Jerusalem. Die Liste dieser Patriarchate ließe sich unter den heute veränderten politischen Verhältnissen erweitern – um das Patriarchat von Moskau etwa. (3) Eine dritte Möglichkeit im Umgang mit dem Petrusdienst wird in ökumenischen Zusammenhängen darin gesehen, dass der jeweilige Bischof von Rom sich selbst dazu verpflichtet, die ihm prinzipiell vom 1. Vatikanischen Konzil zugestandenen Rechte niemals mehr auszuüben – jedenfalls nicht in der Weise, wie es grundsätzlich möglich wäre. Die Frage ist jedoch offen, ob sich die nicht – römisch-katholischen Kirchen mit einer solchen moralischen Selbstverpflichtung zufrieden geben werden, oder ob sie nicht doch das römisch-katholische Eingeständnis einer notwendigen Prüfung jeglicher Lehrentscheidung durch das kritische Zeugnis der Heiligen Schrift für unabdingbar erklären. Könnte es nicht sein, dass auch ein Papst seine Gesinnung änderte und wieder zu der Praxis zurückkehrte, die ihm einmal zugestanden war? Nicht in jeder Hinsicht ist die Möglichkeit zur Veränderung des theologischen Standorts ein Gewinn

10 Vgl. Die Gabe der Autorität. Eine gemeinsame Erklärung der Anglikanisch/Römisch-Katholischen Internationalen Kommission, in: Dokumente wachsender Übereinstimmung, Bd. 3, Frankfurt/Paderborn 2003, 262–289.

für die Christenheit. Es braucht Kriterien – orientiert an den normativen Aussagen der Heiligen Schrift und geprüft durch die Tradition in allen christlichen Kirchen.

Die reformatorischen Anfragen an das Papsttum im 16. Jahrhundert sind aufgrund der Eintreibung von Geldern durch die Ablassprediger eng mit dem Bau von Sankt Peter in Rom verbunden. Der Grundstein des Neubaus wurde 1506 gelegt. Wer heute den Petersdom betritt, wird durch einen Lichtstrahl auf die kostbar gestaltete Kuppel mit dem Schriftband »Tu es Petrus et super hanc petram aedificabo ecclesiam meam (Du bist Petrus, und auf diesen Felsen werde ich meine Kirche bauen: Mt 16,18)« gelenkt. Wer den Petersdom verlässt, sieht im Innern der Vorhalle einen Petrus, der in den stürmischen Wellen des See Genesaret das Vertrauen verliert. Jesus Christus rettet den Kleingläubigen und Zweifelnden. In der Nachfolgegestalt des biblischen Petrus diese Spannung wahr sein zu lassen, ist eine ökumenische Hoffnung.

Vom »Antichrist« zum »Bruder in Christus«

Zur Aufarbeitung des reformatorischen Antichrist-Verdikts gegen das Papsttum

Hans-Georg Link

So erfreulich sich die Beziehungen zwischen evangelischer und katholischer Kirche in den letzten Jahrzehnten in unserem Land entwickelt haben, so bedrückend stehen immer noch Luthers Antichrist-Verurteilung des Papsttums und seine Exkommunikation mit allen seinen Anhängern durch Papst Leo X. am 3. Januar 1521 als Hindernis auf dem Weg zur Gemeinschaft zwischen beiden Kirchen. In diesem Beitrag geht es mir in erster Linie um die Aufarbeitung des reformatorischen Antichrist-Urteils gegenüber dem Papsttum. Im ersten Teil erläutere ich die theologische Begründung des Antichrist-Verdikts. Im zweiten Teil geht es um die Aufarbeitung dieser ergangenen Verurteilungen durch die katholische und evangelische Kirche seit dem Pontifikat von Papst Johannes XXIII. Der dritte Teil zieht daraus Folgerungen für den Umgang beider Kirchen miteinander im kommenden Gedenkjahr 2021.

I. Luthers und andere reformatorische Äußerungen zum Papsttum

Versucht man, einen Überblick über die reformatorische Stellung zum Papsttum zu gewinnen, dann kann und muss man verschiedene historische und inhaltliche Gesichtspunkte unterscheiden.

1. Luthers Erfahrungen

Wie aus seinem ersten Schreiben vom Mai 1518 an Papst *Leo X.* hervorgeht, unterwirft sich der 35-jährige Theologe *Martin Luther* ganz und bedingungslos dem Urteil des Papstes als »Mund Christi«. Die römische Antwort mit der Einleitung eines förmlichen Ketzerprozesses sowie das Verhalten von Vertretern Roms ihm gegenüber, allen voran von *Johannes Eck,* wecken bei Luther erste erhebliche Zweifel am Papsttum. Seit dem Bekanntwerden der päpstlichen Bannandrohungsbulle in Wittenberg im

Herbst 1520 vertritt Luther erst hypothetisch, dann real die These vom Papst als Antichrist. In seinem theologischen Testament, den Schmalkaldischen Artikeln, untermauert Luther sein Antichrist-Verdikt gegen ein Papsttum *iure divino,* erwägt aber hypothetisch auch eine andere Gestalt des Papsttums *iure humano.* Zwar hält Luther bis zu seiner letzten antipäpstlichen Schrift von 1545 an seinem Antichrist-Urteil fest, lässt aber auch dort eine andere Sicht auf einen Ehrenprimat des Papstes zumindest durchblicken. Es gibt also neben seiner Hauptthese vom Papst als Antichrist bei Luther eine Nebenlinie, die einem Papsttum *iure humano* durchaus positive Seiten abgewinnen kann. Er lehnt das seit Jahrhunderten entwickelte und zu seinen Lebzeiten von ihm faktisch erfahrene Papsttum ab, kann sich aber grundsätzlich auch ein anderes Papsttum nach menschlichem Recht vorstellen.[1]

Eine ganz ähnliche Stellung nimmt auch *Philipp Melanchthon* gegenüber dem Papsttum ein. In dem weitestgehend von ihm verfassten »Traktat über die Gewalt und den Primat des Papstes« erhebt er mit gewichtigen Gründen ebenfalls den offiziellen Antichrist-Vorwurf, gleichzeitig will er jedoch mit seiner persönlichen Unterschrift unter Luthers Schmalkaldische Artikel die Superiorität des Papstes nach menschlichem Recht anerkennen. Auch bei *Johannes Calvin,* der die scharfe Kritik an einem Papsttum teilt, das Christus seine alleinige Herrschaft über die Kirche streitig macht, findet sich der Antichrist-Vorwurf.[2]

Wir haben es also mit verschiedenen Stellungnahmen der Reformatoren zum Papsttum zu tun. Faktisch hat sich im deutschen Protestantismus auf weite Strecken hin Luthers Antichrist-Verdikt durchgesetzt. Es wird Zeit, heute an seine grundsätzliche Perspektive und die andere reformatorische Sicht des Papsttums anzuknüpfen.

---

1 Vgl. dazu und zum Ganzen J. Brosseder, Das vielschichtige Urteil der lutherischen Reformation über das Papstamt, in: Die Gruppe von Farfa Sabina, Gemeinschaft der Kirchen und Petrusamt. Lutherisch-katholische Annäherungen, Frankfurt/Main 2010, S. 40 ff.

2 Vgl. seine ausführliche Auseinandersetzung mit dem Papsttum in: Institutio. Unterricht in der christlichen Religion, Hg. O. Weber, Neukirchen 1955, IV,5–11, S. 736–841; besonders IV,6: Von der Obergewalt des römischen Stuhls, bes. Z. 9, S. 754 f; IV,7 Vom Beginn und vom Wachstum des römischen Papsttums …, bis es die Kirche unterdrückt und zugleich alles rechte Maß umgestürzt worden ist, S. 761 ff. Der Antichrist-Vorwurf findet sich in: IV, 2 und 7,24 f.

2. Die inhaltliche Kritik der Reformatoren am Papsttum

Aus den vielfältigen kritischen Äußerungen der Reformatoren lassen sich 7 hauptsächliche Kritikpunkte herausarbeiten:

1. Ein Papsttum, das sich auf göttliches Recht *(iure divino)* beruft, macht *Christus* seinen Platz als alleiniger Herr der Kirche streitig.
2. Die Institution des Papsttums und seines Hofes kann sich nicht auf die *Schrift* berufen.
3. Der Papst nimmt für sich in Anspruch, *über der Schrift* zu stehen und sie allein »gültig« auszulegen.
4. Der Papst stellt sich *über* die Autorität von *Konzilen,* der verbindlichen Stimme der Kirche.
5. Der Papst stellt *neue Glaubenslehren* auf – z. B. zu Buße und Sündenvergebung – und erhebt neue Frömmigkeitsforderungen – z. B. zur Beichte.
6. Der Papst fordert *»heilsnotwendigen« Gehorsam* von seinen Untergebenen.
7. Der Papst beansprucht neben der geistlichen auch die *weltliche Macht.*

3. Alternative Überlegungen zum Papsttum

Bei den Reformatoren gibt es aber auch positive Überlegungen zur Gestaltung des Papstamtes, die bisher zu wenig zur Kenntnis genommen worden sind. Auch in dieser Hinsicht lassen sich 7 Gesichtspunkte benennen:

1. Über ein Papstamt nach *menschlichem* Recht *(iure humano)* kann man sinnvoll nachdenken.
2. Der Inhaber eines solchen Amtes wird *gewählt* und gegebenenfalls auch *abgesetzt,* wie es auf dem Konzil in Konstanz der Fall war.
3. Der Papst steht grundsätzlich *unter dem Evangelium* und verhilft ihm nach Kräften zur Geltung in der Kirche.
4. Die Autorität des Papstes wird als *Ehrenprimat* von Bischöfen und Kirchen anerkannt.
5. Das Papstamt dient der *Einigkeit* der Christen und der *Abwehr* neuer, nicht Christus gemäßer Glaubenslehren.
6. Ein Papst kann an *verschiedenen Orten* und in *verschiedenen Kirchen* leben, wo Gott einen solchen Menschen schenkt, der dazu fähig ist.
7. Der Papst verzichtet grundsätzlich auf weltliche Macht und *tröstet die Gewissen,* statt sie zu unterdrücken.

Es ist mir nicht bekannt, dass man auf Seiten der reformatorischen Kirchen diese im 16. Jahrhundert bei den Reformatoren auch vorhandene andere Sicht des Papsttums wahrgenommen, aufgegriffen oder gar weiterentwickelt hätte. Im Gegenteil hat sich der apokalyptisch-emotionale Terminus »Antichrist« zur Brandmarkung des Papsttums in der Folgezeit verselbstständigt und ein weiteres kreatives Nachdenken über das Papsttum im Protestantismus verhindert bzw. als überflüssig erscheinen lassen. Die Unfehlbarkeitserklärung von ex-cathedra-Entscheidungen des Papstes auf dem Ersten Vatikanum 1870 sowie die Dogmatisierung der leiblichen Aufnahme Mariens in den Himmel durch Papst *Pius XII.* im Jahr 1950 waren auch nicht dazu angetan, das protestantische Urteil über das Papsttum zu revidieren. Als Heranwachsender habe ich noch am Reformationstag 1954 eine engagierte und erregte Predigt des damaligen Essener Superintendenten *Immanuel Pack* zu Johannes 14,6 – »Ich bin der Weg, die Wahrheit und das Leben« – gehört, in der er sich mit dem Mariendogma von 1950 auseinandergesetzt hat:

> »Die (katholische) Kirche handelt auch ohne Zeugnis der Schrift und ohne Bestätigung durch die Tradition … Der Satz der katholischen Kirche: ›Die Wahrheit ist beim unfehlbaren päpstlichen Lehramt‹ hat die Schrift gegen sich. Er ist darum für uns eine unerträgliche Anmaßung.«[3]

II. Zur ökumenischen Aufarbeitung des Antichrist-Verdikts

1. Von Papst Johannes XXIII. bis zu Papst Franziskus

1.1 Johannes XXIII.

Nach Jahrhunderten der Entfremdung bedurfte es eines kräftigen Neueinsatzes, um in die Papstfrage neue Bewegung zu bringen. Das geschah am 28. Oktober 1958 mit der Wahl von Papst *Johannes XXIII.* Aus dem Abstand eines guten halben Jahrhunderts kann man heute sagen, dass dieser Papst eine grundsätzliche Wende im Verständnis und Verhalten der Päpste eingeleitet hat. Als er nach den Gründen für seine ungewöhnliche

3 In: Höre und gehorche. Predigten, Essen 1954, S. 145.

Namenswahl gefragt wurde, ließ seine Antwort sofort aufhorchen: Er wolle die Schmach bedecken, die seit dem Konstanzer Konzil im Jahr 1415 auf diesem Namen liege – ein Akt der Wiedergutmachung nach über 500 Jahren! Seine nach innen wie nach außen völlig überraschende Ankündigung eines Konzils am letzten Tag der Gebetswoche für die Einheit der Christen, dem 25. Januar 1959, begründete er damit, dass das Konzil »nicht nur der Erbauung des christlichen Volkes dienen, sondern zugleich eine Einladung an die getrennten Gemeinschaften zur Suche nach der Einheit sein soll«.[4]

In seiner Antrittsenzyklika »*Ad Petri cathedram*«, die er am Tag der Apostel Petrus und Paulus, am 29. Juni 1959, veröffentlichte, wendet er sich zum Schluss an die nicht zur katholischen Kirche Gehörenden: »Wir wiederholen allen unseren Brüdern und Söhnen, die von diesem Stuhl Petri getrennt sind: ›Ich bin … Josef, euer Bruder‹ (Genesis 45,4). Kommt, gebt uns Raum« (2. Korinther 7,2).[5] So hatte noch nie ein Papst zu Angehörigen anderer Kirchen gesprochen: nicht als Herrscher, sondern als Bruder; nicht mit traditionellen päpstlichen Formulierungen, sondern mit Zitaten aus dem Alten und Neuen Testament; nicht mit Forderungen und Bedingungen, sondern mit der Einladung: »Kommt«. Dass er es damit ernst meinte, zeigte er ein knappes Jahr später, am Pfingstsonntag, dem 5. Juni 1960, mit der Einsetzung eines eigenen »Sekretariat(s) zur Förderung der Einheit der Christen«.

In seiner Eröffnungsrede zum Beginn des Zweiten Vatikanischen Konzils am 11. Oktober 1962 entfaltete Papst *Johannes XXIII.* dann öffentlich sein ökumenisches Ziel:

> »Ja, genau betrachtet, erstrahlt diese Einheit, die Jesus Christus für seine Kirche erlangte, in einem dreifachen Licht: die Einheit der Katholiken untereinander, die als leuchtendes Beispiel ganz fest bewahrt bleiben muss; sodann die Einheit, die im Gebet und den leidenschaftlichen Erwartungen der vom Apostolischen Stuhl getrennten Christen besteht, wieder mit uns vereint zu sein; und schließlich die Einheit der Hochschätzung und Ehrfurcht gegenüber der katholischen Kirche, die ihr von anderen, noch nicht christlichen Religionen erwiesen wird.«[6]

4 In: J. Chr. Hampe (Hg.), Ende der Gegenreformation? Das Konzil (EGR). Dokumente und Deutung, Stuttgart/Mainz 1964, S. 22.

5 EGR, S. 34.

6 In: P. Hünermann/B. J. Hilberath (Hg.), Herders theologischer Kommentar zum Zweiten Vatikanischen Konzil (HThK), Bd. 5, Freiburg 2006, S. 488.

Johannes XXIII. entwickelt hier in drei konzentrischen Kreisen eine weitsichtige Perspektive: die Einheit innerhalb der katholischen Kirche, mit den nicht-katholischen Christen und dem Respekt der nicht-christlichen Religionen. So weit hatte vor ihm noch kein Papst gedacht. Das wird in der letzten seiner 8 Enzykliken *»Pacem in terris«* vom 11. April 1963 besonders deutlich, die er nicht nur an die Katholiken, sondern an »alle Menschen guten Willens« richtete. Dort lehnt er nicht nur »im Atomzeitalter den Krieg als Mittel der Gerechtigkeit« ab, sondern auch die Vorstellung eines »gerechten Krieges« überhaupt.[7]

Papst *Johannes XXIII.* hat in seinem Verhalten wie mit seinen Worten, in Form und Inhalt ein neues Kapitel in der Geschichte der Päpste eingeleitet und mit seiner Einberufung des Zweiten Vatikanischen Konzils das wichtigste kirchengeschichtliche Ereignis seit der Reformationszeit auf den Weg gebracht. Als er am Pfingstmontag, dem 3. Juni 1963, starb, wurde er als erster Papst der Kirchengeschichte auch von Protestanten tief betrauert.

1.2 Paul VI.

Seine Nachfolger im Petrusamt sind auf dem eingeschlagenen neuen Weg weitergegangen. Das kann ich hier nur exemplarisch verdeutlichen. Papst *Paul VI.* eröffnete am 19. September 1963 die zweite Sitzungsperiode des Konzils mit einer programmatischen Ansprache. Darin redet er »die Delegierten der von der katholischen Kirche getrennten christlichen Gemeinschaften«, denen ganz vorn im Petersdom rechts neben dem Baldachin eine eigene Tribüne errichtet worden war, persönlich an:

> »Unsere Stimme zittert, Unser Herz bebt, weil ihre Gegenwart hier für Uns ein unaussprechlicher Trost und eine große Hoffnung ist, gleich wie ihre lange Trennung Uns zutiefst schmerzt. Wenn uns eine Schuld an dieser Trennung zuzuschreiben ist, so bitten wir demütig Gott um Verzeihung und bitten auch die Brüder um Vergebung, wenn sie sich von uns verletzt fühlen. Was uns betrifft, sind wir bereit, der Kirche zugefügtes Unrecht zu verzeihen und den großen Schmerz ob der langen Zwietracht und Trennung zu vergessen.«[8]

7 Vgl. LThK V, Freiburg 1996, Sp. 954.

8 In: HThK, Bd. 5, S. 510. Großes U bezeichnet Papst Paul VI., kleines u die katholische Kirche.

Drei Dinge sind an dieser Äußerung bemerkenswert: 1. Der Papst begrüßt die Anwesenheit nicht-katholischer Delegierter als »unaussprechlichen Trost und eine große Hoffnung«; das ist mehr als ein pflichtmäßiges Willkommen. 2. Erstmals seit dem Schuldbekenntnis *Hadrians VI.* von 1522 bekennt ein Papst Mitschuld an der Trennung und bittet Gott und die »Brüder« öffentlich um Vergebung. 3. Die katholische Kirche ist ihrerseits bereit, ihr zugefügtes Unrecht zu verzeihen. Diese selbstkritische Haltung hat im Ökumenismus-Dekret von 1964 ihren Widerhall gefunden. Im Blick auf die »Sünden gegen die Einheit« wird mit der 5. Bitte des Vater Unser bekannt: »In Demut bitten wir also Gott und die getrennten Brüder um Verzeihung, wie auch wir unseren Schuldigern vergeben«.[9]

Diese so noch nie von einem Konzil ausgesprochenen Worte haben ihre Wirkung auf die evangelische Seite nicht verfehlt. Nicht nur der damalige rheinische Präses *Joachim Beckmann* zeigte sich vor der Landessynode 1964 davon tief berührt; der Rat der Evangelischen Kirche in Deutschland (EKD) sah sich am 19. März 1964 zu einem offiziellen Wort »zum derzeitigen Gespräch zwischen den Konfessionen« herausgefordert, in dem es heißt:

> »So lassen wir … uns auch … mit ganzem Ernst zur Fünften Bitte des Vater Unser rufen: Vergib uns unsere Schuld, wie wir vergeben unseren Schuldigern. Jeder einzelne prüfe sich, wo er im Umgang mit dem römisch-katholischen Mitchristen Verzeihung erbitten und gewähren muss.«[10]

Diese öffentlichen Ereignisse von 1963/64 haben in Deutschland zu einem emotionalen Durchbruch in den Beziehungen zwischen evangelischer und katholischer Kirche und ihren Gliedern geführt. Auch der Lutherische Weltbund hat während seiner Fünften Vollversammlung 1970 im französischen Evian auf eine dortige Rede von Kardinal *Willebrands*

---

9 In: K. Rahner/H. Vorgrimler (Hg.), Kleines Konzilskompendium (KKK), Freiburg 1966, Z. 7 Abs. 2, S. 238.

10 12. Landessynode der Evangelischen Kirche im Rheinland (EKiR), Düsseldorf 1964, S. 16 f.; 13. Landessynode der EKiR, Düsseldorf 1965, S. 30; Einzelheiten zum Ganzen bei H.-G. Link, Die Auswirkungen des Zweiten Vatikanischen Konzils auf die Evangelische Kirche im Rheinland, in: H.-G. Link/B. Rudolph (Hg.), Nehmt einander an. Der ökumenische Weg der Evangelischen Kirche im Rheinland zwischen dem Zweiten Vatikanischen Konzil und dem Reformationsjubiläum (1960–2017), Göttingen 2017, S. 27 ff.

und die Vergebungsbitte von *Paul VI.* mit einer ausführlichen Erklärung geantwortet, die in die Sätze mündet: »Im Gebet des Herrn bitten wir zusammen mit allen Christen um Vergebung. Lasst uns deshalb darauf bedacht sein, einander aufrichtig und in Liebe zu begegnen.«[11]

1.3 Johannes Paul II.

Johannes Paul II. war der erste Papst, der im November 1980 nach Deutschland zu einem offiziellen Besuch reiste. Zu seinem Programm gehörte auch eine Begegnung mit Repräsentanten der Evangelischen Kirche in Deutschland unter der Leitung des damaligen Ratsvorsitzenden Bischof *Eduard Lohse* aus Hannover. Dieses historische Zusammentreffen, in dem ein Bischof aus Rom erstmals evangelischen Bischöfen aus Deutschland gegenübertrat, fand am 17. November 1980 im Mainzer Dom-Museum statt.[12] Zu den greifbaren Ergebnissen dieser Begegnung zählt die Einrichtung einer *Gemeinsamen Ökumenischen Kommission* (GÖK) mit dem Auftrag, die gegenseitigen Verwerfungen des 16. Jahrhunderts im Interesse einer »Bereinigung der Vergangenheit« aufzuarbeiten. Der polnische Bischof von Rom hatte sich bereitwillig auf das vom Hannoveraner evangelischen Bischof vorgetragene Anliegen eingelassen. Nach vierjähriger intensiver Arbeit legte der beauftragte Ökumenische Arbeitskreis evangelischer und katholischer Theologen (ÖAK) sein Ergebnis zu den Themen Rechtfertigung, Sakramente und Amt öffentlich vor.[13] Daraufhin richtete die GÖK ein Schreiben an die beteiligten Kirchenleitungen mit folgender Bitte: »Die Gemeinsame Ökumenische Kommission bittet daher die Leitungen der betroffenen Kirchen, verbindlich auszusprechen, dass die Verwerfungen des 16. Jahrhunderts den heutigen Partner nicht treffen …«.[14]

Bei seinem dritten Deutschlandbesuch im 450. Todesjahr Luthers 1996 hielt Papst *Johannes Paul II.* am 22. Juni im Paderborner Dom eine

11 Zitat in: Vom Konflikt zur Gemeinschaft (KzG). Gemeinsames lutherisch-katholisches Reformationsgedenken im Jahr 2017. Bericht der lutherisch/römisch-katholischen Kommission für die Einheit, Leipzig/Paderborn 2013, S. 94.

12 VAS Nr. 25: Papst Johannes Paul II. in Deutschland (1980), Hg. Sekretariat der Deutschen Bischofskonferenz, Bonn 1981, S. 78.

13 K. Lehmann/W. Pannenberg (Hg.), Lehrverurteilungen – kirchentrennend? I (LV-k?), Freiburg/Göttingen 1986.

14 LV-k?, S. 195. Eine Antwort darauf steht bis heute aus.

Predigt, in der er aus gegebenem Anlass auch auf *Martin Luther* einging. Er unterscheidet dort zwischen Luthers ursprünglichem Ansatz zur Erneuerung der Kirche und der aus verschiedenen anderen Gründen zustande gekommenen Kirchenspaltung. Diese Differenzierung ermöglicht ihm zwei wichtige Schlussfolgerungen: Einmal spricht er im Anschluss an Papst *Hadrian VI.* (1522/23) vom »Versagen in der katholischen Kirche«: »Wir alle haben Schuld auf uns geladen.« Sodann nimmt er Luthers Aufruf zu Buße und Erneuerung auf: »Deshalb sind wir alle zur Buße aufgefordert …«.[15] Hier zeigt sich eine deutliche Bereitschaft des Bischofs von Rom, Luther Gerechtigkeit widerfahren zu lassen und sein ursprüngliches reformatorisches Anliegen positiv aufzugreifen. Dem Vernehmen nach war *Johannes Paul II.* auch bereit, auf der Wartburg ein selbstkritisches Wort zum Umgang der damaligen katholischen Kirche mit Luther zu sprechen; auf deutscher katholischer Seite sei man jedoch der Meinung gewesen, dafür sei die Zeit noch nicht reif.

1.4 Benedikt XVI.

Auch Papst *Benedikt XVI.*, der deutsche katholische Theologe *Joseph Ratzinger*, hat sich mit Martin Luther auseinandergesetzt. Er hat das vor allem bei seinem Besuch im Erfurter Augustinerkloster am 23. September 2011 getan. Dort hat er im Kapitelsaal an die Vertreter der Evangelischen Kirche in Deutschland in kleiner Runde, leider unter Ausschluss von Öffentlichkeit und Fernsehen, eine bemerkenswerte Rede zu Luther gehalten, der dort sieben Jahre lang von 1505–1512 als Mönch gelebt hatte. Nachdem der gastgebende rheinische Präses und Ratsvorsitzende der EKD *Nikolaus Schneider* den »lieben Bruder in Christus« willkommen geheißen und zum »Fest des Christusbekenntnisses« 2017 eingeladen hatte, griff Papst Benedikt Luthers Kernfrage auf: »Wie kriege ich einen gnädigen Gott?«, um sie auf die Gegenwart zu beziehen:

> »Die Frage: Wie steht Gott zu mir, wie stehe ich vor Gott – diese brennende Frage Luthers muss wieder neu und gewiss in neuer Form auch unsere Frage werden … Luthers Denken, seine ganze Spiritualität war

---

15 In: L. Accattoli, Wenn der Papst um Vergebung bittet. Alle »mea culpa« Johannes Paul's II. an der Wende zum 3. Jahrtausend, Innsbruck/Wien 1999, S. 132f; vgl. auch Kölner Ökumenische Nachrichten (KÖN) 3/6,1996, Das aktuelle Dokument (3), Z. 6.

> durchaus christozentrisch: ›Was Christum treibet‹, war für Luther der entscheidende hermeneutische Maßstab für die Auslegung der Heiligen Schrift. Dies aber setzt voraus, dass Christus die Mitte unserer Spiritualität und dass die Liebe zu ihm, das Mitleben mit ihm, unser Leben bestimmt. Natürlich muss der Glaube heute neu gedacht und vor allem neu gelebt werden … Dies ist eine zentrale ökumenische Aufgabe, in der wir uns gegenseitig helfen müssen: tiefer und lebendiger zu glauben.«[16]

In dieser Ansprache stellt *Benedikt XVI.* Luther als ökumenischen Lehrer vor: 1. seine Grundfrage nach dem gnädigen Gott, 2. seine christozentrische Hermeneutik, 3. sein Glaubensimpuls. In allen drei Hinsichten empfiehlt der Papst, von Luther zu lernen und zwar in ökumenischer Gemeinschaft: »Auch heute ist der in einer säkularisierten Welt von innen gelebte Glaube die stärkste ökumenische Kraft, die uns zueinander führt, der Einheit in dem einen Herrn entgegen.«

Wie allerdings Benedikts Predigt, die er im Anschluss während des vom Fernsehen übertragenen ökumenischen Wortgottesdienstes in der Erfurter Augustinerkirche gehalten hat, zu erkennen gab, sah sich der Papst im Unterschied zu Luther nicht in der Lage, aus seinen theologischen Einsichten auch nur die geringste Folgerung für das sichtbare Zusammenleben von getrennten Kirchen zu ziehen. Im Gegenteil: Er nannte die Erwartung eines »ökumenischen Gastgeschenks … ein politisches Missverständnis des Glaubens und der Ökumene«.[17] Hier wurde die Grenze des Theologenpapstes schmerzlich sichtbar, die seine Erfurter Begegnung im Augustinerkloster von Dur in Moll verwandelt hat.

1.5 Franziskus

Papst *Franziskus* hat gleich mit seinem ersten Apostolischen Schreiben *Evangelii Gaudium* – die Freude des Evangeliums – vom 24. November 2013 einen neuen Ton angeschlagen, wie es *Johannes XXIII.* mit seiner

16 In: Apostolische Reise Seiner Heiligkeit Papst Benedikt XVI. nach Berlin, Erfurt und Freiburg, 22. bis 25. September 2011. Predigten, Ansprachen und Grußworte (B XVI. AR) Hg. Sekretariat der Deutschen Bischofskonferenz, Bonn 28. September 2011, VAS189, S. 66,70, 71 ff.

17 B XVI. AR, S. 83.

ersten Enzyklika 1959 getan hatte. Denn es geht ihm dabei um die »Verkündigung des Evangeliums in der Welt von heute«[18]. Mit diesem Thema liegt er genau auf der Linie *Martin Luthers*, der nach seinem Diktum in der Galater-Vorlesung also nicht zögern würde, *Franziskus* die Füße zu küssen, wenn er davon erführe. Mit seinen beiden weiteren offiziellen Schreiben »*Laudato si.* Über die Sorge für das gemeinsame Haus« der Schöpfung von 2015[19] und »*Amoris laetitia*«, die Freude der Liebe, über die Liebe in der Familie, von 2016[20] hat der Papst ebenfalls große Aufmerksamkeit und Zustimmung gefunden.

Am stärksten ist ihm das bisher mit seiner Reise zum Reformationsgedenken am 31. Oktober 2016 in der lutherischen Kathedrale von *Lund/Schweden* gelungen. Dort hat er im Gedenk- und Jubiläumsgottesdienst für 50 Jahre erfolgreicher Dialog mit dem Lutherischen Weltbund (LWB) eine der beiden Predigten gehalten. Hier macht er deutlich, wie sehr er sich mit Luthers Anliegen der Reform der Kirche identifiziert und welche neue Chance er 2017 wittert, »einen entscheidenden Moment unserer Geschichte wiedergutzumachen«. Er anerkennt dankbar, »dass die Reformation dazu beigetragen hat, die Heilige Schrift mehr ins Zentrum des Lebens der Kirche zu stellen«. Und er bittet Gott um »das Geschenk der Einheit, damit die Welt an die Macht deiner Barmherzigkeit glaubt«: »Wir werden als Christen in dem Maß ein glaubwürdiges Zeugnis der Barmherzigkeit sein, in dem Vergebung, Erneuerung und Versöhnung unter uns eine tägliche Erfahrung ist«.[21]

Franziskus unterstreicht hier das Geschenk der Reformation, die Chance zur Wiedergutmachung und die Hoffnung auf ein glaubwürdiges gemeinsames Zeugnis für Gottes Barmherzigkeit. In der Kathedrale von Lund kam das auch durch die gemeinsame liturgische Kleidung von Papst und den beiden lutherischen Repräsentanten, Bischof *Younan* und Generalsekretär *Junge*, in Albe mit roter Stola zum sinnenfälligen Ausdruck.

Die katholisch-lutherische Erklärung, die im Gottesdienst von beiden Seiten unterzeichnet und mit einer anschließenden Umarmung bekräftigt wurde, spricht erstmals auch die »Sehnsucht« an,

---

18 VAS 194, Bonn 24. November 2013.

19 VAS 202, Bonn 24. Mai 2015.

20 VAS 204, Bonn 19. März 2016.

21 In: Papst Franziskus, Die Spaltung unter uns Christen ist ein Skandal, (SCS), Hg. St. von Kempis, Stuttgart 2017, S. 59ff.

> »die Eucharistie in einem Mahl zu empfangen als konkreten Ausdruck der vollen Einheit. Wir erfahren den Schmerz … Wir erkennen unsere gemeinsame pastorale Verantwortung, dem geistlichen Hunger und Durst unserer Menschen, eins zu sein in Christus, zu begegnen. Wir sehnen uns danach, dass diese Wunde im Leib Christi geheilt wird.«[22]

Solche Sätze hat man bisher noch nie in einer gemeinsamen Erklärung gelesen. Seitdem befinden sich Katholiken und Lutheraner »nicht länger in Opposition zueinander, sondern in Gemeinschaft miteinander«, wie es Generalsekretär *Junge* ausdrückte, auf dem Weg zur vollen Gemeinschaft ihrer Kirchen.

1.6 Die Päpste und Luther

Vergegenwärtigt man sich den Weg, den die katholische Kirche in Gestalt ihrer obersten Repräsentanten, der Päpste, in den vergangenen 62 Jahren genommen hat, dann kommt man im Vergleich zu den vorangegangenen rund 400 Jahren so schnell aus dem Staunen nicht heraus. Der Weg begann mit der Einberufung des 21. Konzils durch *Johannes XXIII.* Er wurde fortgesetzt mit der Vergebungsbitte von *Paul VI.* Unter *Johannes Paul II.* kam es zur Aufarbeitung der gegenseitigen Lehrverurteilungen. *Benedikt XVI.* hat Luthers Frage nach Gott theologisch verstanden und gewürdigt. Und *Franziskus* hat mit der »Freude des Evangeliums« die Teilnahme an der Feier von 500-jährigem Reformationsgedenken und 50-jährigem Dialog verbunden.

Luther hat mit den Päpsten zu seinen Lebzeiten das Gegenteil erlitten, das ihn zu seinem scharfen Antichrist-Verdikt gebracht hat. Aus dieser Perspektive und der folgenden jahrhundertelangen Entfremdung bis in die Mitte des 20. Jahrhunderts hinein wird man den neuen Weg der katholischen und lutherischen Kirchen zueinander in den letzten sechs Jahrzehnten als ein großes unerwartetes ökumenisches Geschenk Gottes verstehen und anerkennen. Hätte Luther Vergleichbares erlebt, wäre er nie auf das Antichrist-Verdikt verfallen. Das bedeutet in umgekehrter Sicht, dass die Päpste seit *Johannes XXIII.* viel getan haben, um den Antichrist-Vorwurf zu entkräften. Das apostolische Schreiben von Papst *Franziskus* »Über die Verkündigung des Evangeliums in der Welt von heute«

22 SCS, S. 64.

kann man Luthers Schrift »Von der Freiheit eines Christenmenschen« an die Seite stellen.

2. Päpstliche Besuche beim Ökumenischen Rat der Kirchen (ÖRK) in Genf: Pilger statt Herrscher

Es waren drei Besuche: am 10. Juni 1969 von *Paul VI.*, am 12. Juni 1984 von *Johannes Paul II.* und am 21. Juni 2018 von Papst *Franziskus.* Während die ersten beiden Besuche in einer gewissen zeitlichen und personellen Kontinuität zueinander stehen, klafft zwischen dem zweiten und dritten Besuch eine ebenso deutliche zeitliche wie personelle Lücke von über 30 Jahren. Denn weder *Johannes Paul II.* bei seinem letzten Besuch in der Schweiz 2004 noch ausgerechnet der deutsche Papst *Benedikt XVI.* aus dem Land der Reformation hat während seines gesamten Pontifikats die Genfer Schwelle des Ökumenischen Rates je überschritten.

Mit ihren drei bisherigen Besuchen beim Ökumenischen Rat der Kirchen haben die Päpste deutlich werden lassen, dass Pilgern keine Einbahnstraße nach Rom ist, sondern die Bischöfe von Rom sich heutzutage ihrerseits als Pilger mit anderen Christen auf dem Weg zur Gemeinschaft der Kirchen verstehen. Sie haben ihre Wertschätzung für die Existenz der inzwischen rund 350 im ÖRK zusammengeschlossenen Kirchen zu erkennen gegeben und damit auch der Arbeit des Ökumenischen Rates jeweils zu Aufmerksamkeit und Anerkennung verholfen. Sie haben in ihrer Themengewichtung eine gewisse Prioritätensetzung vorgenommen: An erster Stelle steht das gemeinsame Beten und Gottesdienst Feiern, also die spirituelle Dimension. Dann unterstreichen die Päpste die Bedeutung der theologischen Arbeit der Kommission für Glauben und Kirchenverfassung, insbesondere die beiden Konvergenzerklärungen zu Taufe, Eucharistie und Amt von 1982 sowie zur gemeinsamen Vision von Kirche im Jahr 2013. Schließlich liegt ihnen am gemeinsamen Zeugnis aller Christen für die Welt, die nur so zum Glauben kommt (Johannes 17,21).

Im Blick auf den Antichrist-Vorwurf *Martin Luthers* kann man beobachten, wie die Päpste sich zunehmend als solidarische Brüder auf einem gemeinsamen Weg verstehen, äußern und verhalten. Das kam beim Besuch von Papst *Franziskus* 2018 besonders schön zum Ausdruck, als er sich auf der Wiese von Chateau de Bossey oberhalb des Genfer Sees unter die Studierenden der internationalen Graduate School zum zwanglosen Gespräch mischte. Die Zeiten der päpstlichen Herrschaft über Kirchen oder gar Staaten sind längst vorüber, die Tage der »Diener der Diener Gottes« – *servi servorum Dei* – sind seit *Papst Johannes XXIII.* angebrochen.

3. Zur theologischen Aufarbeitung der Papstfrage

Sie hat kurz nach Abschluss des Konzils 1967 in Zürich mit der Bildung einer *Evangelisch-lutherischen/Römisch-katholischen Studienkommission* von Lutherischem Weltbund und Vatikan begonnen. Mit dem Malta-Bericht von 1972 zu »Das Evangelium und die Kirche« hat sie ihr erstes Ergebnis vorgelegt, das auch »die Frage des päpstlichen Primats« erörtert. In Deutschland hat sich Ende der siebziger Jahre eine *bilaterale Arbeitsgruppe* und Anfang der achtziger Jahre der *Ökumenische Arbeitskreis* evangelischer und katholischer Theologen (ÖAK) ebenfalls mit der kontroversen Papstfrage befasst. Der internationale Bericht aus dem Jahr 2013 *»Vom Konflikt zur Gemeinschaft«* zum gemeinsamen lutherisch-katholischen Reformationsgedenken hat erstmals »eine historische Skizze der lutherischen Reformation und der katholischen Antwort« vorgelegt (Kapitel III), die auch Luthers Antichrist-Verdikt anspricht: »Mit dieser zugegebenermaßen schockierenden Anklage wollte Luther sagen, dass der Papst Christus nicht erlaubte zu sagen, was Christus sagen wollte, und dass der Papst sich über die Schrift gestellt hatte, anstatt sich ihrer Autorität zu unterwerfen«.[23] Im Folgenden werde ich die theologische Aufarbeitung der Papstfrage zuerst aus katholischer und dann aus evangelischer Sicht darstellen.

3.1 Katholische Wandlungen im Papstverständnis

In der *Kirchenkonstitution* des Zweiten Vatikanischen Konzils von 1964 wird zwar die päpstliche Unfehlbarkeitsdefinition des Ersten Vatikanums wiederholt, aber sie steht jetzt in einem neuen Zusammenhang: nicht mehr isoliert für sich, sondern in Verbindung mit dem Kollegium der Bischöfe, mit der Vielfalt der Ortskirchen und vor allem mit der Verkündigung des Evangeliums.[24] Diese Rückbindung des Primats an die

23 Leipzig/Paderborn 2013, Z. 53, S. 32; vgl. auch: Martin Luther – Zeuge Jesu Christi, in: DWÜ 2, Paderborn/Frankfurt-Main 1992, Z. 15, S. 447.

24 Vgl. KKK (Anm. 9), Z. 22 und 25, S. 147 ff, 152 ff.

göttliche Offenbarung hat zu der bahnbrechenden Erkenntnis geführt: »Das Lehramt ist nicht *über* dem Wort Gottes, sondern *dient* ihm ...«.[25] Auch der *Malta-Bericht* von 1972 unterstreicht diesen veränderten Zusammenhang des Papstamtes: »Durch seine Lehre von der Kollegialität des Episkopats hat das Zweite Vatikanische Konzil den Primat in einen neuen Interpretationshorizont gestellt und dadurch ein weitverbreitetes einseitiges und isoliertes Verständnis verhindert«.[26] Mit den beiden dogmatischen Konstitutionen des Vatikanum II hat der päpstliche Primat neue Koordinaten und Bezugsgrößen erhalten, die ihn im Kern verändert haben. Das wird einerseits durch das dargelegte veränderte Reden und Verhalten der römischen Bischöfe belegt, andererseits durch die Tatsache, dass nach 1950 keine Ex-cathedra-Verlautbarung mehr vollzogen worden ist und in Zukunft wohl auch nicht mehr zu erwarten ist. Stattdessen rückt der päpstliche Dienst an der Einheit und Vielfalt der Kirche in den Vordergrund: »Der Bischof von Rom hat den Dienst an der Einheit der universalen Kirche wie an der legitimen Vielfalt in der Kirche wahrzunehmen.« In der nachkonziliaren Zeit versucht die katholische Kirche, das »Petrusamt ... von der Petrustypologie des Neuen Testamentes her« zu verstehen, also biblisch einzubinden und auch seine »Hindernisse auf dem Weg zur Einheit der Kirche« in Blick zu nehmen.[27]

Auf der anderen Seite hat Kardinal *Willebrands* in seiner Rede 1970 vor der 5. lutherischen Vollversammlung *Martin Luther* bescheinigt, »einen bemerkenswerten Besitz des alten katholischen Glaubens« beibehalten zu haben, so dass die Gemeinsame Erklärung unter dem Titel: »*Martin Luther – Zeuge Jesu Christi*« von 1983 zu dem Ergebnis kommt: »Es ist uns heute möglich, gemeinsam von Luther zu lernen.«[28]

Auf dem Hintergrund solcher Einsichten hat Papst *Johannes Paul* II. am Ende des letzten Jahrhunderts nach neuen Formen der Primatsausübung gesucht und eine nie zuvor ergangene Einladung ausgesprochen:

> »Könnte die zwischen uns allen bereits real bestehende, wenn auch unvollkommene Gemeinschaft nicht die kirchlichen Verantwort-

---

25 Dogmatische Konstitution über die göttliche Offenbarung, in: KKK, Z. 10, S. 372 (Hvg. vom Vf.).

26 In: Dokumente wachsender Übereinstimmung (DWÜ). Sämtliche Berichte und Konsenstexte interkonfessioneller Gespräche auf Weltebene, 1: 1932–1982; Z. 66, S. 266.

27 Das geistliche Amt in der Kirche (GAK), 1981, in: DWÜ 1, Z. 69 und 71, S. 351 f.

28 DWÜ 2, Z. 23 und 26, S. 449 f.

lichen und ihre Theologen dazu veranlassen, über dieses Thema mit mir einen brüderlichen, geduldigen Dialog aufzunehmen, bei dem wir jenseits fruchtloser Polemiken einander anhören könnten, wobei wir einzig und allein den Willen Christi für seine Kirche im Sinne haben ...?«[29]

So kommt die Aufarbeitung der Lehrverurteilungen des 16. Jahrhunderts mit Recht zu dem Schluss: »Auf ein Papsttum, dessen Amt dem Evangelium untergeordnet ist, kann ... das Urteil der Reformation über den Papst keine Anwendung finden.«[30]

3.2 Evangelische Aufarbeitung des Antichrist-Verdikts

Im Rahmen der Studie »*Lehrverurteilungen – kirchentrennend?*« hat sich der Ökumenische Arbeitskreis 1986 ausführlich mit Luthers Antichrist-Vorwurf auseinandergesetzt. Er benennt als berechtigten theologischen Kern von Luthers Vorwurf, »dass das Papsttum sich über die Schrift hinwegsetzt«, was nach dem Zweiten Vatikanum heute durchaus *nicht* mehr zutrifft. Davon zu unterscheiden ist die polemisch-emotionale Verwendung des Wortes »Antichrist«, die »schon unter den Bedingungen des 16. Jahrhunderts bei genauer Würdigung des päpstlichen Selbstverständnisses sachlich nicht gerechtfertigt« war. Hinzu kommt als dritter Gesichtspunkt die »apokalyptisch geprägte Denkweise« Luthers und vieler seiner Zeitgenossen. Dazu stellt die Studie fest: »Kein Amt als solches kann aber mit dem Antichristen identifiziert werden.« Es ist unangemessen und ebenfalls anmaßend, mit einem solchen end-gültigen Gerichtsurteil den Stab über eine noch so fehlsame Person zu brechen. Lapidar wird dem entgegengesetzt: *»Der Papst ist nicht der Antichrist.«* Daher spricht sich die Studie für eine Revision des reformatorischen Verdikts aus und kommt zu demselben Ergebnis, wie es auch schon der Malta-Bericht 1972[31] und das »Geistliche Amt in der Kirche« 1981[32] formuliert haben: Es

29 Enzyklika Ut Unum Sint (UUS). Über den Einsatz für die Ökumene, VAS 121, Bonn 25. Mai 1995, Z. 96, S. 68.

30 LV-k? (Anm. 13), S. 169.

31 DWÜ 1, Z. 66, S. 266 (Hvg. vom Vf.).

32 DWÜ 1, Z. 73, S. 353.

»zeichnet sich die ›Möglichkeit‹ ab, dass neben der Institution des ökumenischen Konzils sowie anderer Formen überregionaler Gemeinschaft von Kirchen, auch das Petrusamt des Bischofs von Rom als sichtbares Zeichen der Einheit der Gesamtkirche von den Lutheranern nicht ausgeschlossen zu werden braucht, soweit es durch theologische Reinterpretation und praktische Umstrukturierung dem Primat des Evangeliums untergeordnet wird.«[33]

Mit diesem Votum hat sich 1991 der Catholica-Beauftragte der VELKD, Bischof *Ulrich Wilkens* befasst und mit Berufung auf eine lutherische Stellungnahme dazu vor der Generalssynode erklärt: »Die Aussage vom Papst als dem Anti-Christen (wird) … in aller Form abgelehnt … Als ein Amt nach menschlichem Recht, als ›sichtbares Zeichen der Einheit‹ könnte dagegen das Papsttum einen nützlichen Dienst tun.«.[34] Schließlich haben die VELKD, die Arnoldshainer Konferenz und das deutsche Nationalkomitee des Lutherischen Weltbundes am 19. Oktober 1994 folgenden gemeinsamen Beschluss zum Papsttum verabschiedet:

»Ein Papstamt, das sich nicht über, sondern unter die Heilige Schrift stellt und dessen Lehrentscheidungen folglich an der Heiligen Schrift zu prüfen und zu messen sind, wird von den Verwerfungen der Schmalkaldischen Artikel, der Papst sei der Antichrist, nicht getroffen … Die evangelischen Kirchen erwarten (ihrerseits) vom römisch-katholischen Lehramt die offizielle Feststellung, dass die Verwerfungssätze von Trient die reformatorische Rechtfertigungslehre, das reformatorische Sakramentsverständnis, insbesondere das Abendmahlsverständnis, und das reformatorische Amtsverständnis nicht treffen …«[35]

Am weitesten in der Aufarbeitung der Papstfrage ist bisher die bilaterale Arbeitsgruppe von Deutscher Bischofskonferenz und VELKD mit ihrer Veröffentlichung im Jahr 2000 vorgestoßen: »*Communio Sanctorum. Die Kirche als Gemeinschaft der Heiligen*«. Da diese Studie leider erst Anfang September 2000 wenige Wochen *nach* der katholischen Erklärung

33 LV-k? I, S. 167 ff, hier S. 169.
34 Texte aus der VELKD 44/1991, S. 18.
35 Texte aus der VELKD 42/1991, 3. Aufl., Juli 1996, S. 99.

Dominus Iesus vom 6. August der Öffentlichkeit bekannt geworden ist, wurde sie von dieser römischen Verlautbarung völlig zugedeckt und ist in ihrer Tragweite bis heute nicht richtig erkannt worden. Das bilaterale Dokument kann bereits von dem Ergebnis der vorangegangenen Dialoge ausgehen, »dass die Aussage der Reformatoren, der Papst sei der Antichrist, heute bedauert und nicht mehr aufrechterhalten wird«.[36] Dann wird die heutige lutherische Stellung zur Frage des Papsttums mit folgenden 6 Punkten zusammengefasst:

1. Die Kirche verwirklicht sich auf verschiedenen *Ebenen* von der Ortsgemeinde als elementarer Existenzform bis zur universalen Kirche.
2. Die volle Gemeinschaft von Ortskirchen beinhaltet die »volle wechselseitige Anerkennung der *Ämter*« nach dem Kriterium der apostolischen Tradition.
3. Zu den regionalen wie gesamtkirchlichen Leitungsstrukturen gehören personale, kollegiale und synodale *Verantwortungsträger.*
4. Im Blick auf die universale Ebene ist darüber nachzudenken, »ob ein gesamtkirchlicher *Petrusdienst* angemessen, möglich oder gar notwendig ist … Er hätte eine pastorale Aufgabe an allen Kirchen und wäre zugleich ihr Repräsentant.«
5. Als Rechtsform eines gesamtkirchlichen Petrusdienstes ist eine »*konziliare Gemeinschaft* aller Kirchen in versöhnter Verschiedenheit (denkbar), mit einem dieser Gemeinschaft dienenden Petrusamt«.
6. Aus historischen Gründen liegt die Bindung eines universalen Petrusdienstes an den *Bischof von Rom* nahe, der einen »Ehrenprimat« im Sinne eines »Vorsitzes in der Liebe« ausüben kann, etwa wie es bei dem orthodoxen ökumenischen Patriarchen von Konstantinopel der Fall ist.[37]

Die beiden vorerst letzten Veröffentlichungen der lutherisch/römisch-katholischen Kommission für die Einheit zur »Apostolizität der Kirche«[38] und »Vom Konflikt zur Gemeinschaft«[39] haben weitere positive Gesichtspunkte zum Lehramt und Petrusdienst entwickelt, auf die ich

36 Communio Sanctorum (CS), Paderborn/Frankfurt-Main 2000, S. 92.
37 CS S. 93–95.
38 Die Apostolizität der Kirche, Paderborn/Frankfurt-Main, 2009,4.6.2, C Das Lehramt, Z. 449 ff, S. 209 ff; DWÜ IV, 2012, S. 673 ff.
39 IV,3 Amt, Z. 192, S. 78.

hier nur noch summarisch aufmerksam machen kann. Das bilaterale Dokument *Communio Sanctorum* kommt abschließend zu dem Urteil, dass »eine Versöhnung im Blick auf den ›Petrusdienst‹ nur … als Umkehr und Bekehrung, als Neuanfang der universalen Gemeinschaft gedacht werden kann«.[40] Die Überlegungen, die hier auf deutscher regionaler Ebene zu einem erneuerten Petrusdienst vorgedacht worden sind, hat die zweite Konvergenzerklärung der weltweiten Kommission für Glauben und Kirchenverfassung zur *»gemeinsamen Vision von Kirche«* 2013 in Penang/Malaysia teilweise aufgenommen und damit auf die universale Dialogebene gebracht.[41]

III. Umgang mit dem Antichrist-Verdikt und der Exkommunikation Luthers im Gedenkjahr 2021

Nach einer rund 400-jährigen Blockade ist seit dem Pontifikat von Papst *Johannes XXIII.* und dem Zweiten Vatikanischen Konzil in den vergangenen 60 Jahren neue Bewegung in die Papstfrage gekommen. Dazu haben die nachfolgenden Päpste mit ihren Äußerungen, ihrem Verhalten und nicht zuletzt ihren Besuchen auch in Deutschland ebenso beigetragen wie die »Lutherisch/römisch-katholische Kommission für die Einheit« mit ihren zahlreichen Veröffentlichungen. Als Höhepunkte in dieser Entwicklung kann man einerseits die Erklärung im Jahr von Luthers 500. Geburtstag 1983 sehen mit ihrem programmatischen Titel: *»Martin Luther – Zeuge Jesu Christi«*. Andererseits hat die *»Gemeinsame Erklärung zur Rechtfertigungslehre«* von 1999 die theologischen Grundlagen für eine neue Gesamtbeziehung zwischen evangelischen und katholischer Kirche gelegt, auch wenn sie nur am Rande auf Lehrverurteilungen eingeht und die Papstfrage nicht eigens thematisiert.

Dennoch ist unser kirchliches Bewusstsein durch die Schärfe der damaligen Auseinandersetzungen zwischen *Luther und Papst* sowie durch sein Antichrist-Verdikt einerseits und seine Exkommunikation durch

40 CS, Z. 199, S. 98.

41 Die Kirche. Auf dem Weg zu einer gemeinsamen Vision, Gütersloh/Paderborn 2014, III B: Das Amt der Aufsicht (Episkope), Z. 55 f, S. 90 ff; dazu: H.-G. Link, Gemeinsame Vision von Kirche. Zur katholischen Antwort auf das zweite Genfer Konvergenzdokument, in KNA-Ökumenische Information 15–16, 7. April 2020, Thema der Woche I–XII.

Papst *Leo X.* andererseits noch immer geprägt und sei es im Unterbewussten. »Unser kirchliches Bewusstsein ist traumatisiert durch gegenseitige Verurteilungen.«[42] Mit einem Ketzer und einem Antichristen will niemand etwas zu tun haben! Solche gegenseitigen Verwerfungen und Vorurteile halten sich viel länger offen oder verdeckt am Leben als nur ihre theologische Aufarbeitung.

Wir haben *im Jahr 2000* und danach erleben müssen, wie ein einziger Satz der römischen Erklärung *Dominus Iesus,* sogar nur die an bestimmte christliche Gemeinschaften gerichtete Formulierung, sie seien *»nicht Kirche im eigentlichen Sinn«,*[43] die ökumenische Zusammenarbeit erschüttert und das ökumenische Klima auf Jahre hin belastet hat. Das geschah nur neun Monate nach der Verabschiedung der Gemeinsamen Erklärung zur Rechtfertigungslehre! Bis in die Öffentlichkeit hinein wurden damals wieder gegenseitige Beschimpfungen und Verunglimpfungen laut, die man für längst überholt gehalten hatte. Es wurde dabei sichtbar, wie dünn und wenig belastbar das Eis der evangelisch-katholischen Verständigung noch ist. Damit sich ein solcher Vorgang nicht wiederholt, ist es nötig, wie die Erklärung »Einheit vor uns« von 1985 sagt, »dass unsere Kirchen in allen Punkten, wo es sich als möglich erweist, offiziell erklären, dass angesichts des gegenwärtigen Standes der Lehre der anderen Kirchen diese Verurteilungen gegenstandslos geworden sind«[44].

Das ist 1999 im Blick auf die *Lehre von der Rechtfertigung* geschehen:

> »Die in dieser Erklärung vorgelegte Lehre der lutherischen Kirchen wird nicht von den Verurteilungen des Trienter Konzils getroffen. Die Verwerfungen der lutherischen Bekenntnisschriften treffen nicht die in dieser Erklärung vorgelegte Lehre der römisch-katholischen Kirche.«[45]

Das Jahr 2021, in dem sich die *Exkommunikation Martin Luthers und aller seiner Anhänger* am 3. Januar zum 500. Mal jährt, bietet nun eine gute Gelegenheit, ein ähnliches Verfahren der Außerkraftsetzung von

42 Einheit vor uns. Modelle, Formen und Phasen katholisch/lutherischer Kirchengemeinschaft, Paderborn/Frankfurt-Main 1985, Z. 67, S. 42; DWÜ II, 1992, S. 477.

43 Kongregation für die Glaubenslehre. Erklärung Dominus Iesus. Über die Einzigkeit und die Heilsuniversalität Jesu Christi und der Kirche, VAS 148, Bonn 6. August 2000, Z. 17, S. 23.

44 Einheit vor uns (Anm. 42), Z. 67, S. 42; DWÜ II, S. 477.

45 Gemeinsame Erklärung zur Rechtfertigungslehre, 1999, Z. 41.

gegenseitigen Verurteilungen der Personen *Martin Luther* und Papst *Leo X.* samt ihren Anhängern und Lehren in Gang zu setzen. Dazu mache ich abschließend drei Vorschläge:

1. Öffentliche Rücknahme des Antichrist-Verdikts

Nachdem die *deutschen lutherischen Kirchen* sich bereits im Jahr 1994 von Luthers Antichrist-Verdikt offiziell distanziert haben, sollte es ihnen nicht schwer fallen, das in Form einer öffentlichen Erklärung zu bekräftigen und sowohl die reformierten Kirchen als auch die gesamte Evangelische Kirche in Deutschland (EKD) für diesen *Schlussstrich* unter eines der unerfreulichsten Kapitel der Kirchengeschichte zu gewinnen.

2. Außerkraftsetzung der Exkommunikation Luthers und aller seiner Anhänger

Wie die gemeinsame Erklärung von 1983 zu »Martin Luther – Zeuge Jesu Christi« gezeigt hat, wird Luther heute auch in der katholischen Kirche als Lehrer im gemeinsamen Glauben verstanden. Auf diesem Hintergrund sollte es möglich sein, dass die Exkommunikation Luthers und aller seiner Anhänger von der *Kirche Roms* in angemessener verbindlicher Form öffentlich bedauert und *außer Kraft* gesetzt wird.

3. Erklärungen in einem ökumenischen Gottesdienst am 3. Januar 2021

Wir erwarten solche öffentlichen verbindlichen Erklärungen von beiden Kirchen, damit das Gift der gegenseitigen Verurteilungen die sich anbahnenden vertrauensvollen Beziehungen nicht länger belastet und unsere Kirchen stattdessen zu einem belastbaren geschwisterlichen Verhältnis finden. Deshalb schlage ich vor, dass die erarbeiteten Erklärungen beider Kirchen im Rahmen eines *Gottesdienstes am 3. Januar 2021* abgegeben und u. a. mit dem Austausch des Friedensgrußes besiegelt werden.

Der Zusammenprall Martin Luthers und Kaiser Karls V. auf dem Reichstag zu Worms (1521) und die Folgen bis in die Gegenwart

Josef Wohlmuth

Einem gewaltigen Zusammenprall zweier Schnellzüge auf einer eingleisigen Zugstrecke der Geschichte glich es, als am 18. und 19. April 1521 der neu gewählte Kaiser Karl V. und der Augustinermönch aus Wittenberg, Martin Luther, in der Stadt Worms zusammentrafen. Sogleich stellt sich die Frage, wer die Schuld für diesen Zusammenprall trägt. Hat jemand ein Halteschild übersehen? Ist die Ausweichstelle nicht beachtet worden? War der Fahrplan falsch? Welcher der beiden Züge hätte an welcher Stelle das Stoppschild beachten müssen? Müßige Fragen, die den geschehenen Zusammenprall ohnehin nicht mehr ungeschehen machen können. Die Ursachenforschung in der *causa Lutheri* hat eine geradezu tragische Vorgeschichte, in der widrige Umstände ebenso wie menschliches Versagen und institutionelle Mängel aufgeführt werden können. Macht- und Ohnmachtserfahrungen spielen für alle Beteiligten eine tragische Rolle. Welche Mächte stehen welcher Ohnmacht gegenüber? Schließlich stellt sich die Frage, welche Lehren heute aus dem Zusammenprall gezogen werden können.[1]

---

1 Die Vorgeschichte dieses Zusammenpralls wird in den anderen Beiträgen dieses Buches beleuchtet. Zu den Quellen. vgl. Ulrich Köpf, Hg., Deutsche Geschichte in Quellen und Darstellung. Bd. 3. Reformationszeit 1495–1555, reclam 17003, Stuttgart 2001, 173–177. Vgl. schon die kritische Ausgabe: Dokumente zur *Causa Lutheri* (1517–1521), 2 Bde., hg. u. kommentiert von Peter Fabisch u. Erwin Iserloh, Münster 1988.1991/=CCath 41–42). Aus katholischer Perspektive sind die Forschungsarbeiten von Erwin Iserloh immer noch einschlägig. Vgl. die Kurzfassung in: Handbuch der Kirchengeschichte Bd. IV, Freiburg-Basel Wien 1967 (Sonderausg. 1985). Hier bes. 6. Kap., Der gebannte Mönch vor dem Reichstag zu Worms, 73–81.

1. Bannbulle und Wormser Reichstag

1.1 Die Bannbulle vom 3. Januar 1521

Die Bannbulle[2] enthält keine einzelnen Irrlehren mehr, sondern spricht allgemein das Urteil gegenüber Luther und allen, die ihm folgen, wegen Hartnäckigkeit aus. Die Bulle droht mit der Exkommunikation auch den Bann, die ewige Verdammnis, das Interdikt und den Verlust aller Würden, Ehren und Güter an. Die päpstliche Bulle führt ferner – unter Verwendung der Bannsprache der Kirche – viele weitere Strafverhängungen auf, weil bei Luther und seinem Gefolge eine Hartnäckigkeit vorliegt, gegen die nur Höchststrafen hinreichen. Man wird gar nicht fertig mit der Aufzählung der Strafen: Hartnäckigkeit der Gegner aber ist der Hauptgrund, gegen sie den Bann auszusprechen.

1.2 Der Zusammenprall in Worms

Der eingangs genannte Zusammenprall zwischen Kaiser Karl V. und Martin Luther hat die *causa Lutheri* nicht beendet, sondern erst richtig heraufbeschworen. War sie so schicksalhaft, dass die Schuldfrage vielleicht gar nicht gestellt werden darf? Hat jemand seine je eigene Rolle überreizt? Der Blick in die erstaunlich verlässlichen Quellen der Wormser Ereignisse lässt vermuten, dass im Hintergrund die Weichen schon gestellt waren, nachdem der päpstliche Nuntius Hieronymus Aleander dem Kaiser in Worms die Botschaft von der Exkommunikation Luthers vom 3. Januar 1521 aushändigte: Die Verhängung der Reichsacht gegen Luther sei unvermeidbar. Doch da stand der sächsische Kurfürst Friedrich der Weise auf, um zusammen mit mehreren Landesfürsten, die sich dem Reformator nahe fühlten, Luther Schutz zu gewähren. So wird dem Reformator zugestanden, vor dem Reichstag zu reden und dabei seine Schriften vorzustellen, um sie allerdings nicht zu verkünden, sondern zu widerrufen. Der lateinisch und deutsch überlieferte Bericht geht in der Ich-Rede wohl auf Luther selbst zurück und muss in seiner Authentizität

2 Vgl. Die Bannbulle, in: Quellen, 162–169. Vgl. auch: Warum des Papsts und seiner Jünger Bücher von Doktor Martino Luther verbrannt sind. (1520) Münchener Lutherausg. Bd. 2, 290–299.

deshalb ernst genommen werden.[3] Viel, ja allzu viel stand auf dem Spiel; denn der am 18. April 1521 zur Rede aufgerufene Bruder Martin musste unter den gegebenen Umständen wissen, dass es um sein Leben ging. Die Rede selbst bezeugt, dass er es tatsächlich wusste. Die Dramaturgie zeigt, dass Luther sich bereits eingangs auf die eine überragende Autorität, nämlich auf Jesus selbst beruft, der, vom (Alt-) Hohepriester Hannas (noch vor dem amtierenden Hohepriester Kaiaphas) befragt, sich gegen die Schläge eines Knechtes verteidigen musste. (Joh 18,22 f.) Nun sei er, Luther, der Knecht, der irren kann und deshalb darauf angewiesen sei, von anderen, höhergestellten Personen zu hören, ob es ein echtes Zeugnis gegen seine Lehre gebe. So ruft Luther in die Versammlung: »[…] überführt mich des Irrtums mit den prophetischen und evangelischen Schiften!« Wenn dies tatsächlich gelinge und er des Irrtums überführt werde, wolle er mit Freuden seine Bücher verbrennen. Das Gotteswort erfordert den Streit, wie Luther mit Mt 10,34 belegt. Gleichwohl bittet Luther mit einer Demutsgeste, ihn nicht in Ungnade fallen zu lassen. Hier spricht einer, der die Kunst des Argumentierens gelernt hat. Das Redeprotokoll flicht den Einwand von kaiserlicher Seite ein, Luther habe nicht auf die entscheidenden Fragen des Vortags geantwortet, sondern im Gegensatz dazu Konzilsentscheidungen in Frage gestellt, die längst getroffen waren. Deshalb wird Luther jetzt unerbittlich aufgerufen, seine falschen Lehren zu widerrufen. Darauf antwortet Luther, er müsse durch das Zeugnis der Schrift und der Vernunft überführt werden, dass er irre; dann erst könne er die Antwort geben, ob er widerrufe oder nicht; »denn weder dem Papst noch den Konzilien allein vermag ich zu glauben, da es feststeht, daß sie wiederholt geirrt und sich selbst widersprochen haben.« Somit stützt sich Luther allein auf »das Zeugnis der Heiligen Schrift oder vernünftiger Gründe«. Schließlich, so sagt er, »ist mein Gewissen im Gotteswort gefangen und darum kann und will ich nichts widerrufen, weil gegen das Gewissen zu handeln gefährlich ist. Gott helfe mir! Amen.« (175)

Worauf beruft sich Luther also an dieser berühmten Stelle? Etwa nur auf sich selbst? Er beruft sich auf sein Gewissen, d. h. sein ›Be-wusstsein‹ (lat. *con-scientia*), das im Gotteswort gefangen ist. Das ist noch nicht das autonome Subjekt der Moderne; denn dieses ›Bewusstsein‹ bezeugt

3 Vgl. die deutsche Fassung, in: Quellen, 174–175. Sie beginnt: »Weil ich […] ein Mensch und nicht Gott bin […]«

im Verständnis Luthers eine Letztinstanz, die im Wort Gottes besteht. Gottes Wort, das im Bewusstsein des Menschen aufleuchtet, bedeutet Offenbarung des Gottesworts im Menschenwort! So geht es auch aus der Offenbarungskonstitution *Dei Verbum* des Zweiten Vatikanischen Konzils hervor. (Vgl. DV 10). Bedarf dieses Wort Gottes zur Bekräftigung seiner Wahrheit der kirchlichen Tradition? Dagegen spricht bei Luther der besagte Irrtum der Konzilien. Er bezieht sich dabei vor allem auf die vermeintlichen Irrtümer des Konzils von Konstanz, gegen welche die Heilige Schrift spricht. Mit Berufung auf die universale Kirche, die Luther ja bezüglich des Glaubensbekenntnisses der Konzilien von Nizäa (325) und Konstantinopel (381) anerkannte, wurde auf katholischer Seite immer betont, dass auch in der Folgezeit der Kirchengeschichte der einzelne Glaubende nicht die eigene Glaubensüberzeugung zum Maß des kirchlichen Glaubens erklären darf, das die Lehrinstanzen der *ecclesia universalis* außer Kraft setzt. Hier tut sich ein Problem auf, das sich der Christenheit bis heute stellt, wenn es um Fragen theologischer Schulbildungen oder um Dogmenentwicklungen geht, in denen kirchliche Wahrheitsansprüche zur Debatte stehen, die immer wieder auch mit dem Wahrheitsanspruch der menschlichen Vernunft in Widerstreit zu geraten scheinen oder geraten sind.

Karl V. gibt am 19. April eine Erklärung[4] ab, die zeigt, an welchem Punkt sich der Zusammenstoß der beiden aufeinander zurasenden Züge ereignet hat. Karl V., dem das *jus gladii* zusteht, zieht es vor, mit Luther nur noch schriftlich zu verkehren. Er lässt seine Erklärung vom 19. April vor vielen Kurfürsten und Fürsten in französischer und deutscher Sprache verlesen. Damit wird die objektive Seite seiner Autorität betont, auch wenn die Verlesung im Ich-Stil erfolgt. Der junge Kaiser sucht dabei Unterstützung bei den Versammelten. Er erinnert an die »treuen Söhne der katholischen Kirche«, die als politisch Verantwortliche bis in den Tod für den Glauben eingestanden und in jeder Hinsicht Verteidiger des Glaubens gewesen sind. In diese reiht sich nun auch – »von Gottes Gnaden« – der Kaiser selbst ein und beruft sich auf seine Amtsvorgänger zumal auf dem Konzil von Konstanz. Der entscheidende Satz, mit dem Karl V. auf Martin Luther antwortet, lautet: »Denn es ist gewiß, daß ein einziger Bruder irrt, dessen Meinung gegen die der gesamten, über tausend Jahre alten Christenheit steht – eine Meinung, nach der die

4 Vgl. Quellen, 176–177.

Christenheit sich zu jeder Zeit im Irrtum befunden hätte.« (176) Für diese Überlieferung der Kirche will sich der Kaiser mit seiner ganzen Macht und Gewalt einsetzen:

> »Denn es wäre eine große Schande für mich und für Euch, die Ihr die edle und berühmte deutsche Nation verkörpert, wenn zu unserer Zeit [...] nicht Ketzerei, sondern [schon der bloße] Verdacht der Ketzerei oder Minderung der christlichen Religion infolge unserer Säumigkeit in die Gemüter der Menschen einziehe zu unserer und unserer Nachfolger dauernden Schande.« (176 f.)

Karl V. ist entschlossen, Luther nicht weiter anzuhören. Dieser gilt für ihn jetzt als offenkundiger Irrlehrer und wird von ihm auch als solcher behandelt. Gleichwohl wird Luther unter Zusage des freien Geleits zurückgeschickt, wobei ihm unterwegs jede Predigttätigkeit untersagt ist. Mit dem Aufruf an die versammelten Fürsten, sie sollten sich dem Kaiser gegenüber gemäß ihrem gegebenen Versprechen verhalten, schließt die Erklärung, mit der handschriftlichen Unterzeichnung des Kaisers.

Aus dem letzten Satz der kaiserlichen Erklärung geht deutlich hervor, dass der Kaiser zu Beginn seiner Regierungszeit seine Macht ganz und gar mit der Tradition der *ecclesia universalis* begründet, aber auch von der versprochenen Zustimmung der Kurfürsten und übrigen Fürsten und Stände abhängig ist. Deren aller Autorität, in der *causa Lutheri* mitzuentscheiden, beruft sich wie die des Kaisers, ebenso auf die Glaubenstradition der Christenheit, während Luther den Vorwurf erhob, auf dem Papstthron sitze der Antichrist. Dadurch entsteht eine eigenartige Gemengelage im Begründungsverfahren. Ein echter Dialog zwischen den beiden Kontrahenten Kaiser und Martin Luther und deren jeweiligen Unterstützern erwies sich von Anfang an als schwierig. Von jetzt an aber bricht der Dialog ab. Die Autorität des Kaisers beansprucht Unterwerfung, wobei die Konzilien von Konstanz und Basel mit ihrer Berufung auf die konziliare Tradition Pate stehen. Die höchste Autorität ist dort zu finden, wo die universale Kirche ihre repräsentative Gestalt innehat (concilium universalem ecclesiam repraesentans). Die Autorität der abendländischen Christenheit insgesamt wird auch zum Modell für die politischen Repräsentationsfiguren wie den Reichstag zu Worms. In diesem Rahmen ist es der Kaiser, der sich dabei zum autoritativen Sprecher dieser Tradition macht und kraft seines Amtes sich auch mit seiner

Person dafür verwendet. Da der Kaiser auf die universale Repräsentation der Körperschaften setzt, erwähnt er in seiner Erklärung vom 19. April den Papst mit keinem Wort.

Luther hingegen meldet gegenüber den Repräsentationsfiguren der Christenheit, des Papstes *und* der Allgemeinen (universalen) Konzilien, zumal des Konzils von Konstanz, seine Zweifel an und beruft sich dabei, wie gezeigt, auf sein vom Gotteswort gefangenes Gewissen. Er hätte als Einzelperson das Spiel bereits verloren, wenn er nicht den Schutz seines Landesfürsten im Rücken gehabt hätte. Es entsteht eine eigenartige Situation: Zur Rettung seines Lebens ist Martin Luther auf den weltlichen Arm angewiesen, der in der *causa Hus* die Aufgabe hatte, die Entscheidung des Konzils von Konstanz durch den Scheiterhaufen zu vollziehen, jetzt aber in der *causa Lutheri* durch die Person des sächsischen Kurfürsten den Reformator vor dem Tod bewahren sollte. So stehen sich zwei Autoritäten, der Kaiser und seine Unterstützer vom Papst bis zur Mehrheit des Reichstags, und Martin Luther mit der Unterstützung seines Landesfürsten unversöhnlich gegenüber. Gibt es über diesen zwei widerstreitenden Autoritäten noch einmal eine letzte, übergeordnete, anrufbare Autorität? Wird etwa Luthers Appellation an ein neues Allgemeines Konzil diese Instanz sein können, da er doch auch ein neu einberufenes Konzil für irrtumsanfällig erklären könnte, wenn es seinen Lehren nicht Recht geben wird? Oder wird der Kaiser gegen alle Macht der Fürsten als Übermacht über alle kirchlichen *und* weltlichen Machthaber gleichsam zum Sprecher Gottes auf Erden werden, dem sich alle zu beugen haben? Dann hätte Karl V. – wie einst Pilatus in der *causa Jesu* – die Oberhand. Wie aber wäre es dann mit dem römischen Papsttum, dessen Entscheidung, Luther mit dem Bann zu bestrafen, in Worms auf dem Tisch des Kaisers lag? Wird der Papst zur letzten Überinstanz über die von Luther bestrittenen Konzilien, und damit zur absoluten Autorität, über die keinerlei weltliche oder kirchliche Autorität gesetzt werden darf? Dann wäre der Zusammenprall in Worms der crash, der nur noch mit Leben oder Tod, d. h. mit einem Gottesurteil entschieden werden könnte. Dann geschähe aus heutiger Sicht der Zusammenstoß mehrerer absoluter Oberhoheiten, für die gelten würde: »Souverän ist, wer über den Ausnahmezustand entscheidet.« (K. Schmitt[5]) Das Ende aller demokratischen Verständigung wäre besiegelt.

5 K. Schmitt, Politische Theologie, 6. Aufl. Berlin 1993, 13.

Welche Bedeutung erhält in diesem Zusammenhang das *Wormser Edikt,* das der Kaiser ausarbeiten ließ, nachdem Luther bereits ›abgereist‹ war, und das mehreren Überarbeitungen unterzogen wurde, bis es schließlich am 25. Mai unter Anwesenheit mehrerer Kurfürsten und Fürsten verlesen, vom Kaiser unterzeichnet und in deutscher Fassung in den Druck gegeben wurde? Es ist im Vergleich mit den bisher besprochenen Texten der weitaus längste, aber nicht bedeutendste Text; er erweist sich eher als Ausführungsbestimmung der Bannbulle Leos X. – dessen Autorität »als dieser sachen ordentlicher richter« genannt wird – für den weltlichen Arm. Diese Bulle muss der Kaiser kraft Amtes als kaiserliche Würdigkeit, Hoheit und Autorität im vollen Konsens mit dem Reichstag zur Vollstreckung der Reichsacht umsetzen, wie der Text im Einzelnen darlegt. Die Folgen sind bekannt. Seit Luthers Abreise aus Worms ist er auf ein eigenes, neues Gleis gesetzt, dessen Fahrplan mehr von seinem Landesfürsten Friedrich dem Weisen bestimmt wird als vom Papst und vom Kaiser. Der weltliche Arm des Kaisers steht für die Ausführung der Bannbulle, die Durchsetzung des Evangeliums im Sinne Luthers hingegen wird zur Sache des weltlichen Arms des Kurfürsten von Sachsen. Über der Geschichte liegt ein Hauch von Ironie. Wird die Wahrheit siegen oder mit Füßen getreten? Das Schicksal von Jan Hus wird Martin Luther jedenfalls erspart. Doch die Christenheit wird in Zukunft nicht mehr der Garant für die Einheit des Römischen Reiches Deutscher Nation sein. Gibt es einen Sieger?

2. Versuch einer theologischen Beurteilung des Zusammenpralls aus der Perspektive heutiger Ökumene

Im ersten Korintherbrief findet sich das erstaunliche Wort des Apostels Paulus: »Denn es muss Parteiungen *(hairéseis)* geben unter euch, damit die Bewährten unter euch offenkundig werden.« (EÜ 2016) Sieht man von der konkreten Situation in Korinth zur Zeit des Apostels ab, so ist es immerhin überraschend, dass zu einer werdenden Gemeinde Auseinandersetzungen gehören, die es zu überwinden gilt. Über die *causa Lutheri* kann heute rückschauend gesagt werden: In der gegebenen Situation um 1520/21 traten ›Parteiungen‹ auf, die den Streit nicht schlichten konnten, während die heute schwelenden Wunden der *ecclesia universalis* im Geist der Ökumene geheilt werden können und endlich auch müssen.

2.1 Im Blick auf die Kontrahenten

Das Geflecht von Politik und Kirche sowie der Streit um den überkommenen Glaubenskonsens der *ecclesia universalis* konnten im Augenblick des Zusammenpralls nicht entwirrt werden. Die Aufrechterhaltung des kirchlichen *und* politischen Friedens drohte zu scheitern. Karl V. sah die Einheit des Reiches höchst gefährdet und rief den universalen Glaubenskonsens der Kirche auf, um die Einheit in Kirche und Reich zu retten. Martin Luther hingegen drohte die Einheit der Kirche und des Reiches aufs Spiel zu setzen, als er die Letztverantwortung seines vom Wort Gottes gefangenen Gewissens aufrief und die Autorität von Papst und Konzilien in Frage stellte. Um den Preis, dass der weltliche Arm, vertreten durch den Kurfürsten von Sachsen, Luther schützte, wurde Luther das Schicksal einer Hinrichtung erspart. In der Wahlkapitulation Karls V. war verlangt, dass in Zukunft niemand mehr ohne Gerichtsverfahren verurteilt werden darf.

Martin Luther hat in Worms nicht zufällig die Passionsgeschichte nach Johannes aufgerufen, um sich in die Rolle Jesu vor dem Hohen Rat zu versetzen, der sich gegen die Schläge der Folterknechte zur Wehr setzte. Wie Jesus wehrt sich auch Luther als Verfolgter gegen die Verurteilung durch den Papst und ruft zugleich Kaiser Karl V. als den starken weltlichen Arm zu seiner Rettung auf. Damit gerät der Wormser Zusammenprall von 1521 in die theologische Konstellation des Prozesses Jesu. In der *causa Jesu* nach dem Johannesevangelium tritt Pilatus als Vertreter des übermächtigen römischen Weltreichs immer mehr in den Mittelpunkt. Ihm gegenüber erweist sich Jesus von Nazareth noch ohnmächtiger als gegenüber dem Hohen Rat, der ihn schon fallen gelassen hatte. Damit steht Jesus ganz allein für sich und seine Botschaft, für deren Wahrheit er Zeugnis ablegt, ohne sie mit Beweisen belegen zu können. Die Wahrheitsfrage wird für Jesus angesichts der Mächtigen in Tempel und Welt zu einer Frage auf Leben und Tod. Als Luther in Worms vor Kirche und Reich auftrat, konnte er schon ahnen, dass die Frage der Wahrheit auch für ihn zur Frage auf Leben und Tod werden konnte. Aber er hoffte und vertraute auch darauf, dass hinter ihm, wenn die kaiserliche Macht gegenüber der Verurteilung Roms zu schwach ist, immer noch eine andere, lebensrettende politische Macht für ihn einstehen würde, die den Scheiterhaufen verhindert. Der Kaiser musste um seine eigene (noch junge) Macht fürchten. Als er nach dem Reichstag in Worms auf neun

Jahre das Reich verließ, rückte die Reichsacht gegen Luther in weite Ferne. Karl V. überließ Martin Luther dem Kurfürsten zum freien Geleit. Zeigt sich hier bereits an, dass mit der Kritik der päpstlichen Zentralmacht auch die Zentralmacht von Kaiser und Reich zu bröckeln begann?

Im Blick auf Martin Luther, stellt sich die Frage, was es für ihn bedeutete, sich auf das eigene Gewissen *(conscientia)* zu berufen, er aber im äußersten Fall sich um der Rettung seines Lebens willen auf eine weltliche Macht verlassen musste. Lässt sich Luthers Berufung auf das vom Gotteswort gefangene Gewissen für diesen Ernstfall überhaupt ohne den Einsatz des eigenen Lebens aufrechterhalten? Luther wusste um das Schicksal von Jan Hus im Konzil von Konstanz! Kann dieses Gotteswort der Schrift noch die Höchstinstanz sein, wenn es der politischen Rückendeckung bedarf? Oder erweist sich der kirchliche Glaubenskonsens, der immer auch von politischen Instanzen mitgetragen war und für den der Kaiser ausdrücklich eintrat, doch als der Gewissensinstanz des Einzelnen prinzipiell überlegen? Was brächte es dann für Luther ein, wenn er dennoch nach einem Allgemeinen Konzil ruft, sich diesem aber auch nur dann unterwerfen würde, wenn er als Theologe konziliare Entscheidungen bezweifeln darf? Die Frage des Pilatus steht im Raum: *Ti estin alētheia?* / »Was ist Wahrheit?« (Joh 18,38)

2.2 Im Blick auf das Geheimnis des Bösen (mysterium iniquitatis) in der Kirche

Bei der Suche nach Antworten auf diese Fragen greife ich auf den italienischen Philosophen Giorgio Agamben zurück, der an einen frühen Aufsatz Joseph Ratzingers erinnert, bei dem ein Theologe des 4. Jh. namens Tyconius, auf den sich schon Augustinus bezog, im Zentrum steht.[6] Tyconius stellte die These auf, dass der Körper der Kirche aus zwei Teilen bestehe, und zwar – nach Hld 1,4 (*fusca sum et decora*/»Schwarz bin ich und schön«) – aus einer dunklen und einer schönen Seite. In Agambens kleiner Schrift über diesen unbekannten Autor steht viel zur Debatte. Wenn Tyconius den großen Augustinus zu seinem Werk *De civitate Dei* auch angeregt hatte, unterscheidet er sich doch selbst davon deutlich, wie

6 Vgl. G. Agamben, Das Geheimnis des Bösen. Benedidkt XVI. und das Ende der Zeiten. Berlin 2015. Diesen Aufsatz schrieb Agamben nach dem Amtsverzicht Papst Benedikts XVI.

Ratzinger hervorhob. Giorgio Agamben zieht daraus seinerseits weitere provozierende Konsequenzen. Für Augustinus galten Rom und Babylon als zwei verschiedene Großmächte. Rom steht für Gottesreich und Kirche, Babylon hingegen für die Mächte des Bösen und des Antichrist. Bei Tyconius hingegen findet sich im einen Körper der Kirche sowohl eine schwarze als auch eine schöne Seite. Rom und Babylon, Kirche und Reich, seien im 4./5. christlichen Jahrhundert je *eine* »civitas mit zwei Seiten«.[7] Dann freilich gehört zur Kirche nach ihrem schwarzen Anteil auch der Antichrist, wie aus 2 Thess 2,4 hervorgeht. Agamben zufolge gibt es also schon am Ende des vierten Jh. »eine Denkschule, die in der römischen Kirche, oder genauer in der Zweigeteiltheit ihres Leibes, die Ursache für den Aufschub der Parusie sah.« (21) Es geht um die Kirche zwischen dem ersten und zweiten Kommen Jesu Christi, »also in der historischen Zeit, die auch die unsere ist«, wie Agamben bemerkt. (27) Mit Bezug auf die nach wie vor umstrittene ntl. Stelle 2 Thess 1–10 legt der Philosoph Wert darauf, dass sich darin die Prophezeiungen nicht nur auf das Ende der Zeiten, sondern auch schon auf die Geschichte der Kirche und somit auch auf unsere Zeit beziehen. Weil in der Kirche Ökonomie und Eschatologie aber eng zusammen gehören, ist die Kirche einerseits von dieser Welt; andererseits muss sie aus eschatologischen Gründen der Welt entsagen, weil sie über die Welt hinausragt. Die Kirche aber, die als zweigeteilter Leib auf die Überwindung des Bösen hofft, ist zugleich die aufhaltende Kraft *(katéchon)*, sodass das Ende nicht schon da ist.

Was aber von der Kirche gilt, trifft auch für die politischen Gemeinwesen zu. Das Eschaton versteht Agamben – mit Walter Benjamin – als »jene ungeheure Abbreviatur« die am Ende der Zeiten für die Menschheitsgeschichte aufscheint. Das Ende der Zeiten aber ist das Ende aller Figuren und Typen und zugleich deren »Erfüllung«, die »geschichtliche Wirklichkeit und sonst nichts«. (41) Diese Sicht aber macht die Geschichte zu einem ›mystischen Drama‹: »die *oikonomia* – das Heilswirken Gottes in Welt und Zeit – und die Eschatologie – das Ende der Welt und der Zeit.« (58) Es gehört zu den Grundoptionen Agambens, wenn er abschließend schreibt:

7 Agamben, 16. Er zitiert aus Joseph Ratzinger, Beobachtungen zum Kirchenbegriff des Tyconius im ›Liber regularum‹, in: Revue d'Études Augustiniennes et Patristiques 2 (1956) 173–185, hier: 180f.

> »In diesem historischen Drama fallen das *eschaton* – der Jüngste Tag – und die Gegenwart – die paulinische ›Jetztzeit‹ – zusammen, in ihm kommt es schließlich zur apokalyptischen Enthüllung der Zweigeteiltheit des Leibes der Kirche wie auch jeder anderen profanen politischen Institution.« (58 f.) Selbst die Kirche aber steht in der Gefahr, das Böse, »es als Gott ausgebend, in den Tempel Gottes zu setzen. (2 Thess 2,4) (Vgl. 56)«

Auf diesem Hintergrund lese ich die Wormser Ereignisse noch einmal anders. Die apokalyptischen Aspekte waren beim Zusammenstoß in Worms wohl nur Luther bewusst, nicht aber dem Kaiser und den Fürsten. Rom selbst wehrte sich, in die Rolle des Antichrists abgeschoben zu werden. Auf diesem Hintergrund wird sich die Frage erneut stellen, ob nicht Martin Luther der von Gott gesandte Prophet war, der angesichts des *mysterium iniquitatis* in der Kirche eine reine Kirche herbeiführen sollte, in welcher der Antichrist keinen Platz mehr fände. Deshalb ging Luther gegen alles vor, was den Einbruch des Endes verhindern könnte. Sein Auftreten in Worms ist ein Ausdruck prophetischer Radikalität, an die sich aber heute auch die Frage richtet, ob er die Autorität des Papstes und der Konzilien nicht abschaffen wollte, weil sie die dunkle Seite der Kirche verkörperten. Wollte Luther an deren Stelle nicht eine grundlegend erneuerte, andere Kirche setzen, die sich am Ideal der Anfangszeit orientierte und deshalb nur die schöne Seite der Kirche verkörperte? Spielte etwa Luther mit dem Gedanken, dass die Reform einer so fundamentalen Struktur der Kirche den Einbruch des Bösen in einer ›Kirche der Reform‹ wirklich verhindern wird? Eine Ökumene der Zukunft muss deshalb wachsam sein, damit der Antichrist mit dem Anspruch, selbst ›Gott‹ noch zu ersetzen, in die immer noch gespaltene Christenheit nicht doch durch die Hintertür einbricht. Ständige Umkehr und Buße muss ein Merkmal der Ökumene sein!

2.3 Im Blick auf die Wahrheit der Erlösung in einer unerlösten Welt

Ist die weltgeschichtliche Konstellation ›Pilatus und Jesus‹ eine Hilfe, um die *causa Lutheri* in Worms zu deuten? Die Wahrheitsfrage stellt sich im Zusammenprall von Worms in jedem Fall und auf abgründige Weise. Gerade in dem Augenblick, da die großen Wahrheitsinstanzen von Kirche und Reich fraglich wurden, scheint die Wahrheitsfrage auf das Subjekt zurückgeworfen zu werden, das – über Luther hinaus – am besten das moderne, autonome Subjekt sein müsste, das allein für die Wahrheit auch bürgt. Kann aber ein Subjekt, das sich dem Glauben verdankt, auch über Luthers Zeiten hinaus den Wahrheitsanspruch des Glaubens letztlich einlösen? Oder zeigt sich gerade am Wormser Zusammenprall, dass jeder Wahrheitsanspruch auf politische Macht setzen muss oder scheitert? Oder ist die Wahrheitsfrage in der Christenheit doch zumindest *auch* an die *congregatio fidelium* als universale Gemeinschaft mit ihren eingeübten Verfassungsinstanzen gebunden? Der Grundsatz des Konziliarismus *nemo potest sibi ipsi credere* (niemand kann sich selbst glauben) ruft nach Konsens *und* Wahrheit gerade auch dann, wenn der Konsens auf der Heiligen Schrift basiert, die niemals nur allein gelesen werden kann. Hat sich Martin Luthers Absetzungsbewegung von der römischen Kirche und dem Papst inzwischen insofern erledigt, als niemand mehr sagt, auf dem päpstlichen Thron von heute säße der Antichrist? Kämpfte Luther nicht für eine Ursprungskirche *(ecclesia primitiva)*, die den Anspruch erhob, vor allem Ballast der Geschichte bewahrt zu werden, um als wahrhaft heilige, reine Kirche leben zu können, die auch ganz neu für die Wahrheit einstehen kann? Oder ist in den letzten 500 Jahren die Überzeugung gewachsen, dass die Stimme des Gewissens, die sich auf das Gotteswort beruft, gleichwohl auf die Gemeinschaft der Glaubenden angewiesen ist, um das eigene Gewissen stets zu prüfen? Wie also würde Martin Luther heute den Konflikt von damals lösen? Würde die Wahrheitsfrage für ihn nach wie vor die Spaltung der Christenheit in Kauf nehmen oder sogar verlangen?

An dieser Stelle will ich die Konstellation ›Martin Luther und Kaiser Karl V.‹ mit der bereits angedeuteten Konstellation ›Jesus und Pilatus‹ noch einmal aufgreifen. Ich berufe mich dabei (wie durch Zufall) erneut auf Giorgio Agamben.[8] Bei ihm ist die Eschatologie immer auch mit Geschichtstheologie verbunden, was auch von dieser zweiten Schrift gilt. Die johanneische Theologie, auf die sich der Philosoph beruft, siedelt sich ohnehin eher bei einer präsentischen Eschatologie an, die sich einer Auslegung geschichtlicher Ereignisse geradezu aufdrängt. Pilatus hatte in der johanneischen Darstellung des Prozesses Jesu die Aufgabe, über Jesus im Namen des römischen Kaisers zu urteilen, ob er für Rom ein

8 Vgl. G. Agamben, Pilatus und Jesus. Berlin 2014. Diese Schrift geht der soeben behandelten Schrift Agambens um ein Jahr voraus. Vgl. oben S. 33 f.

gefährlicher Unruhestifter sei, der den Tod verdient. Bei aller Diskussion um die Rolle des Pilatus im Prozessverfahren, will sich Agamben

> »an den hermeneutischen Grundsatz halten, dass Pilatus als historische Persönlichkeit eine theologische Funktion hat, und er umgekehrt nur deshalb eine historische Persönlichkeit ist, weil er eine theologische Funktion erfüllt. Historische Persönlichkeit und theologische Figur, juristischer Prozess und eschatologische Krise fallen restlos zusammen: Und nur in dieser Koinzidenz, nur in diesem ›Zusammenfall‹ sind sie wahr.« (48)

Damit taucht hier das kleine Wort ›wahr‹ auf und wird auf den konstellativen Zusammenfall von einerseits historischen und theologischen Figuren und andererseits von juristischem Prozess und eschatologischer Krise angewendet.

Die zum Thema erhobene Frage lautet: »Triumph der Macht über die Wahrheit?« Worauf läuft alles hinaus? Agamben schreibt:

> »Das Römische Reich ist in den göttlichen Heilsplan eingeschrieben, jedoch in seiner Autonomie, und es handelt entsprechend. Die Geschichte gehört zur Heilsökonomie, jedoch als vollwertige Wirklichkeit, nicht als Marionettentheater. Insofern ist Pilatus nicht nur ein *executor Novi Testamenti*, sondern auch ein historischer Akteur mit all seinen unauflösbaren Widersprüchen.« (54)

In diesen Widersprüchen äußert sich

> »ein tieferer Konflikt, der Gegensatz von Ökonomie und Geschichte, Irdischem und Ewigem, Gerechtigkeit und Erlösung […] Pilatus *ist* dieser Widerspruch. Und insofern in ihm [sc, Jesus Christus] das Wort Fleisch geworden ist, ist auch und gerade Christus dieser Widerspruch.« (54)

Hier nimmt Agamben vorweg, was er ein Jahr später in der obigen Schrift entfaltet. Sowohl der weltliche als auch der geistliche Bereich ist als jeweilige Einheit ›zweigeteilt‹. Die Welt steht für Recht und Gericht, braucht dazu aber das Ewige, d. h. die Erlösung; Jesus Christus steht für die Erlösung, die aber in der Welt stattfinden muss. Die Frage des Pilatus lautet: Wenn es dabei um eine letzte Wahrheit gehen soll, was ist dann Wahrheit? (Ich übergehe die kritische Bemerkung Agambens über die christologische Zwei-Naturen-Lehre.) Immer wieder sei zu lesen, Pilatus habe nicht verstehen können, was es heißt »für die Wahrheit zu zeugen«, was Jesus ja für sich beansprucht. Doch Jesus steht vor einem Richter und dieser kann verlangen, dass der Befragte die Wahrheit sagt. Nicht das gegebene Zeugnis sei schwer verständlich, sondern die Wahrheit, die die paradoxe Tatsache bezeugen soll, dass Jesus ein Reich hat, das aber nicht »von hier« ist. Wie soll man die Gegenwart eines solchen Reiches bezeugen? Da komme es, wie Agamben meint, schließlich auf den Ort an, an dem diese bezeugt wird. (58 f.) »Pilatus und Jesus, der Statthalter des irdischen Reichs und der Himmelskönig, treffen an ein und demselben Ort aufeinander, im Prätorium von Jerusalem […]« (60) Er, der im Purpurmantel. mit Dornenkrone und mit dem Rohr als Szepter vor Pilatus steht, er, »der nicht gekommen ist, die Welt zu richten, sondern zu erlösen«, muss sich vor Pilatus einem Urteil beugen, das nicht einmal ausgesprochen wird. »Das Urteil ist schonungslos und unmöglich zugleich, weil in ihm die Dinge als unrettbar verlorene erscheinen; die Erlösung ist gnädig, aber unwirksam, weil in ihr die Dinge als nicht justiziabel erscheinen.« (60) Auf dem Steinpflaster (Gabbata) zu Jerusalem, findet Agamben zufolge in den Augen des Pilatus »weder das Gericht noch die Erlösung statt. Sie münden in einem unentschiedenen, unentscheidbaren *non liquet*.« [D. h. Die Sache ist nicht klar entschieden und entschuldbar.] (61)

So kommt Agamben zu folgenden abschließenden Sätzen:

> »Hier und jetzt von der Wahrheit des Reichs, das nicht hier ist, zu zeugen, heißt anzuerkennen, dass wir das, was wir erlösen wollen, richten. Denn die Welt in ihrer Vergänglichkeit will nicht Erlösung, sondern Gerechtigkeit. Und sie will sie eben deshalb, weil sie nicht erlöst werden möchte. Als unrettbare urteilen die Geschöpfe über das Ewige – so lautet das Paradox, das Jesus zuletzt, als er vor Pilatus steht, das Wort entzieht. Hier ist das Kreuz, hier ist die Geschichte.« (61)

Es ist hier nicht der Ort, Agambens Auslegung mit ihrer Dialektik theologisch zu beurteilen, was diese Schlusssätze besonders betrifft. Wenn die Wahrheit eines nicht gegenwärtigen Reiches bezeugt werden muss, entsteht ein Widerspruch zwischen Gerechtigkeit und Erlösung für die

Welt. Sie kann nicht erlöst sein, solange das Reich Gottes nicht hier ist. Kann sich diese Welt aber nicht einfach mit der Gerechtigkeit zufrieden geben? Doch nur dann, wenn sie die Eschatologie aus ihrem Gefüge verdrängt und ohne Erlösung für Gerechtigkeit plädiert, die sie selbst nicht begründen kann. Warum in der Welt möchte aber die Welt nicht erlöst werden? Weil etwa ihre dunkle Seite die Verlorenheit der Geschöpfe betrifft, die sich anmaßen, über das Ewige urteilen zu können? Dem vor Pilatus stehenden Jesus wird das Wort entzogen, das die Wahrheit hätte sagen können. So bleibt der letzte Satz, der eine Antwort über alles Fragen hinaus bereitstellt. Diese könnte auch als Schweigen interpretiert werden– es sei denn, der Erweis würde erbracht, dass das Kreuz nicht das letzte Wort ist.

Was aber erbringt diese hoch dramatische Konstellation ›Pilatus und Jesus‹ für die Konstellation ›Karl V. und Martin Luther‹ im Reichstag zu Worms, die doch von einem Zusammenstoß ganz anderer Art zu sprechen scheint?[9] Wie Pilatus, Stellvertreter des Kaisers von Rom, als Richter vor Jesus steht, so Karl V. als Vollstrecker des römischen Bischofs, Papst Leo X. als Richter vor Martin Luther und seinem Gewissen, das vom Gotteswort gefangen ist. Karl V. steht vor Luther als Richter in einer Doppelrolle: als Kaiser der Heiligen Römischen Reiches Deutscher Nation und als Sprecher des römischen Papstes und insofern als *executor papae.* Als Kaiser ist er verantwortlich für die Einheit des Reiches, als Sprecher des Papstes verlangt er von Luther einen Widerruf und legt dafür die Gründe vor. Als weltlicher Arm der Kirche hat der Kaiser die Macht, den Bann zu vollstrecken und die Reichsacht zu vollziehen. Wie Pilatus spricht der Kaiser selbst das Todesurteil nicht aus und er wird es auch nicht vollziehen. Bei Luther ist der Vergleich mit Jesus vor Pilatus mit dem Problem beladen, dass der Reformator sein Gewissensurteil nicht mit der Autorität Gottes als Wahrheit beweisen und auf den Verhandlungstisch des Reichstages legen kann. Luther hätte nur eine einzige Beweismöglichkeit, die darin besteht, für seine Wahrheit das eigene Leben einzusetzen. Dazu aber kam es in Worms und in der Folgezeit nicht (mehr). Also münden die Wormser Vorgänge in einem *non liquet,* die Sache ist nicht

9 Die Konstellation Pilatus und Jesus müsste erweitert werden in die Konstellation Hoher Rat und Pilatus auf der einen Seite und Jesus auf der anderen Seite; die Wormser Konstellation auf Papst und Kaiser Karl V. sowie Martin Luther und Kurfürst Friedrich.

eindeutig klar und klärbar. Angesichts des von Jesus verkündeten und bezeugten Königreichs, das nicht von dieser Welt ist, macht Jesus sich selbst zum Zeugen dieses Reiches und wirft so die Wahrheitsfrage schlechthin auf. Über Agamben hinaus steht mir vor Augen, dass Jesus, der als verhöhnter Zeuge vor Pilatus steht, um die Konsequenzen seines Zeugnisses weiß, das nur durch den Tod bestätigt werden kann, also, bis dahin, wo aus dem Leichnam des Gekreuzigten Blut und Wasser herausfließen und dies von dem Jünger bezeugt wird, der wohl auch die johanneische Konstellation ›Pilatus und Jesus‹ zu verantworten hat. (Vgl. Joh 19,34 f.)[10]

Gewiss ist es ein Wagnis, den Zusammenstoß zwischen Kaiser Karl V. und Martin Luther mit der Konstellation ›Pilatus und Jesus‹ zu vergleichen, obwohl Luther, der aus Joh 18 zitiert, wohl auch an das Ende des Prozesses Jesu vor Pilatus gedacht haben mag. Aber ein Zeugnis der Kirchen der Zukunft, das die gesamte Ökumene der Christenheit vor dem Forum der Welt zu vertreten hat, versetzt die gesamte Christenheit in den Zeugenstand, die dem einsamen Zeugen Martin Luther vor dem Reichstag vergleichbar ist. Die *ecclesia fusca* wird vielleicht dem Götzendienst verfallen, indem die Getauften in immer größerer Zahl als Ungläubige den Zeugenstand verlassen, sodass sich im Allerheiligsten des Tempels der Antichrist als Gott ausgeben kann. Dann stünde eine Pseudoerlösung an, die eine menschengemachte Erlösung ohne Gott wäre. Luthers Wort aus dem Großen Katechismus müsste neu bedacht werden: »Worauf Du nu (sage ich), Dein Herz hängest und verlässest, das ist eigentlich Dein Gott.«[11] Sich den Belangen der Gerechtigkeit in der Welt und sogar der Bewahrung der Schöpfung und der Vermeidung der Klimazerstörung der Erde hinzugeben, setzt den christlichen Glauben an das Jenseits einer erlösten Welt voraus. Die *ecclesia oecumnica decora* verbleibt mit Jesus und Luther und allen Getauften samt allen Menschen guten Willens im Zeugenstand und setzt auf Erlösung für die gesamte Welt, ja sogar für

---

10 In seiner Rede vor dem Reichstag, so habe ich oben schon gesagt, musste Luther wissen, dass vom Urteil des Kaisers sein Leben abhängt. Wenn er also dennoch bei seiner Lehre bleibt, ohne den Kaiser und den Reichstag zu überzeugen, bleibt auch für ihn, wie für Jesus, das Zeugnis des eigenen Lebens. Aber gerade dem entgeht Luther, als er sich in die Obhut seines Fürsten begibt. So werden Reichstag und Kaiser das Urteil nicht vollstrecken und die Frage nach der Wahrheit wird die alte und die neue Kirche bis heute zu beantworten haben.

11 Aus: Das erste Gebot, in: Die Bekenntnisschriften der Evangelisch-Lutherischen Kirche. Göttingen 1963, 560.

die gesamten Schöpfung. Zugleich steht die ökumenische Christenheit vor der übrigen Welt wie Jesus vor Pilatus mit vor der Logik der Welt letztlich nicht begründbaren Beweisakten da. Die Argumente sind ihr aus der Hand geschlagen. Für die Hoffnung auf Erlösung, die nicht trügt, steht dieser Teil der Kirche, verwickelt in das Drama der Geschichte, vor dem *mysterium iniquitatis,* das dem Antichrist schmeichelt. Deshalb muss sich die Kirche der Ökumene verstehen als *simul iusta et peccatrix, fusca et decora.* Es ist nicht zulässig, dass sich eine Konfession als die einzige Kirche der Reinen gegen die andere erhebt. Buße und Umkehr gehören Luthers Ablasskritik zufolge zum Wesen der Kirche. Hier wird Luthers Rede von der *sola gratia* auch ekklesiologisch relevant. Wer die *ecclesia universalis* in ihren beiden Aspekten liebt, muss sich mit einer gewissen kirchlichen ›Schmuddeligkeit‹ (wie Heinrich Böll sagen würde) zurechtfinden. Wer für die Ökumene der Zukunft stehen will, muss sich an der faktischen Christenheit abarbeiten und dennoch für die nur schwer bezeugbare Erlösung der Welt einstehen.

Dies verändert auch den Glauben der Einzelnen. Er gleicht einerseits dem radikalen Glauben Luthers vor dem Reichstag in Worms und muss zugleich eingestehen, dass der Glaube in der Gemeinschaft der soeben beschriebenen *ecclesia oecumenica* den Test gelebter Praxis immer neu bestehen muss. Deshalb wird die ökumenische Kirche der Zukunft eine Gemeinschaft der Glaubenden sein müssen, die sich regelmäßig zur Gottesverehrung versammelt und nicht müde wird, im großen Dankgebet der Eucharistie ihren Glauben an Gott zu bezeugen. Je exponierter der Glaube in den einzelnen Glaubenssubjekten ist, umso mehr bedarf er der Stütze der Gemeinschaft der Glaubenden und umgekehrt. Die Christenheit stützt sich auf den Glauben der Generationen, die sich ihrerseits auf den Glauben Abrahams beruft. Solcher Glaube setzt auch darauf, dass die zweigeteilte Kirche bei aller Schwachheit und Sünde eine glaubende Kirche bleibt, die den Glauben jedes/jeder Einzelnen mitträgt und in jener Gemeinschaft verankert ist, in der das Lob des Schöpfer- und Erlösergottes nicht verstummt. Dann wird man die Christenheit nicht mehr einteilen in romhörige Katholiken und nur dem eigenen Gewissen verpflichtete Lutheraner. Die Ökumene der Zukunft wird nicht mehr von der Angst geprägt sein, jede Konfession sei um der Einheit willen zur Selbstaufgabe gezwungen. Die Einheitskirche war schon 1521 kirchlich und politisch nicht mehr durchsetzbar.

3. Plädoyer für die Rücknahme des Kirchenbanns gegen Luther und seine Gefolgsleute

Mit den Ereignissen im Umfeld der *causa Lutheri* hat die Konfessionalisierung der abendländischen Christenheit begonnen. Dies hatte gravierende Folgen für das Römische Reich Deutscher Nation und für die römisch-katholische Christenheit. Der dramatische Zusammenstoß in Worms hat eine Trennungsgeschichte eingeleitet, die damals aufbrach und nicht geheilt werden konnte. Die Jahre der Trennung und der Aufbau neuer Kirchenordnungen führten auseinander. Auch die Theologien waren unfähig und teilweise auch nicht willens, die Risse der Vergangenheit zu heilen. Gerade wenn man der These folgt, dass der Bann 1521 nicht nur Luther persönlich galt, sondern auch allen, die ihm folgten und bis zum heutigen Tag folgen, wäre die symbolische Aufhebung des Bannes für das heutige Luthertum in aller Welt ein Zeichen der Freundschaft, welche die ökumenische Zusammengehörigkeit nur stärken kann. Dem Altenberger Gesprächskreis erscheint es höchst wünschenswert, dass die Bannbulle Papst Leo X. vom 3. Januar 1521 von römischer Seite offiziell zurückgenommen und gleichzeitig vonseiten der höchsten Repräsentanten des Luthertums versichert wird, dass sie sich nicht mehr als ›Anhänger Luthers‹ im Sinn der Bannbulle verstehen, weil die ökumenische Verständigung der katholischen und der Lutherischen Kirche bis hin zur Rechtfertigungslehre keinen Grund mehr abgibt, mit dem päpstlichen Bann belegt zu bleiben. Wenn die Ökumene heute keinen neuen päpstlichen Imperialismus mehr befürchten muss, dann sollte auch der Bann von einst auf Luthers Gefolgschaft von heute seine Kraft verlieren.

V. Entwurf der Liturgie

Versöhnung nach 500 Jahren

Ökumenischer Gottesdienst zur Erinnerung und Aufarbeitung der Exkommunikation Martin Luthers und der reformatorischen Antichrist-Verwerfung des Papsttums

2. Sonntag nach Weihnachten **3. Januar 2021**

Vier Vorbemerkungen

1. Dieser Entwurf für eine *zentrale Feier* am 3. Januar 2021 kann von *Gemeinden* am zweiten Sonntag nach Weihnachten für Gottesdienste in ökumenischer Gemeinschaft ganz oder teilweise übernommen werden. *ACKs* können den Entwurf während der Gebetswoche für die Einheit der Christen (18. bis 25. Januar, 17. bis 24. Mai) verwenden.
2. Man kann den *Verkündigungsteil* IV auch *vor* die Teile Gedenken (II) und Aufarbeiten (III) vorziehen. Die *Agape-Feier* (VI) kann man auf das Beisammensein im Anschluss an den Gottesdienst verlegen.
3. Die *Zeichenhandlungen* dieser Vorlage sind z. T. als Gegenmodell zu den Anweisungen in der Bannbulle vom 3. Januar 1521 gestaltet (Glocken, Kreuz, Steine, Kerzen).
4. *Festliche Musik,* z. B. aus dem Weihnachtsoratorium von *Johann Sebastian Bach,* unterstreicht die Bedeutung zu Beginn des »Jahres der Ökumene« am 3. Januar 2021.

I. Eröffnen

1. **Glockenläuten**
2. **Einzug** *mit* (1) Osterkerze, (2) Bibel, (3) Dreidimensionales Christuskreuz 2017 (aus der Abtei Königsmünster in Meschede), das zunächst quer als Sperre im Altarraum platziert wird; (4) 3 große Steine (Platzierung hinten in der Kirche), (5) drei große, nicht entzündete Kerzen (Platzierung liegend hinten in der Kirche), (6) Brot und Wein (für eine Agape-Feier), (7) Mitwirkenden.

3. **Eingangslied:** Gelobet seist du, Jesu Christ *(Martin Luther);* eg 23, GL 252
4. **Liturgische trinitarische Eröffnung**
5. **Begrüßung und Einführung**
   Elemente:
   (1) *Willkommen* zum 2. Sonntag nach Weihnachten;
   (2) *»2021: Jahr der Ökumene«-Beginn* heute am 3. Januar (ACK-Vertreter);
   (3) *Thema: Versöhnung nach 500 Jahren:* 3. Januar 1521–3. Januar 2021;
   (4) *Erläuterungen:* Verwerfungen, Aufarbeitung, Versöhnung feiern, Zeichenhandlungen als positive Umwandlung der Exkommunikations-Handlungen vor 500 Jahren: mit Steinen und Kerzen; Agape-Feier;
   (5) *Vorstellung* der Mirwirkenden in der Liturgie;
   (6) *Einladung* der Gemeinde zur Beteiligung.
6. **Psalm 118** mit Leitvers und Doxologie im Wechsel von Frauen und Männern gesprochen; eg 751; GL 66
7. **Chor-Gesang** (z. B. aus *J. S. Bach,* Weihnachtsoratorium: I,1: Jauchzet, frohlocket; V,1: Ehre sei dir, Gott, gesungen)

II. Gedenken

1. Aus der Bannbulle vom 3. Januar 1521

(a) Einführung

Die von Papst *Leo X.* unterzeichnete Bannbulle berichtet 1., dass *Martin Luther* nicht, wie gefordert, widerrufen hat. Daher verhängt sie 2. gegen ihn und alle seine Anhänger die Strafe der Exkommunikation und andere Strafen. 3. soll diese Bulle in Kirchen und Gottesdiensten verkündet werden.

(b) Textauszug

»Es ziemt sich, dass der Römische Bischof *(Decet Pontificem Romanum)* kraft der ihm durch göttliche Fügung übergebenen Gewalt … zur Unterdrückung der ruchlosen Unternehmungen der Bösen einschreitet …

Wir entscheiden, dass *Martinus und alle die anderen* unseren Strafen verfallen sind, die diesem *Martinus* nachfolgen, der verstockt an seinem verkehrten und verdammten Vorhaben festhält … Demnach entscheiden wir, dass *sie alle* der Strafe der Exkommunikation, dazu des Bannes, der ewigen Verdammnis, des Interdikts, des Verlustes *ihrer und ihrer Nachkommen* Würden, Ehren und Güter und der Untauglichkeit zu solchen, dazu der Einziehung ihrer Güter und der Majestätsbeleidigung verfallen sind …

Wir befehlen folgendes: Sie (die katholischen Verantwortungsträger) alle sollen … *den Martinus und die anderen* in den Kirchen an Sonn- und anderen Festtagen unter dem Kreuzesbanner, dem Geläut der Glocken, mit erst angezündeten, dann gelöschten, zu Boden geworfenen und zertretenen Kerzen, mit der Zeremonie des dreimaligen Steinschleudern und anderen in solchen Fällen gewöhnlich beachteten Zeremonien als Exkommunizierte, Gebannte, Verfluchte und als erklärte Ketzer öffentlich verkündigen …«

In: Deutsche Geschichte in Quellen und Darstellung, Bd. 3: Reformationszeit 1495–1555, Hg. U. Köpf, Reclam 17003, Stuttgart 2010, S. 162,165 f.

2. Aus den Schmalkaldischen Artikeln Martin Luthers vom 24. Februar 1537

(a) Einführung

»Der sächsische Kurfürst *Johann Friedrich der Großmütige* hatte Luther Anfang Dezember 1536 mit der Abfassung von Artikeln beauftragt, die die Evangelischen auf dem geplanten Konzil in Mantua vorlegen sollten. Papst *Paul III.* hatte dieses Konzil, das über die Glaubensspaltung verhandeln sollte, für den Mai 1537 nach Mantua berufen. Auf dem für den 10. Februar 1537 einberufenen Konvent des Schmalkaldischen Bundes in Schmalkalden – einem Verteidigungsbündnis der evangelischen Territorien – sollten diese Artikel zur Annahme vorgelegt werden. Luther konnte aber diese Schmalkaldischen Artikel dort nicht vorlegen, weil er todkrank wurde. So hatten diese Artikel den Charakter eines letzten Vermächtnisses Luthers.«

In: Unser Glaube. Die Bekenntnisschriften der evangelisch-lutherischen Kirche, Hg. H. G. Pöhlmann, 3. Aufl., GTB 1289, Gütersloh 1991, S. 441.

(b) Textauszug

»Der Papst ist nicht *iure divino* (aus göttlichem Recht) oder aufgrund von Gottes Wort das Haupt der ganzen Christenheit; denn das gehört einem allein zu, der heißt Jesus Christus. Vielmehr ist der Papst nur Bischof oder Pfarrer der Kirche zu Rom und derjenigen, die sich freiwillig oder durch menschliche Kreatur, d. h. weltliche Obrigkeit ihm angeschlossen haben, um Christen zu sein nicht unter ihm als einem Herren, sondern neben ihm als Brüder und Genossen. Das beweisen auch die alten Konzilien und die Zeit des Heiligen *Cyprian* …

Dieses (Lehr-) Stück zeigt gewaltig, dass (der Papst) der rechte *Endchrist* oder *Widerchrist* (Antichrist) ist, der sich über und gegen Christus gesetzt und erhöht hat. Denn er will die Christen nicht selig werden lassen ohne seine Gewalt (Vollmacht), obwohl diese doch nichts ist, da sie von Gott weder angeordnet noch geboten ist. Das heißt zu Recht eigentlich »sich über Gott und wider Gott setzen« wie der heilige *Paulus* (2. Thessalonicher 2,4) sagt …

Der Papst dagegen will nicht glauben lassen, sondern sagt, man solle ihm gehorsam sein, so werde man selig. Das wollen wir nicht tun oder in Gottes Namen drüber sterben. Das kommt alles daher, dass er *iure divino* (aus göttlichem Recht) der Oberste über die christliche Kirche hat heißen sollen. Darum hat er sich Christus gleich und noch über Christus setzen müssen, sich als das Haupt, dann als Herrn der Kirche, zuletzt auch als Herrn der ganzen Welt und geradezu als einen irdischen Gott rühmen lassen, bis er sogar den Engeln im Himmel zu gebieten sich unterstand.«

In: Unser Glaube …, a. a. O. S. 461 f, Z. 393; S. 466 f, Z. 399.

3. Zeichenhandlung

Von dem Ort der Verlesung der Texte hinten in der Kirche werden diese zusammen mit ***drei schweren Steinen des Gedenkens*** zum Altar gebracht und auf einem kleinen Tisch *vor oder neben* dem Altar niedergelegt.

4. Psalm 51

Die versammelte Gemeinde betet gemeinsam: eg 727; GL 639,1 und 2.

III. Aufarbeiten

1. *Katholische* Äußerungen

1.1 Stellungnahme der *Deutschen Bischofskonferenz* zu Lehrverurteilungen, 1994

»Wir würden es daher begrüßen, wenn die im 16. Jahrhundert ausgesprochenen Lehrverurteilungen das heutige Verhältnis der Kirchen nicht mehr belasteten und wenn die mit der geschichtlichen Erinnerung daran verbundenen Hindernisse einer engeren Gemeinschaft der Kirchen der Vergessenheit anheim gegeben würden.«

In: Stellungnahme der Deutschen Bischofskonferenz zur Studie »Lehrverurteilungen – kirchentrennend?«, Die deutschen Bischöfe Nr. 52, Bonn 21. Juni 1994, S. 22.

1.2 *Päpstliche* Stellungnahmen zu Martin Luther

1.2.1 Aus der Predigt von Papst *Johannes Paul II.* am 22. Juni 1996 im Hohen Dom zu Paderborn

»Heute, 450 Jahre nach *Luthers* Tod, ist es aus dem zeitlichen Abstand heraus möglich, Person und Wirken des deutschen Reformators besser zu verstehen und ihm besser gerecht zu werden … Luthers Denken war geprägt durch eine starke Betonung des Individuums, wodurch das Bewusstsein für die Anforderungen der Gemeinschaft geschwächt wurde. Luthers Ruf nach Reform der Kirche war in seiner ursprünglichen Absicht ein Aufruf zu Buße und Erneuerung, die im Leben eines jeden einzelnen zu beginnen haben. Dass dennoch Trennung aus diesem Anfang geworden ist, hat viele Gründe. Dazu gehört jenes Versagen in der katholischen Kirche, das bereits *Hadrian VI.* mit bewegenden Worten beklagt hat, sowie das Hereintreten politischer und wirtschaftlicher Interessen, aber auch Luthers eigene Leidenschaft, die ihn weit über das anfangs Gewollte hinaus in eine radikale Kritik der katholischen Kirche, ihrer Lebensordnung und ihrer Lehre hineingetrieben hat. Wir alle haben Schuld auf uns geladen. Deshalb sind wir alle zur Buße aufgefordert und müssen uns immer wieder neu vom Herrn reinigen lassen.«

In: L. Accattoli, Wenn der Papst um Vergebung bittet. Alle »mea culpa« von Papst Johannes Paul II. an der Wende zum 3. Jahrtausend, Innsbruck 1999, S. 132 f.

1.2.2 Aus der Ansprache von Papst *Benedikt XVI.* an die Vertreter der Evangelischen Kirche in Deutschland (EKD) im Kapitelsaal des Erfurter Augustinerklosters am 23. September 2011

»Was *Luther* umtrieb, war die Frage nach Gott, die die tiefe Leidenschaft und Triebfeder seines Lebens und seines ganzen Weges gewesen ist. ›*Wie kriege ich einen gnädigen Gott?*‹: Diese Frage hat ihn ins Herz getroffen und stand hinter all seinem theologischen Suchen und Ringen. Theologie war für Luther keine akademische Angelegenheit, sondern das Ringen um sich selbst, und dies wiederum war ein Ringen um Gott und mit Gott. ›Wie kriege ich einen gnädigen Gott?‹ …

Luthers Denken, seine ganze Spiritualität war durchaus christozentrisch: ›*Was Christum treibet*‹, war für Luther der entscheidende hermeneutische Maßstab für die Auslegung der Heiligen Schrift. Dies aber setzt voraus, dass Christus die Mitte unserer Spiritualität und dass die Liebe zu ihm, das Mitleben mit ihm unser Leben bestimmt.«

In: Apostolische Reise Seiner Heiligkeit Papst Benedikt XVI. nach Berlin, Erfurt und Freiburg …, VAS Nr. 189, Bonn 28. September 2011, S. 71 f.

1.2.3 Aus der Predigt von Papst *Franziskus* beim gemeinsamen ökumenischen Gebet in Lund/Schweden am 31. Oktober 2016

»Die geistliche Erfahrung *Martin Luthers* hinterfragt uns und erinnert uns daran, dass wir ohne Gott nichts vollbringen können … Bekanntlich begegnete Luther diesem barmherzigen Gott in der Frohen Botschaft vom menschgewordenen, gestorbenen und auferstandenen Jesus Christus. Mit dem Grundsatz ›*allein aus Gnade*‹ werden wir daran erinnert, dass Gott immer die Initiative ergreift und jeder menschlichen Antwort zuvorkommt, und zugleich, dass er versucht, diese Antwort auszulösen. Daher bringt die *Rechtfertigungslehre* das Wesen des menschlichen Daseins vor Gott zum Ausdruck …«

In: Papst Franziskus, Die Spaltung unter uns Christen ist ein Skandal!, Hg. St. von Kempis, Stuttgart 2017, S. 61.

2. Liedvers: »Die Kirche steht gegründet allein auf Jesus Christ …«; eg 264,1; GL 482,1

3. *Evangelische* Stellungnahmen zur Antichrist-Verurteilung des Papsttums durch Luther und reformatorische Bekenntnisschriften – in Synodal-Erklärungen

3.1 Synode der *Evangelischen Kirche im Rheinland* am 12. Januar 1993

»Als einen notwendigen Schritt auf dem Weg zur sichtbaren Einheit erklärt die Synode … verbindlich: Die aufgeführten reformatorischen Verwerfungsurteile im Blick auf Rechtfertigung, Abendmahl/Eucharistie und Papsttum haben für uns keine kirchentrennende Bedeutung mehr. Daraus ergibt sich u.a. als Konsequenz: ›Polemische und nicht zutreffende Ausdrücke gegen den anderen und seine Lehre müssen zurückgenommen und künftig vermieden werden.‹ (LV S. 195) Die Synode stellt daher fest: …

Auf ein *Papsttum,* dessen Amt dem Evangelium untergeordnet ist, trifft der Ausdruck ›Antichrist‹ nicht zu; er wird von uns insofern künftig nicht mehr verwendet.«

In: Landessynode 1993. Bibelarbeit und ökumenische Beschlüsse, Hg. P. Beier, Düsseldorf 1993, Beschluss 94: III. Ergebnis, S. 34 f.

3.2 Gemeinsame Stellungnahme der Arnoldshainer Konferenz, der *Vereinigten Evangelisch-Lutherischen Kirche Deutschlands* (VELKD) und des Deutschen Nationalkomitees des Lutherischen Weltbundes vom 19. Oktober 1994

»Ein Papstamt, das sich nicht über, sondern unter die Heilige Schrift stellt und dessen Lehrentscheidungen folglich an der Heiligen Schrift zu prüfen und zu messen sind, wird von den Verwerfungen der Schmalkaldischen Artikel, der Papst sei der Antichrist, nicht getroffen. Es ist eine offene Frage, wie die Unterordnung des Papstamtes unter das Wort Gottes angesichts des im I. Vaticanum definierten Anspruchs unfehlbarer Lehrgewalt verwirklicht werden kann.

Die evangelischen Kirchen erwarten vom römisch-katholischen Lehramt die offizielle Feststellung, dass die Verwerfungssätze von Trient die reformatorische Rechtfertigungslehre, das reformatorische Sakramentsverständnis, insbesondere das Abendmahlsverständnis, und das reformatorische Amtsverständnis nicht treffen …«

In: Texte aus der VELKD 42/1991, Hg. Kirchenamt der VELKD, 3. Aufl., Hannover 1996, Beschluss 1;4.1.4/5 der 8. Generalssynode der VELKD, Schweinfurt 1994 (DS Nr. 29/94), S. 97,99.

4. Liedvers: »Erkorn aus allen Völkern, doch als ein Volk gezählt …«; eg 264,2; GL 482,2

5. *Ökumenische* Gesichtspunkte

5.1 Gemeinsame Arbeitsgruppe der Deutschen Bischofskonferenz und der Vereinigten Evangelisch-Lutherischen Kirche Deutschlands (VELKD), 2000

»Der bisherige Dialog hat dazu geführt, dass die Aussage der Reformatoren, der Papst sei der *Antichrist,* heute bedauert und nicht mehr aufrecht erhalten wird …

In Entsprechung dazu ist dann auch nach lutherischen Verständnis im Blick auf die universale Ebene darüber nachzudenken, ob ein *gesamtkirchlicher ›Petrusdienst‹* angemessen, möglich oder gar notwendig ist. Seine Aufgabe wäre es, Sorge zu tragen für das Bleiben der universalen Kirche in der apostolischen Wahrheit sowie für die weltweite volle Gemeinschaft der Kirchen und ebenso, die Orts- und Regionalkirchen in Glaube und Dienst zu ermutigen. In diesem Sinne hätte er eine pastorale Aufgabe an allen Kirchen und wäre zugleich ihr Repräsentant.«

In: Communio Sanctorum. Die Kirche als Gemeinschaft der Heiligen, Paderborn/Frankfurt-Main 2000, S. 92, 94 f.

5.2 Aus der Erklärung des Altenberger Ökumenischen Gesprächskreises von Pfingstsonntag, 31. Mai 2020

»Plädoyer für die Außerkraftsetzung der Bannbulle von Papst Leo X. gegen Martin Luther samt allen seinen Anhängern und für die Rücknahme des reformatorischen Verdikts gegen den Papst als ›Antichrist‹«

»Wir danken Gott, dass die ökumenischen Bemühungen in der Zeit nach dem Zweiten Vatikanischen Konzil in den Gesprächen zwischen Katholiken und Lutheranern maßgeblich dazu beigetragen haben, die damaligen Ereignisse in neuem Licht zu sehen. Viele Bemühungen im Projekt *›Lehrverurteilungen – kirchentrennend?‹* haben in dem wichtigen Konsens über die Rechtfertigungslehre von Augsburg (1999) einen Höhepunkt gefunden. Deshalb scheint uns anlässlich der Erinnerung an die Veröffentlichung der Bannbulle vor 500 Jahren am 3. Januar 1521 die Zeit dafür reif zu sein, dass der damals verhängte Kirchenbann, der nicht nur dem Reformator *Martin Luther,* sondern auch all seinen Gefolgsleuten galt, eine neue Beurteilung erfährt. Diese muss sowohl die Verurteilung Luthers durch *Leo X.* als auch Luthers Verdikt gegen den Papst als ›Antichrist‹ einbeziehen …

Angesichts dieser hoffnungsvollen Entwicklungen und im Blick auf den 500-jährigen Gedenktag am 3. Januar 2021 ersuchen wir den gegenwärtigen Bischof von Rom, *Papst Franziskus,* in Absprache mit dem Päpstlichen Rat zur Förderung der christlichen Einheit zu erklären, dass die Verurteilungen der Bannbulle von 1521 die heutigen Angehörigen evangelisch-lutherischer Kirchen nicht treffen … Ebenso ersuchen wir den Präsidenten des Lutherischen Weltbundes, *Erzbischof Dr. Panti Filibus Musa aus Nigeria,* zusammen mit dem Exekutivkomitee des Lutherischen Weltbundes zu erklären, dass die Verwerfungen der Päpste als ›Antichrist‹ durch Martin Luther und evangelisch-lutherische Bekenntnisschriften das heutige Papsttum und seine Amtsinhaber nicht treffen.«

In: In alle Ewigkeit verdammt? Der Konflikt zwischen Luther und Papst nach 500 Jahren, Hg. H.-G. Link/J. Wohlmuth, Göttingen/Mainz 2020, S. 30 ff.

6. **Liedvers:** »Schon hier ist sie verbunden mit dem, der ist und war …«; eg 264,3; GL 482,3.

7. Zeichenhandlung

An dem Ort der Verlesung der Erklärungen hinten in der Kirche werden **drei *große liegende Kerzen*** aufgerichtet, entzündet, zum Altar gebracht und dort aufgestellt.

IV. Verkündigen *(kann vor II und III geschehen)*

1. **Gemeinsames Lied:** Licht, das in die Welt gekommen; eg 552, 1.2.6

2. **Schriftlesung aus dem Alten Testament:** *Jesaja 61,1–3:* »Der Geist des Herrn ruht auf mir … zu verkündigen ein gnädiges Jahr des Herrn.«

3. **Lied:** Lasst euch mit Gott versöhnen, Vers 1 und 2

1. Du, Vater, hast die ganze Welt / in deine Hand geschrieben.
Auch wer sich dir entgegenstellt, / den wirst du immer lieben.
Du lässt uns deine Kinder sein / und lädst an deinen Tisch uns ein:
Lasst euch mit Gott versöhnen!

2. Dein Sohn hat unsre Nacht erhellt; / er kam auf diese Erde,
dass zwischen Gott und seiner Welt / ein neuer Friede werde.
Vom Kreuz ruft er zu uns herab: / Auf, steigt mit mir aus eurem Grab!
Lasst euch mit Gott versöhnen!

4. Evangelium: *Matthäus 5,21–25:* »Versöhne dich mit deinem Bruder …«

5. Lied: Lasst euch mit Gott versöhnen, Vers 3 und 4

3. Die Liebe Christi will befrei'n, / sie drängt uns, Not zu wenden.
So lass uns deine Zeugen sein / mit Worten und mit Händen,
dass jeder, der uns hört und sieht, / einstimme in das neue Lied:
Lasst euch mit Gott versöhnen!

4. Hilf, alle Spaltung, allen Schmerz / in dir zu überwinden!
Schenk deinem Volk ein neues Herz; / lass uns die Einheit finden,
dass sie der Welt ein Zeichen sei / für deine große Lieb' und Treu':
Lasst euch mit Gott versöhnen!

Text: Thomas Stubenrauch, 2016
Melodie: eg 329, 506; GL 463

6. Predigt – *im Dialog?*

7. Musik/Chor

V. Versöhnen

1. Zeichenhandlung: Kreuz aufrichten
Das dreidimensionale Kreuz wird von der Querlage als Barriere in die aufrechte Position gestellt als Zeichen der Versöhnung.

2. Gemeinsames Versöhnungsgebet (*gemeinsam gesprochen*)
Du ewiger, barmherziger Gott,
Du bist ein Gott des Friedens, der Liebe und der Einigkeit,
nicht des Zwiespalts.
Weil aber deine Christenheit dich verlassen hat

und von deiner Wahrheit gewichen ist,
hast du sie sich teilen und trennen lassen,
auf dass sie mit ihrer vermeintlichen Weisheit
in der Uneinigkeit zuschanden würde
und zu dir, der du die Einigkeit liebst, zurückkehre.

Wir armen Sünder,
denen du solches gnädiglich verliehen hast zu erkennen,
bitten und flehen dich an,
du wollest durch den Heiligen Geist alles Zertrennte zusammenbringen,
das Geteilte vereinigen und ganz machen,
auch uns geben, dass wir zu deiner Einigkeit umkehren,
deine einige ewige Wahrheit suchen,
von allem Zwiespalt abweichen,
dass wir eines Sinnes, Wissens und Verstandes werden,
der da gerichtet sei auf Jesus Christus, unseren Herrn,
damit wir dich, unseren himmlischen Vater,
mit einem Munde preisen und loben mögen,
durch unseren Herrn Jesus Christus im Heiligen Geist. Amen.

Martin Luther, Betbüchlein von 1522, in: Mit Gottes Volk auf Erden. Ökumenischer Fürbittkalender, Hg. H.-G. Link, 2. Aufl., Frankfurt Main 1989, S. 269 f.

3. Biblischer Zuspruch: 2. Korinther 5, 17–21

4. Vergebungsbitte, jeweils von evangelischer und katholischer Seite gesprochen

»Liebe Schwestern und Brüder, ich bitte euch um Vergebung alles Unrechts, das die Angehörigen meiner Kirche und auch ich euren Vorfahren oder euch, sei es in der Vergangenheit oder in der Gegenwart, angetan haben. Zugleich spreche ich euch meine eigene Vergebung und im Namen meiner Kirche Vergebung aus. Amen.«

Aus der Versöhnungsliturgie zwischen Katholiken, Böhmischen Brüdern und Hussiten am 15. Juni 2015 in Rom und am 20. Juni in Prag, in: Zeit der Versöhnung. Wege in die Zukunft der Ökumene, Hg. H.-G. Link/D. Sattler, Göttingen 2017, S. 151.

Jeweilige Antwort der Gemeinde:
»Wir vergeben und bitten um Vergebung. Amen.«
(Wort der polnischen Bischöfe an Christen in Deutschland, 1965)

5. Austausch des Friedensgrußes in der gesamten Gemeinde

6. Lobgesang

(a) **Gemeindelied:** Halleluja. Ihr seid das Volk, dass der Herr sich ausersehn …; GL 483.

(b) **Chormusik:** Z. B. Schlusschor des Weihnachtsoratoriums von *J. S. Bach:* VI, 11 »Nun seid ihr wohl gerochen an eurer Feinde Schar …«

VI. Agape Feiern
(kann auch im Anschluss an den Gottesdienst geschehen)

1. Hinführende Worte

2. Lesung: Markus 6,35–44 – Die Speisung der 5000

3. Lied: Wenn das Brot, das wir teilen, als Rose blüht;
eg 667,1–3, GL 470,1–3

4. Agape-Liturgie

4.1 Lobpreis über den Schöpfungsgaben

Gepriesen seist du, Herr, Gott des Universums! Gepriesen, weil du das Brot aus der Erde hervorbringst; gepriesen, weil du die Frucht des Weinstock geschaffen hast; gepriesen, weil du alle Geschöpfe ernährst. Gepriesen seist du durch uns und unsere Gemeinschaft in Jesus Christus, unserem Herrn.

4.2 Segensworte zu Brot und Wein

Herr, unser Gott, Schöpfer der Welt, wir danken dir für Brot und Wein, die Frucht der Erde und der menschlichen Arbeit. Dein Sohn hat Brot gesegnet und es Hungrigen zu essen gegeben. Wasser hat er in Wein verwandelt zum Zeichen des himmlischen Hochzeitsmahles. Am Abend vor seinem Leiden gab er sich selbst im Zeichen des Brotes und des Weines seinen Jünger zur Speise und zum Trank.

In seinem Namen bitten wir dich: Segne (+) dieses Brot und (+) diesen Wein. Stärke uns mit deinen Gaben. Lass uns nicht nur an uns selbst denken, sondern bereit sein, anderen beizustehen und geschwisterlich zu teilen. Lass uns in der Gemeinschaft mit allen Menschen deine Vatergüte preisen, jetzt und in alle Ewigkeit. Amen.

4.3 Bitte um den Geist

Du, Gott, bist die Liebe. Wir wollen einander die Hände reichen. Knüpfe du das Band der Liebe zwischen uns. Lass uns miteinander verbunden sein, deine Verbündeten, erfüllt vom Geist des Teilens. Lass uns aufeinander achtgeben, damit jeder sich geliebt weiß, hier in unserer Gemeinschaft und wenn wir wieder im Alltag unsere Wege gehen. Amen.

5. Lied: Laudato si, sei gepriesen; eg 515,1–2.6-9

6. Teilen von Brot und Wein

Jede/r bricht seinem/ihrem Nachbar/in ein Stück Brot, anschließend schenkt sie/er ihm/ihr Wein ein. Worte zur Weitergabe von Brot und Wein: »Brot zum Leben« – »Wein zur Freude«. Während des Essens und Trinkens wird meditative Musik gespielt.

7. Dankgebet

Wir sagen dir Dank, Vater, für dieses Mahl, das wir zusammen gehalten haben. Wie das Brot auf dem Tisch aus vielen Körnern besteht, so sammle und eine deine Kirche auf dem ganzen Erdenrund in der Herrlichkeit deines Reiches, dass sie allen Menschen zum Zeichen deiner Liebe werde. Darum bitten wir durch Christus, unseren Herrn, Amen.

8. Gemeinsames Lied: Pilger sind wir Menschen

In: Lautstärke, DEK Dortmund 2019, Nr. 5
Texte in: G. Fuchs, Agape-Feiern in Gemeinde, Gruppe und Familie, Regensburg 1997, S. 84 ff.

VII. Danken

1. Danksagung

1.1 *Katholischer* Dank an evangelische Geschwister

Wir danken Gott für die geistlichen, die theologischen und ethischen Impulse der Reformation, die wir in der katholischen Kirche teilen können. Ich nenne die Wertschätzung des Wortes Gottes und der Heiligen Schrift. Ich nenne die Rechtfertigungslehre: Es ist auch für die katholische Kirche wichtig zu erkennen, dass ein Mensch nicht aus Werken des Gesetzes, sondern aus dem Glauben an Jesus Christus gerechtfertigt wird. Wir sehen das Engagement so vieler Männer und Frauen in den evangelischen Gemeinden als lebendiges Zeugnis des Glaubens. Wir schätzen die intensiven Diskussionen und verantwortungsvollen Entscheidungsprozesse in den Synoden. Wir sind beeindruckt von dem starken Einsatz der evangelischen Kirche in der Diakonie, in unserem Land und auf der ganzen Welt. Vieles wäre noch zu nennen.
Liebe ***evangelische*** *Glaubensgeschwister:*
Wir danken Gott, dass es Sie gibt und dass Sie den Namen Jesu Christi tragen.

Antwort der Gemeinde: »Guter Gott, wir danken dir«.

1.2 *Evangelischer* Dank an katholische Geschwister

Wir danken Gott für das Glaubenszeugnis der katholischen Kirche. Wir sehen, dass sie im wahren Sinne des Wortes eine Weltkirche ist, die Nationen, Sprachen und Kulturen verbindet. Wir schauen voll Achtung auf die Liebe zur Liturgie, die in der katholischen Kirche gepflegt wird. Wir schätzen die besondere Aufmerksamkeit für die Überlieferungen des Glaubens, Bekennens und Denkens, die die Geschichte der Christenheit und so auch unsere Geschichte geprägt haben. Wir wissen uns herausgefordert, unser eigenes Verständnis von Kirche und Kircheneinheit, von Ordination und Amt im Dialog mit der katholischen Theologie zu vertiefen. Wir sind beeindruckt vom karitativen Dienst der katholischen Kirche in unserem Land und auf der ganzen Welt. Vieles wäre noch zu nennen.
Liebe ***katholische*** *Glaubensgeschwister:*
Wir danken Gott, dass es Sie gibt und dass Sie den Namen Jesu Christi tragen.

Antwort der Gemeinde: »Guter Gott, wir danken dir«.

In: Erinnerung heilen – Jesus Christus bezeugen. Ein gemeinsames Wort zum Jahr 2017, Gemeinsame Texte 24, Hg. EKD/Sekretariat der DB, 16. September 2016, S. 80.

2. Zeichenhandlung: Austausch von Geschenken
Z. B. gegenseitiges Überreichen der neuen Bibelübersetzungen von 2017, Werkausgabe von Luthers Schriften, Enzykliken von Papst Franziskus

3. Danklied: Nun singe Lob, du Christenheit; eg 265,1–5; GL 487,1–5

4. Fürbitten mit Kyrie-Gesang aus Taizé

5. Vater unser *(Dabei reichen wir einander die Hände.)*

6. Ausblick auf das »Jahr der Ökumene 2021«

18. bis 25. Januar:	*Gebetswoche* für die Einheit der Christen
3. März:	1700 Jahre Einführung des *Sonntags* als staatlicher Feiertag durch Kaiser *Konstantin* im Jahr 321 vor 1700 Jahren
18./19. April:	*Luther-Rede* vor Kaiser und Reich und Entgegnung von Kaiser *Karl V.* in Worms vor 500 Jahren
24. Mai:	Ökumenische Begegnungen am *Pfingstmontag*
25. Juni (CA-Tag):	**Gedenkgottesdienst in Rom an die Ereignisse von 1521**
17. November:	*Buß- und Bettag:* Beginn eines ökumenischen synodalen Weges
11. Dezember:	*Konstantin*-Edikt im Jahr 321: *1700 Jahre jüdisches Leben* in Köln und Deutschland

7. Ökumenischer Segen *(gesungen?)*
Jede/r legt dabei dem/r anderen Teilnehmenden die Hand auf die Schulter.

8. Loblied: Großer Gott, wir loben dich; eg 331,1–2.9–11; GL 380,1–2.9–11 *(mit Chor-Oberstimme)*

9. Gemeinsamer Auszug

VI. Erste Reaktionen

Offener Brief zur Altenberger Erklärung an evangelische Verantwortungsträger

Jürgen Ebach

Sehr geehrter Herr Ratsvorsitzender der EKD,
verehrter Herr Bischof,
lieber Kollege Bedford-Strohm,
sehr geehrte Frau stellvertretende Vorsitzende des Lutherischen Weltbundes,
verehrte Frau Hauptpastorin und Pröbstin,
liebe Astrid Kleist,

wir befinden uns in diesen Monaten in der Zeit zwischen der 500. Wiederkehr der Androhung der Bannbulle gegen Martin Luther (Exsurge Domine) am 15. Juni 1520 und der 500. Wiederkehr der Verfügung der Bannbulle am 3. Januar 1521. Dieser Verurteilung Luthers als Ketzer korrespondiert Luthers Apostrophierung des Papstes als Antichrist. Auch wenn der Pontifikat Leos X. (1513–1521) kein Ruhmesblatt in der Geschichte des Papsttums ist, ist diese Bezeichnung des Papstes Leo X. und des Papstes überhaupt theologisch haltlos und menschlich infam. Es wäre deshalb in ökumenischer Perspektive hilfreich, wenn als erster Schritt diese Diffamierung außer Kraft gesetzt und als für die Einschätzung des gegenwärtigen Papstes und des Papstes überhaupt als unzutreffend erklärt würde. Wünschenswert wäre es, wenn hochrangige Vertreter*innen der EKD und des Lutherischen Weltbundes, als die ich Sie beide hiermit anspreche – ich bitte Sie dabei um Nachsicht für die protokollarisch unangemessene Form einer E-Mail, eine andere Kommunikation lässt mein gegenwärtiger Gesundheitszustand leider nicht zu –, Luthers Bezeichnung des Papstes als Antichrist bedauerten und sich von ihr entschieden distanzierten. Da sie nun einmal ausgesprochen war, kann sie als historisches Faktum nicht einfach ungeschehen gemacht werden. Sie könnte und sollte jedoch in Anlehnung an den gegenwärtigen Umgang der römisch-katholischen und der orthodoxen Kirchen mit den wechselseitigen Verfluchungen und Exkommunikationen des Papstes und des orthodoxen Patriarchen im großen Schisma von 1054 keiner damnatio memoriae, sondern einem gnädigen Vergessen überantwortet und überlassen werden. Wenn die Bezeichnung des Papstes als Antichrist damit – salopp gesprochen – vom Tisch wäre, könnte und sollte umgekehrt auch der Inhalt der Bannbulle gegen Luther außer Kraft gesetzt werden. Ich nehme damit gerne die Initiative von Hans-Georg Link und dem »Altenberger Kreis« auf und dabei auch die Anregung zu einem ökumenischen Gottesdienst am 3. Januar 2021.

Mit herzlichen Grüßen
Jürgen Ebach

Prof. i. R. Dr. Jürgen Ebach
Schleusenstr. 8
45525 Hattingen

Theologin über Luther-Bannbulle: Aufhebung wäre »ökumenisches Zeichen«

Johanna Rahner im Gespräch

Roland Müller

Papst Leo X. hatte den Reformator 1521 exkommuniziert. Soll Papst Franziskus die Exkommunikation Martin Luthers aufheben? Mit diesem Appell waren Theologen vor kurzem an die Öffentlichkeit gegangen. Nun hat sich … die Dogmatikerin Johanna Rahner zu dem Vorschlag geäußert.

Die Theologin *Johanna Rahner* hat sich für eine Aufhebung der historischen Bannbulle von Papst Leo X. (1513–21) gegen den Reformator *Martin Luther* ausgesprochen. Die formelle Rücknahme der Exkommunikation Luthers wäre ein wichtiges »ökumenisches Zeichen«, sagte die Tübinger Dogmatikerin gegenüber katholisch.de … »Dadurch könnte die katholische Kirche ihre heutige Wertschätzung der Protestanten ausdrücken.«

Bereits am Pfingstsonntag (31. Mai) hatte der »Altenberger Ökumenische Gesprächskreis« … eine Erklärung veröffentlicht, in der die Aufhebung der päpstlichen Bannbulle gegen Luther gefordert wird. Die … evangelischen und katholischen Theologen hatten sich mit diesem Schritt an Papst Franziskus gewandt. Gleichzeitig appellierten sie an den Lutherischen Weltbund, Luthers Bezeichnung des Papstes als »Antichrist« zurückzunehmen. Beide Verurteilungen stünden immer noch einer ökumenischen Annäherung von Katholiken und Protestanten entgegen, heißt es in der Erklärung mit der Überschrift »Versöhnung nach 500 Jahren«.

»Die Ökumene lebt von Symbolhandlungen und die Rücknahme der Bannbulle gegen Luther wäre besonders bedeutsam«, sagte *Rahner* weiter. Zwar könnten einzelne Passagen des Dekrets »Unitatis redintegratio«, das beim Zweiten Vatikanischen Konzil (1962–65) verabschiedet wurde und sich mit der Ökumene beschäftigt, als Aufhebung der Exkommunikation Luthers interpretiert werden, so die Theologin. Doch da sich die Bannbulle auf die Inhalte der Lehre des Reformators beziehe, auf die sich die evangelischen Kirchen in Teilen bis heute stützen, sei die Rücknahme des Dokuments von großer Bedeutung.

Zudem müsse man die persönliche und historische Situation Luthers in der Bewertung seiner Rede vom »Antichrist« mit Blick auf den Papst einbeziehen, so *Rahner.* »Luther hatte gerade im Alter große apokalyptische Ängste.« Außerdem seien derart heftige Bezeichnungen dem »Stil der Zeit« geschuldet. Der Lutherische Weltbund habe anlässlich des 500-jährigen Reformationsgedenkens ein Studienpapier (Vom Konflikt zur Gemeinschaft, 2013, Z. 53,229) erarbeitet, das die »Antichrist«-Äußerungen Luthers kritisch sehe und vorschlage, sie zurückzunehmen, rief *Rahner* ins Gedächtnis. Darauf könne man nun zurückgreifen.

Ferner sprach sich *Rahner* dafür aus, eine Gedenkkultur in Bezug auf die Reformation zu entwickeln. »Wir befinden uns immer noch in der Nachwelle des Jubiläums des Thesenanschlags von 1517, in den kommenden Jahren wird es viele 500. Jahrestage geben.« Der Endpunkt sei dabei zunächst 2030, da 500 Jahre zuvor die »Confessio Augustana« verabschiedet wurde, die als grundlegendes Bekenntnis den lutherischen Glauben als Konfession begründete.

Bereits zu Jahresbeginn hatte der Lutherische Weltbund und der Päpstliche Rat zur Förderung der Einheit der Christen bekannt gegeben, dass sie eine gemeinsame Gedenkveranstaltung zum 500. Jahrestag der Exkommunikation Luthers am 3. Januar 1521 planen. Demnach soll die Veranstaltung von Lutheranern und Katholiken in Rom stattfinden und auch einen Gottesdienst einschließen. Um der ökumenischen Verbundenheit Ausdruck zu verleihen, werde sie am 25. Juni 2021 stattfinden, »im Vorgriff auf den 500. Gedenktag des Augsburger Bekenntnisses, das an diesem Tag im Jahr 1530 öffentlich vorgestellt wurde«, hieß es.

Tübingen, 8. Juni 2020
katholisch.de (Art. 25767)

VII. Die Autoren

Die Autoren

Professor Dr. *Johannes Brosseder,* Assistent und Schüler von Heinrich Fries in München; Professuren für Ökumenische und Systematische Theologie in Saarbrücken, Bonn und Köln; Präsident der europäischen Gesellschaft für ökumenische Forschung Societas Oecumenica in den 1990er Jahren; Leiter des Kölner Ökumenischen Studienkreises (mit Hans-Georg Link); Veröffentlichungen u. a.: Reformatorischer Rechtfertigungsglaube und seine Kraft im ökumenischen Gespräch der Gegenwart 1999; Ökumene baut Brücken 2014; Was bedeutet mir Martin Luther? 2018. Johannes Brosseder ist am 10. Juni 2014 verstorben.

Professor Dr. *Christian Link,* Assistent und Promotion in Heidelberg bei Professor Georg Picht: Subjektivität und Wahrheit; Habilitation: Die Welt als Gleichnis; o. Professor für Systematische Theologie in Bern/CH (1979–1993) und Bochum (seit 1993); Veröffentlichungen u. a.: Schöpfung 1991; Die dunklen Seiten Gottes, Bd. 1 und 2 (mit Walter Dietrich) 1995/2000; Theodizee 2016; Calvin Studienausgabe, 8 Bände, 1994–2011.

Pfarrer Dr. *Hans-Georg Link,* Lehrer am Johannes-Kepler-Gymnasium Reutlingen und Georg-Büchner-Gymnasium Köln-Weiden (1973–1980); (Ökumene-) Pfarrer in Köln (1974–1980, 1987–2004); Lehrbeauftragter an der Universität Köln (1997–2009); deutscher Präsident der Internationalen Ökumenischen Gemeinschaft (IEF, 2004–2019); Leiter des Robert Grosche-Kreises (seit 1991) und des Altenberger Ökumenischen Gesprächskreises (seit 1999).

Pastor (i. R.) *Gottfried Peters,* Dipl. Theol., Studium der evangelischen Theologie in Bochum und Göttingen (1966–1972); ökumenische Studien zu Karl Barths Geschichtsbegriff und dem Zweiten Vatikanum (1973–1977); evangelisch-reformierter Pastor in Bentheim und Moderator der Ökumenischen Stiftung Kloster Frenswegen, Nordhorn (1978–2013);

landeskirchlicher Beauftragter für Ökumene und Erwachsenenbildung sowie Mitglied im ökumenischen Studienausschuss der VELKD (1996–2009).

Pfarrer Dr. *Manfred Richter,* Dipl. Päd.,Assistentur bei Professor Ernst Käsemann, Pfarrer der Studentengemeinde Tübingen und der Gemeinde Neustetten-Remmingsheim; Direktor des Evangelischen Bildungswerkes Berlin; Präsident der Evangelischen Erwachsenenbildung in Europa; Leiter des Kunstdiensts der Evangelischen Kirche am Berliner Dom; Mitbegründer der Gesellschaft für Gegenwartskunst und Kirche und der Deutschen Comeniusgesellschaft; Dissertation zu Colloquium Charitativum Thorn 1645; Publikationen u. a. zum Ökumenismus.

Professorin Dr. *Dorothea Sattler,* in Mainz promoviert und habilitiert für Dogmatik und Ökumenische Theologie, Professuren in Berlin (1996–1998), Wuppertal (1998–2000) und Münster/Westf. (seit 2000); Direktorin des Ökumenischen Instituts der Katholisch-theologischen Fakultät; Mitglied im Zentralkomitee der deutschen Katholiken; wissenschaftliche Leiterin des Ökumenischen Arbeitskreises evangelischer und katholischer Theologen (seit 2005); Veröffentlichungen u. a. Gelebte Buße 1992; Trennung überwinden 2007; Einführung in die ökumenische Theologie, 2008.

Professor em. Dr. theol. Dres h. c. *Josef Wohlmuth,* Prof. für Dogmatik an der Universität Bonn (1986–2003), Studiendekan des Theol. Studienjahres in Jerusalem (1984/85 und 2003/04), Priester der Diözese Eichstätt (1964), Mitglied des Gesprächskreises Juden und Christen beim ZdK (1986–2018), Leiter der Bischöflichen Studienförderung Cusanuswerk (2004–2011). *Forschungsschwerpunkte:* 1. Konzilienforschung, 2. Jüdisches Denken und katholische Theologie, 3. Theologische Ästhetik und Liturgie.

Veröffentlichungen des Altenberger Ökumenischen Gesprächskreises

1. Unsere ökumenische Zukunft. Altenberger Symposion vom 27. bis 29. August 1999, Hg. *H.-G. Link,* Kölner Ökumenische Beiträge Nr. 41, Köln 2000, 110 S.

2. Eucharistische Gastfreundschaft. Ein Plädoyer evangelischer und katholischer Theologen, Hgg. *J. Brosseder/H.-G. Link,* 3. Aufl., Neukirchen 2003, 191 S.

3. *J. Brosseder/J. Track,* Kirchengemeinschaft jetzt! Die Kirche Jesu Christi, die Kirchen und ihre Gemeinschaft, Neukirchen 2010, 159 S.

4. Zeit der Versöhnung. Wege in die Zukunft der Ökumene, Hgg. *H.-G. Link/D. Sattler,* Göttingen 2017, 194 S.

5. In alle Ewigkeit verdammt? Zum Konflikt zwischen Luther und Papst nach 500 Jahren. Eine Stellungnahme des Altenberger Ökumenischen Gesprächskreises, Hgg. *H.-G. Link/J. Wohlmuth,* Göttingen/Mainz 2020, 192 S.

Auf der Website des Altenberger Ökumenischen Gesprächskreises werden die jeweils neuesten Erkenntnisse und Entwicklungen veröffentlicht: *www.altenberger-gespraeche.de.*